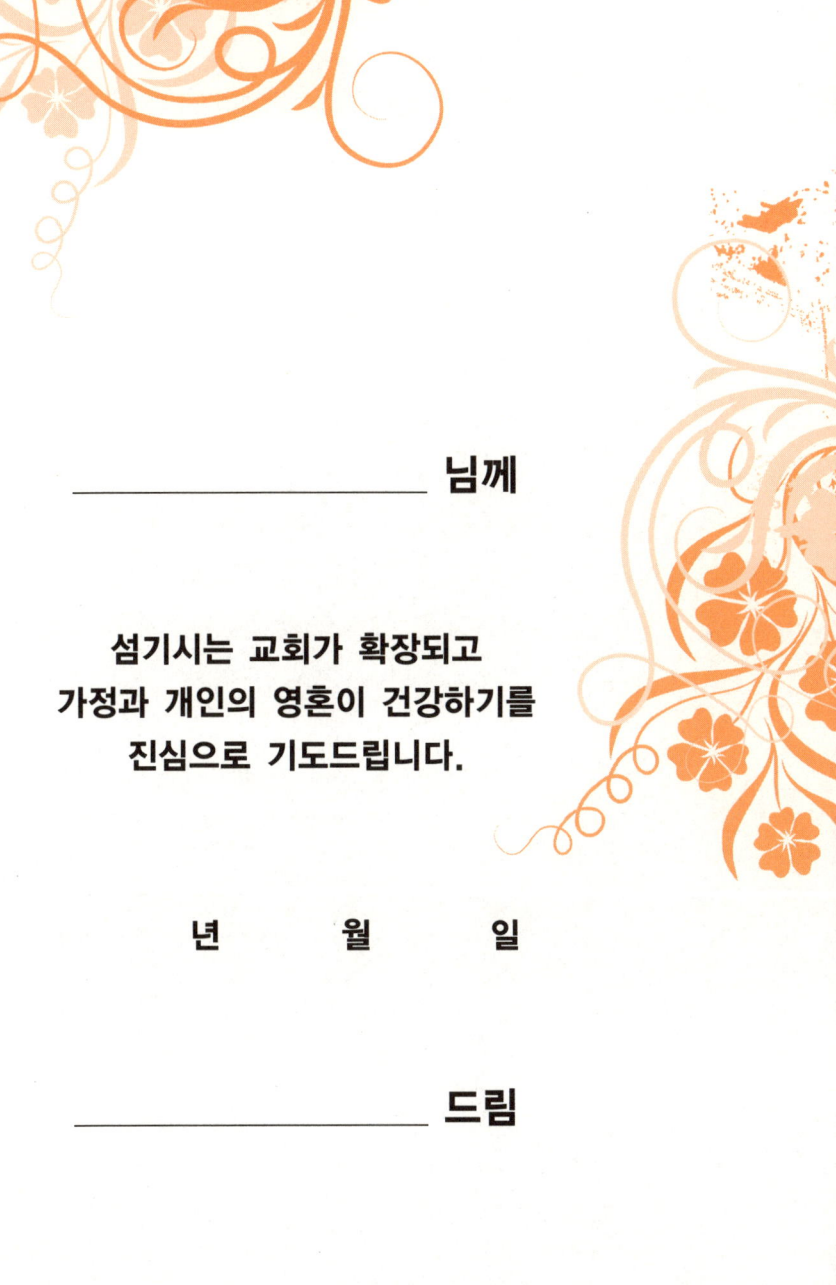

_____ 님께

섬기시는 교회가 확장되고
가정과 개인의 영혼이 건강하기를
진심으로 기도드립니다.

년   월   일

_____ 드림

리더

리더

전대구 지음

GLORIA

동서고금의 역사를 살펴보면 한 나라와 민족의 수준은 지도자를 만난 것에 운명이 결정된다. 그 결과 독재자와 무능력한 리더를 만난 나라는 오늘도 그 백성들이 고통의 환경을 벗어나지 못하고 있다. 한편 훌륭한 리더를 만난 민족과 그 후손들은 더 좋은 나라, 더 부강한 민족으로 세계를 다스리고 지구촌의 운명을 결정하는 강한 힘과 영향력을 발휘하게 된다. 우리 민족은 세계가 인정할만한 뛰어난 인재를 가진 나라이다. 우수한 실력을 갖추고 있는 사람이 곧 자원이다. 우리의 유일한 자원인 사람을 좋은 리더들로 키우기 위해 유학을 보내고 연구비를 지불한다. 필자는 민족의 미래를 바라보며 그 시대를 책임질 리더들을 위해 인류유산인 위인들의 삶의 방법을 연구하고 뜨거운 가슴을 지닌 인재가 키워지기를 원하는 마음을 담아 이 글을 쓴다.

좋은 리더를 만나는 것은 행복이다. 인간사에서 사람을 만난다는 것, 더더욱 좋은 사람과 훌륭한 리더를 만난다는 것은 참으로 행복하고 다행한 삶이라 할 것이다. 좋은 리더를 만난다는 그런 행운은 개인적으로는 인생의 성패를 결정할 수 있는 운명의 열쇠를 쥐고 있는 사람을 만나는 것과 같다. 거시적으로 봤을 때 한 나라의 훌륭한 지도자를 만난다는 것 또한 그 나라의 모든 백성들에게는 크나큰 선물이요, 행운이라 할 수 있다. 개인 또는 국가적인 관점에서 볼 때 좋은 리더를 만나 숨 쉬는 것은 행복한 사람이요, 행운을 거머쥔 백성이라 할 수가 있다.

필자는 세상을 살면서 사소한 일에 충실 할 수 있을 때에 그리고 좋은 인연을 맺기 위해 자기 자신과의 끝없는 노력을 경주할 때에 좋은 리더와 좋은 사람을 만날 수 있는 준비를 갖추는 것이라 여겨 왔다. 성공한 사람들! 그들은 모두 좋은 만남을 통해 이루어 졌으며, 좋은 만남을 통해 좋은 리더가 되었던 것이다. 물론 좋은 만남은 지혜로운 삶을 살았던 위정자들이나 현인들의 경험을 낱낱이 기록한 역사서를 통해서도 그들의 삶과 지혜를 배우고 경험할 수 있다. 또한 삶의 위기에서 버팀목이 되어줄 좋은 친구와의 만남도 참으로 중요하다. 즉 필자는 한마디로 좋은 리더가 되는 것은 그 사람이 누구를 만나는가에 달려 있다 해도 과언이 아닐 것이라 단정하고 싶다.

그러면 좋은 리더는 어떤 사람인가? 작은 일에 최선을 다하며 자신을 희생할 수 있어야 좋은 리더의 출발선이라 필자는 믿는다.

비록 거창하지 않고 소박하고 작은 일이지만 누구나 다 하는 일이 아닌 것에도 최선을 다하며 몸을 사르지 않는 그런 자세는 좋은 리더의 시작이요, 끝이라 생각한다. 철학가에게는 철학이, 시인에게는 시정신과 감정이 무엇보다도 중요하며 숭고한 가치이다. 그러나 모든 사람들이 그 숭고한 가치를 존경하지는 않는다. 그 숭고한 가치가 모든 범인들에게 다가갈 수 있을 때에 존경받으며, 가치를 인정받을 수가 있는 것이다. 좋은 리더는 모든 이들에게 내면에 숨어 있는 숭고한 가치와 철학까지도 존경받을 수 있도록 노력해야만 한다.

좋은 리더는 수동적이고 어리석은 삶을 영위하면서도 여전히 할 수 있는 것이 있는 것처럼 착각하며 살지 않는다. 좋은 리더는 적극적이고 분명한 삶을 살며 타인에게 영향을 끼친다. 리더는 생과 사의 갈림길에서도 의연하며 타인을 먼저 생각한다. 리더의 사고 방식이 시대를 죽음과 공포의 시대로 만들 수도 있고, 생명과 평화의 시대를 만들 수도 있다. 좋은 리더는 모든 사람들에게 내가 지금 하고 있는 작은 일이 힘들고 어려울지라도 세상이라는 거대한 수레바퀴를 돌리는 큰 힘을 준다. 결국 리더는 사람들에게 용기를 주는 사람이다.

필자는 오랫동안 목회 활동을 하면서 수많은 어려움과 고통을 겪어 왔지만 한 번도 낙담하거나 포기 한 적이 없었다. 더욱이 사랑하는 조국을 벗어나 먼 곳에서 목회 활동을 해 왔지만 이방인이라는 생각도 갖지 않았다. 나 스스로도 그런 힘과 용기가 어디에서 비롯됐는지 가끔 스스로에게 되묻기도 한다. 이 시대를 살아가는 젊은이들과 이 시대를 이끌고 가는 리더들에게 필독서가 됐으면 참으로 감사하겠고 영광으로 여기겠다.

이처럼 최선을 다한 나의 작은 마음의 글이 출판에 이르기까지 연재해 주시고 격려해 주신 마닐라서울신문사와 코리아포스트신문사 그리고 도서출판 글로리아(한국교회정보센타) 김항안 목사님께 감사를 드린다.

"리더의 길은 항상 외롭다." 흰 백사장에 길게 늘어진 내 그림자를 뒤로하고 야자수 나무 너머 바닷물이 붉게 물든 황혼을 바라보며 오늘도 참된 리더의 의미를 곰곰이 생각한다.

아열대 지역 필리핀
복잡한 마닐라 한복판 경찰청 사무실에서
전대구 목사

제 1 부. 리더의 성장　　　　15

1. 리더는 배움을 통해 성장한다
2. 리더는 만남을 통해 성장한다
3. 리더는 사막의 훈련을 통해 성장한다
4. 리더는 떠남과 고독을 통해 성장한다
5. 리더는 네 바퀴의 균형으로 성장한다

제 2 부. 갖추는 리더　　　　37

6. 리더는 인간관계를 사용한다
7. 리더는 최고의 깨달음에 이른다
8. 리더는 일을 구분할 줄 안다
9. 리더는 변화에 민감하다
10. 리더는 복을 받기까지 참는다
11. 리더는 균형을 갖춘다
12. 리더는 지성을 갖춘다

10

리더

리더의 성장

어느 날 산에 사는 동물들이 아름다운 동물 사회를 만들려고 동물학교를 세웠다.
그들은 달리기, 나무타기, 수영 그리고 날기 과목을 만들었다.
모든 동물들이 전 과목을 수강하기로 했다.
그러자 오리는 수영을 잘 했지만 날기 과목에서는 겨우 합격했고,
달리기 과목에서는 낙제점을 받아 방과후 수업을 해야 했다.
토끼는 달리기에서는 늘 일인자였지만 수영 때문에 다른 근육에 경련이 생겼다.
다람쥐는 나무 타기에 있어서는 선수였으나 날지 못했다.
독수리는 날기 과목을 잘 했지만 다른 과목에서는 멋대로 행동했다.
독수리는 문제아로 낙인찍혔다.
그런 부작용을 보면서 동물들이 모여서 의논을 하였다.
다 잘하려고 하지 말고 자기가 잘하는 것을 선택해서 하자고 계획을 수정하였다.
자기의 장점을 극대화시키지 않고 약점만 찾아서 계속 보완하려 한다면
결국 장점마저 쇠퇴하게 된다.
개인이나 조직이나 장점을 살려 선택하고 집중해야 한다.

리더는 장점을 살려 성장한다.

1. 리더는 배움을 통해 성장한다

　　좋은 습관이 좋은 사람을 만든다. 리더나 훌륭한 사람이 되려 한다면 훌륭한 리더들처럼 따라하는 것이 좋다. 그 이상 더 좋은 다른 방법이 없다. 이 세상의 성공 원리는 모방이다. 모든 이치는 모방에서 시작한다. 모방에 있어서 가장 중요한 것은 모델 선정이다. "성공하려면 성공자를 bench marking 하라"고 한다. 히틀러나 스탈린, 혹은 희대의 독재자나 살인마를 모방하지 말고 선한 주인공을 모델로 선정해야 한다. 모델이 선정되면 모방의 최우선 순위는 그 모델의 학습방법을 배우는 것이다. 배우는 습관에는 몇 가지 원칙이 있다.

　　첫째는, 청종하기이다. 잘 듣고, 잘 보고, 잘 따라 하는 것이다.

평범한 사람을 지도자로 바꾸는 기술에는 왕도가 없다. 사람은 본대로 들은 대로 행동하게 되어 있다. 듣고, 보고, 따라 하되 오감을 통해 지도자를 수용하려는 자세가 필요하다. 즉 수용능력이 뛰어난 사람이 좋은 리더가 될 수 있다.

둘째는, 일문지십(一聞之十)이다. 배움에 있어서 질문은 참 중요하다. 공부 잘하는 사람은 질문도 잘한다. 예를 들자면 스키를 탈 때 강사와 같은 폼을 잡았는데 "왜 나는 잘 안될까?"에서 질문이 생긴다. 배우는 것은 모방을 잘한다는 것이고, 모방하는 과정에서 질문이 생긴다. 그 질문이 그 차이를 좁혀 준다. 질문하면 더 많이 배울 수 있다.

셋째는, 어떤 상황에서도 좋은 것을 배워야 한다. 동일한 상황에서도 선한 사람과 악한 사람의 배우는 차이는 크다. 선한 사람은 고양이에게서 온유함과 겸허함을 배우고, 개미에게서 성실과 정직함을, 비둘기에게서 평화와 정절을 배우며, 수탉에게서 재산 관리를 배운다. 그러나 악한 사람은 고양이에게서 원수 갚는 것과 개미에게서는 이기심, 비둘기에게서는 얻어먹는 법, 수탉에게서는 자기 영역을 지키려고 텃세하는 법을 배운다. 거머리를 보면 '남의 피를 빨아먹는 사람이 되어야겠다'고 할 수도 있다. 동일한 상황이지만 거머리를 이용하여 썩은 피를 빨아내어 병을 고치는 것을 배울 수도 있다. 동일 상황, 동일 대상인데 무엇을 배우느

냐는 선택의 문제이다. 어떤 경우에도 좋은 것을 찾아내야 한다. 이것이 좋은 리더들의 학습 방법이다.

이스라엘의 최고의 지도자인 다윗은 "고난당하는 것이 내게 유익이라 이로 인하여 내가 주의 율례를 배웠나이다."고 고백한다. 다산 정약용 선생은 그 자녀들에게 쓴 편지에서 폐족(廢族,양반 자격을 박탈당함)이 되어서야 진정으로 독서할 때이며 순수하게 독서할 수 있는 길을 찾게 되었다고 자녀들을 격려한다. 필리핀의 정치지도자로 사후에 더 큰 영향력을 미치고 있는 니노이 아키노는 감옥에서의 시간을 3,000여권의 독서와 매일 4시간의 글쓰기를 훈련하는 기회로 삼았다. 또 한국의 민주주의와 인권과 민족의 화해와 평화에 큰 영향을 끼친 고(故) 김대중 전 대통령도 감옥에서 독서의 시간을 가짐으로 국가적 리더가 될 수 있었다고 그의 자서전에서 고백하고 있다. 어떤 이는 감옥에서 세상을 원망하고, 복수의 칼을 갈고, 범죄 기술을 배우지만, 고난을 통해서 국민의 마음을 이해하는 최고지도자의 성품과 지혜를 배운다.

그러므로 이 세상의 모든 것은 배울 점과 버릴 점이 있다. 배우는 것은 선택이다. 성공적인 미래를 위해 좋은 것을 잘 배우는 습관을 갖자. 바로 그것이 좋은 리더가 되는 첩경이다.

리더

2. 리더는 만남을 통해 성장한다

'역사'와 '족보'와 '성경'의 공통점은 모두 역사 이야기이다. 차이점은 진실성과 조작성의 차이이다. 즉 역사는 승자들에 의해 자신들의 명분과 이미지에 유익한 이야기(자신의 정당성을 위해 상대방의 부도덕과 멸망의 당위성을 확보한 기록)만 기록한 것이다. 족보는 한 가정의 좋은 이야기, 성공한 이야기만 기록한다. 그러나 성경은 성경의 인물들의 범죄와 비겁하고 수치스러운 행동을 가감 없이 기록한다. 그러나 그가 위대한 하나님을 만남으로 큰 업적과 자랑스러운 일을 하게 되었음을 침소봉대하지 않고 진실하게 기록한다.

역사는 명멸해간 사람들의 이야기이다. 그 사람이 세계와 민족과 이웃에게 어떤 영향을 미쳤는가? 그 사람의 성장 과정은 어떤 경험과 배움과 훈련 그리고 만남이 있었는가에 대한 기록이다. 그 역사를 꼼꼼히 살펴보면 성공자로 기록된 사람들은 특징이 있다. 그들은 모든 환경을 통해 좋은 것을 배웠고, 배움의 길에서 좋은 만남이 있었다는 것이다.

오늘 우리가 어른과 아이 할 것 없이 좋은 리더가 되기 위해서는 좋은 만남을 가져야 한다. 성경 잠언 14장 20절은 "지혜로운 자와 동행하면 지혜를 얻고 미련한 자와 사귀면 해를 받는다"고 말씀한다. 그렇다면 구체적으로 좋은 만남이란 무엇인가? 인생을 성공시킬 뿐만 아니라 좋은 리더가 되기 위해서는 누구를 만나고 무엇을 경험해야 하는가?

첫째는, 사람의 사상을 결정하는 좋은 책과의 만남이다. 그 사람의 사상을 평가하는 방법은 그가 읽은 책의 내용에 있다. 혁명류의 책을 탐독한 모택동은 공산당 혁명을 일으켰고, 무신론자 니체가 기록한 '초인'을 탐독한 히틀러는 자신이 초인이 되겠다고 세계 대전을 일으켜 수천 만 명의 목숨을 제물로 삼았다. 자연과학과 전기계통의 서적을 애독한 에디슨은 위대한 발명가가 되었다. 성경과 인권에 대한 기록을 다독한 링컨은 평화와 자유의 역사를 기록하게 했다. 백화점 왕이라 불리던 워너메이커는 그 인생의 성공 원인과 가치 있는 투자를 묻는 기자에게 성공적인 최대의 투자를 2달러 70센트짜리 빨간 가죽성경이라고 했다. 영향력 있는 리더 한 사람이 가진 지식과 사상은 그 시대가 죽음과 공포의 시대가 되기도 하고, 생명과 평화의 시대가 되는 시금석이 된다.

둘째는, 삶의 위기에서 버팀목이 되어줄 좋은 친구와의 만남이다. 단순하게는 개인적인 우정의 역사이지만 그 시대와 국가의 삶의 질에 영향을 준 친구들의 이야기하면 중국에서는 관중과 포숙아의 우정이 대표적이다. 성경에는 다윗과 요나단의 이야기와 다니엘의 세 친구의 이야기가 있다. 이들은 모두 친구가 위기를 만났을 때 자신에게 주어진 권리를 포기하는 희생을 통해, 친구들이 성공하도록 힘들고 어려운 시기를 함께 보내준 사람들이다. 좋은 리더들에게는 그 주변에 바른 정신을 소유한 좋은 친구들이 있다.

셋째는, 인생의 참된 방향 제시와 삶의 기둥같은 교훈을 세워줄 스승과의 만남이다. 우리는 지금 좋은 스승의 만남을 위한 기도가 너무나 소중한 세대에 살고 있다. 인생에 가장 큰 영향을 주는 것은 역시 사람이다. 요즘 유행하는 멘토라는 단어는 바로 이와 같은 스승의 전형일 것이다. 인생의 기초 지식과 바른 판단, 인간 관계법, 사람을 섬기고 세우는 법에 대해 삶을 함께하면서 가르쳐 주는 스승, 오늘을 사는 미래 세대들에게 절대적으로 필요한 것이 있다면 좋은 스승을 만나는 것이다. 알렉산더의 아리스토텔레스, 구두 수선공에 불과한 디엘 무디를 회심시켜 세계 최대의 전도자를 만든 킴벌리 선생, 듣지도 보지도 못하고 말도 못한 삼중고의 절망적인 생애를 살아야 했던 헬렌 켈러를 세계인의 역경의 승리자로 만든 존 설리반 같은 위대한 교사를 만나는 것이 인생 최대의 복중의 복이다. 오늘도 선생님 잘 만나서 좋은 리더가 되기를 바란다.

넷째는, 환경과의 만남이다. 이스라엘 백성 중에서 노예 신분으로 팔려가서 왕의 신임을 받는 신하가 되기까지 성공한 다니엘과 세 친구들은 외견상 포로와 노예라는 신분의 불행한 사람들이었다. 그러나 세계의 강대국에서 더욱 경건하고 흠모할만한 사람들이 되었다. 왜? 어떻게 하였기에 그렇게 되었는가? 물론 기본은 하나님의 기본적인 섭리와 은혜의 산물들이다. 그러나 그들은 어려운 환경을 극복하였다. 누구나 환경의 틀 안에서 일한다. 환경은 오해와 고독과 고통의 과정을 통과한 후 평강과 부귀와 아름다운 명예를 선물 받는 조련장, 리더를 키우는 연병장이다. 이런 환경은 좋거나 편한 환경은 아니다. 사람을 성공시킬 환경이라면 조금은 힘들고 어려워도, 원치 않는 세파가 몰려와도 자신을 갈고 닦아주며 훈련시키는 과정으로 수용한다면 그는 진정 세대를 초월한 좋은 리더가 될 것이다.

좋은 책과 친구와 스승과 환경을 만났을지라도 가장 중요한 만남이 남아 있다. 그 만남은 바로 하나님과의 만남이다. 오늘 이런

리더

조건의 교육과 저런 조건의 훈련을 통해 좋은 리더가 되었다고 하지만 그가 내세의 문제를 해결 받지 못했다면 그는 전인적으로 성공한 사람이라고 볼 수 없을 것이다. 리더로서 꼭 만나야할 절대자를 만나지 못한 자는 아무것도 만나지 못한 것이라 할 수 있다.

3. 리더는 사막의 훈련을 통해 성장한다

우리 조국 대한민국의 방송은 드라마 공화국 같은 느낌을 준다. 주부들을 대상으로 하는 아침 드라마, 월화 드라마, 수목 드라마, 주말 드라마 등등. 그 중에서도 사극은 시대 상황과 맞물려 사회적 여론 조작과 정치적인 의도성을 띄기도 한다. 동남아에 한류를 정착시킨「대장금」, 한국인의 우수성과 자존감을 보여준 장보고의 일대기를 그린「해신」, 한민족의 역사의식 복원과 통찰력을 제공한 발해건국사인「대조영」, 중국이 동북공정이라는 역사 왜곡의 절정기에 맞서 싸운「주몽」, 민족의 영웅 이순신의 인간성과 그 지도자들과의 갈등과 고뇌를 중심으로 한「불멸의 이순신」, 그리고 정치지도자들의 사람을 얻기 위한 전략과 정치형태를 이원화하여 "백성들과 함께 하는 희망의 정치"와 "권력의 카리스마와 신비주의를 이용한 정치"의 대결로 인기를 끌고 있는 「선덕여왕」 등이다.

흥미로운 것은 방송사가 다르고 작가들이 다르지만 드라마의 구조는 한결 같은 공통점이 있다는 것이다. 그 공통점은 주인공들이 최고의 자리에 등극하게 되는 과정이다. 끈끈하게 이어져 가는 인간관계와 백성을 생각하는 마음 그리고 죽음의 위기를 극복하는 과정의 놀라운 지혜, 경제적 이익에 사심을 버린 희생, 마지막에 반드시 첨가되는 신적 동의이다. 이러한 혹독한 훈련 과정이 거의 약속이나 한 듯 유사하다. 더욱 재미있는 것은 그 훈련의 현장 중에 중국의 사막을 배경으로 하고 있는 것이 많다. 이 사막은 인생의 사막을 암시한다.

성경에 나타나는 위대한 리더들의 성장 과정과 그 배경도 이와 유사하다. 모세는 이집트 왕자의 신분으로 당대 최고의 스승들에게서 그 훈련과 교육을 받은 엘리트이다. 그가 도망자의 신세가 되어 미디안이라는 사막의 모래 속에서 그의 정치적 욕망과 민족적 아픔을 해결하려는 꿈을 시도조차도 못한 채 말도 통하지 않는 짐승들과 절망의 세월을 보내게 된다. 자신도 모르게 장차 하나님의 백성들이 살아야 할 사막을 40년씩이나 먼저 경험하게 된 것이다. 물론 여호와께서 준비시키는 과정이다.

요셉 역시 아버지의 품에서 편안하고 사랑받는 삶을 살 수 있는 조건을 가지고 있었다. 그러나 그를 사용하시려는 하나님의 계획이 그의 꾼 꿈을 통해 시작되면서부터 그는 형제의 미움이라는 사막을 거쳐 실제로 어떤 것도 기대할 수 없는 인생의 사막과 같은 종살이, 감옥살이를 경험하게 된다. 그의 삶에 성공배경인 이집트는 사막이다.

또 한 사람 다윗을 보자. 그에게 기름부음으로 왕의 자격증이 주어지는 순간부터 성공의 탄탄대로를 달릴 것 같았지만 현실은 그렇지 못했다. 13년 동안 산과 들과 사막의 은밀한 바위틈 동굴과 절벽들을 오르내리는 아픔을 경험한다. 배고픔과 목마름이 삶의 연속이었고 살기위해 미친 사람처럼 위장도 경험한다. 그의 삶은 도망자의 삶이었다. 저주와 배신의 아픔을 통과한 그가 비로소 이스라엘 최고의 왕이 된다.

모세, 요셉, 다윗이 사막의 고난 속에서도 그곳에 자신들의 왕국을 세울 수 있었던 것은 하나님의 은혜이다. 그들은 그곳에서 생명의 존귀함과 한 사람의 소중함을 알았다. 그리고 하늘의 도움이 없이는 아무것도 할 수 없다는 것을 깨닫게 된다. 결론적으로 나라의 근간을 이루고 있는 백성을 다스릴 자는 하늘의 뜻과 가장 낮은 자의 삶을 알지 못한다면 좋은 리더가 될 수 없다는 것이다. 민심이 천심이라는 것이다. 기독교적인 표현을 한다면 백성을 사랑하시는 하나님의 뜻과 백성들의 삶의 공간인 사막의 훈련과정을 겪지 않는 자는 좋은 리더가 될 수 없다

리더

4. 리더는 떠남과 고독을 통해 성장한다

　국가나 단체 그리고 한 조직의 성패는 인사에 달려 있다. 인사가 만사이다. 세계적인 기업들이 인재를 스카우트하는 이유는 그 사람이 가진 능력과 존재의 가치를 인정하기 때문이다. 실력을 키우는 길은 그 사람의 배움의 습관과 좋은 스승을 만남에 있다. 그리고 그 사람이 실력을 발휘할 수 있는 기회를 갖게 되는 것도 환경과 역시 그 길을 먼저 걸어간 리더들과의 만남이다.

　인류사를 빛낸 사람들에 대한 위인전이나 자서전을 읽어보면 그들의 인생 여정은 단순한 것 같지만 몇 가지 공통점이 있다. 그들의 삶의 특징은 떠남과 고독이다. 사람들이 떠나고 싶지 않은 곳이 있다면 그곳은 고향이며 조국이다. 성경적인 표현은 본토, 친척, 아비집이다. 이곳은 삶의 기반이 닦여있고 안전하며 언제나 도움을 주고받을 수 있다. 특별한 위기도 없고 편하다. 그런데 왜 리더들은 그곳을 떠나야 했고 고독한 생애를 살아야 했는가?

첫째, 리더는 떠나야 한다. 왜 리더들은 본토, 친척, 아비 집을 떠나야 했는가? 그리스 신화에 나오는 영웅들은 보통 사람들이 해결할 수 없는 문제를 풀기 위해 모두가 순례의 길을 떠난다. 춘추전국시대에 부국강병을 위한 인재등용의 바람이 불 때 제자백가의 대표주자인 공자도 자신이 가진 인(仁)의 정치사상을 펼치고자 자신의 나라를 떠나 주변 나라들을 순례한다. 힌두교의 4성제도의 불합리를 해결해보고자 종교개혁을 통해 불교를 창시한 석가도 왕자의 신분을 가지고 있었지만 왕궁을 떠났다.

성경의 리더들은 모두 십대에 정든 집과 고향과 조국을 거의 타의에 의해 떠나게 된다. 다니엘은 17세쯤에 당시 세계를 지배하고 있던 큰 나라 바벨론의 왕궁으로 포로의 신분으로 조국을 떠나게 된다. 요셉도 17세에 아버지의 사랑의 품을 떠나 당시 최고의 문화와 역사를 자랑하는 이집트로 노예의 신분으로 끌려가게 된다. 다윗은 어떠한가? 그도 홍안 소년 당시에 왕의 요청으로 집을 떠나야 했다. 믿음의 조상인 아브라함이 그렇고, 야곱이 그렇고, 에스더가 그렇다.

하나님은 왜 그들을 본토, 친척, 아비집에 두지 않으셨을까? 모두 자기 집에 있었거나 자기 나라에 있었다면 그저 그렇게 살다가 인생을 마감했을 사람들이다. 만약에 그들이 그곳을 떠나지 않았다면 그들은 더 큰 세상을 볼 수 없었을 것이고, 훈련의 과정을 통해 하나님의 큰 뜻을 알지 못했을 것이다. 그리고 인류를 위해 아무 것도 영향을 미치지 못 했을 것이다. 익숙한 환경을 떠나야만 새로운 도전에 응전하게 되어있다. 토인비는 "역사는 도전에 응전하는 창조적 소수에 의해 발전한다"고 했다. 즐거운 쾌락의 곳에서 비전을 볼 수 없고 고난의 신음소리가 나는 곳에 희망이 있는 것처럼 본토, 친척, 아비집에는 희망이 없다.

오늘 이 나라에는 어려서부터 부모와 조국의 품을 떠나 세계인의 훈련을 받고 있는 많은 유학생들이 있다. 그들은 우리 민족의 희망이다. 그들이 자의적이건 타의적이건 집을 떠나왔고 이제 그 훈련 과정에서 하나님의 뜻을 발견한다면 세계는 그들의 것이 될 것이다. 좋은 리더는 떠나야 한다. 일시적인 편안을 주는 곳도 떠나고, 일시적인 쾌락을 주는 죄악의 장소에서도 떠나야 한다.

둘째, 리더는 고독해야 한다. 고독한 사람은 사람의 소중함을 안다. 그러므로 사람들을 함부로 대하지 않는다. 고독은 인간의 마음에 타인이 들어와서 쉴 빈 의자를 만들어 낸다. 우리의 마음은 너무 좁다. 삶에 지치고 상처받은 자들이 찾아와서 쉴만한 공간이 없다. 왜인가? 「가시나무 새」라는 노래가 그 마음을 대변해 준다. "내 속에 내가 너무도 많아서 당신의 쉴 곳 없고…" 한 사람의 소중함을 아는 고독을 경험한 자만이 타인들이 와서 쉴 곳을 마련하게 되어 있다.

리더가 고독한 이유가 또 있다. 그것은 큰 마음을 이해 해주는 이가 없어서 고독하다. 모두가 가는 길의 반대에 서야할 때가 있어서 고독하다. 예수님은 제자들에게 내가 당의 일을 말하여도 모르는데 하늘의 일을 말하면 알아듣겠느냐고 하신 적이 있다. 주님은 온 인류를 위해 십자가를 져야겠다고 하는데 제자들은 주님이 왕이 되시면 높은 자리 한자리씩 차지하겠다고 언쟁을 벌이고 있었다. 그럴 때 고독하다. 나라와 민족과 세계를 꿈꾸고 있는 사람이 동네의 행정을 돕는 자와 사상논쟁과 시비를 가리고 있을 수 없다. 동네 이장은 동네 문제 해결에 힘을 쏟고, 세계의 리더는 인류의 평화와 생존의 문제 해결을 위해 전력 질주한다. 리더가 하늘의 뜻을 실현하고자 하지만 백성이 땅의 문제만 해결해 달라고 아우성칠 때 리더는 고독하다. 그 마음의 크기와 사역의 질이 다를 때 리더의 마음은 고독하다. 좋은 리더는 바로 이러한 고독을 인내로 즐길 수 있어야 한다. 좋은 리더의 길은 수준 높은 고독과 이해할 수 없는 기득권의 자리를 떠남의 과정을 통해 성숙하며 세워져 간다.

리더

좋은 리더가 되고 싶다면 오늘 본토, 친척, 아비집을 떠나라. 그리고 가족과 기껏해야 지역사회를 벗어나지 못하고 땅의 문제에 매달려 세계와 인류의 문제를 해결할 지혜를 뿌리는 하늘의 아름다움을 보지 못하는 범인들과 다른 고독의 삶을 즐겨라. 그는 좋은 리더가 될 것이다.

5. 리더는 네 바퀴의 균형으로 성장한다

좋은 리더가 갖추어야 할 덕목은 그 시대가 요구하는 사회적 환경과 정치적 필요에 따라 약간씩 달라진다. 신분의 차별과 사상의 갈등으로 사분오열된 시대에는 화해와 상생의 인격적 리더십을, 경제적 고통과 범죄로 인한 혼란의 사회에서는 비전의 리더십과 어떤 문제들을 해결할 수 있는 전문성을 겸비한 실력의 리더십을 요구한다. 수많은 리더십 관련 연구 서적들이 공통적으로 요구하고 있는 리더의 조건은 인격, 비전, 신앙, 실력이다. 이 네 가지는 리더십은 수레의 네 바퀴이다.

첫째, 백성은 사랑과 자비의 인격적인 리더를 요구한다. 어느 시대나 백성들은 진정한 자비와 사랑에 굶주려 있다. 그것은 심리적인 결핍의 공동체적 표출로 나타난다. 그들의 내면은 각자의 부족함을 채워주는 부모와 같은 리더를 요구하기 때문이다. 많은 리더들 중에는 정말 신앙철학에 투철하고, 산적한 난제들을 해결할 수 있는 전문적인 실력도 겸비했다. 그리고 백성들에게 희망을 주는 비전도 위대하다. 그래서 백성들에게 비전을 제시하며, 정치 현장에 자신의 사상과 신앙적 철학을 실현코자 애정을 쏟는다. 그러나 그가 인격적으로 인정받지 못한다면 안타까운 결핍이다. 예를 들자면 백성들을 경제적 난국에서 구하기 위해 비전을 제시하고 전문성을 가진 실력자들을 등용하고, 국가적인 성공을 확신하는 확고한 신념을 가졌다 하여도 자신의 권력을 유지하기 위해 백성을 탄압하고 인권을 유린하는 인격적 흠을 가졌다면 그는 좋은 리더가 될 수 없다. 민심을 도려낸 자리에 천심으로 채울 수 없기 때문이다.

둘째, 백성은 비전을 가진 리더를 요구한다. 백성들은 그 시대의 리더가 전문성을 가진 실력자이기를 원한다. 그리고 그 시대의 정신문화를 이끌어 가는 종교의 투철한 신앙인이기를 바란다. 여기에 고통 받는 자들은 품에 안을 수 있는 사랑과 자비의 인품을 갖춘 지도자라면 더 바랄 것이 없다. 이러한 지도자를 만난 백성은 행복하다. 그러나 그가 백성들에게 가난을 극복하고 함께 잘 사는 희망, 영광의 승리를 나눌 비전을 제시하지 못한다면 그가 가진 개인적인 훌륭한 인품, 이상향을 펼칠 수 있는 정치사상, 그의 개인적인 신앙과 기도는 그야말로 소리 나는 구리와 울리는 꽹과리이며, 또 그의 정치적 약속들은 화중지병일 뿐이다. 백성들은 아무리 힘든 고난의 환경이라도 희망만 있다면 어떤 고통도 감내한다. 비전은 보여주는 것이다. 그것이 지도자의 역할이다. 비전은 힘을 모아 미래를 보고 움직이게 하는 특별한 기술이다. 백성들은 자신의 힘이 역사에 흔적이 되기를 소망한다. 백성들에게 비전을 주지 못하는 리더가 권력의 자리를 유지하고 있다면 그는 자신의 욕망을 채우는 악한 구조 속의 기생식물에 불과하다.

셋째, 백성은 신앙심 깊은 리더를 요구한다. 국가와 한 시대를 이끈 지도자는 그의 종교유형에 무관하게 신앙심이 투철한 사람들이었다. 지도자와 백성의 의사소통은 정책과 정보의 공유 등 많은 수단 중에 영적 동질감 이상은 없다. 비 과학시대의 통치수단은 '하늘의 뜻'이었다. '왕권신수설'이 가장 대표적이다. 그래서 통치권자는 천기의 변화와 천재지변을 하늘의 뜻의 통로로 이용한다. 드라마 「선덕여왕」의 미실의 정치사상과 통치수단은 좋은 예이다. 그러나 그 종교의 오류가 드러날 때 운명이 결정되는 것이 동서고금의 역사이다. 그 종교의 영성과 윤리적 영향력이 사라지면 정치지도자가 동반하여 부패한다. 여지없이 그 나라와 단체는 역사의 종말을 맞게 된다.

원래 기독교 제국이던 중동은 '모든 땅은 알라의 것으로 모든

리더

인간은 공평하다'며 농민들의 현실을 대변한 이슬람에 의해 순식간에 이슬람화 되었다. 신정통치의 황금기를 구가하던 러시아의 동방정교회는 지도자들의 부패로 농민혁명을 이용한 공산주의자들에 의해 비참한 말로를 맞았다. 또 하나 지주계급이었던 교회지도자들의 횡포와 부패에 시달린 착한 소작농들의 시위가 있었다.

우리나라의 경우 고려는 불교가 지나친 정치개입과 세속화된 욕망으로 그 있어야 할 자리를 잃게 되자 나라가 망했다. 조선은 유교가 그 역할을 상실하면서 역사의 뒤편으로 물러섰다. 서양의 기독교는 온갖 경제적 정치적 전쟁의 정당성을 인정해주는 앞잡이 이미지를 벗어나지 못하고 있다. 우리나라 역시 이제 기독교가 고려의 불교, 조선의 유교를 잇고 있다. 위기의 시대, 기독교 지도자와 정치지도자의 윤리적 영향력 상실과 부패는 나라의 운명을 결정할 것이다. 그럼에도 불구하고 바른 종교는 지도자를 백성과 연결하는 정신적인 소통수단이다. 백성의 마음을 얻고 싶다면 깊은 신앙을 가지라. 천심을 얻는 자가 수천만 민심의 리더가 된다.

넷째, 백성은 전문적 실력을 갖춘 리더를 요구한다. 모든 인간은 완벽하지 못한다. 지도자 역시 완벽할 수 없다. 위의 세 가지, 사랑과 자비의 인격과 위대한 비전과 투철한 신앙심을 갖춘 리더라 할지라도 국가를 경영함에 있어 다양한 욕구와 이어지는 난제들을 해결할 수 있는 전문성을 갖추지 못하거나 그러한 인재의 등용을 하지 못한다면 그는 좋은 리더가 될 수 없다. 우리나라 대통령 중에 한분이 '머리는 빌리면 된다'고 했다. 그렇다. 맞는 말이다. 그러나 빌린 머리들을 조정하고 통제하며 이끌어갈 전문성을 갖추지 못한 결과 건국 이래 국가 흥망의 최대의 위기를 자초하고 말았다. 그는 좋은 업적을 남기기도 했으나 '역사 바로 세우기'라는 명목으로 미래를 향해 가는 배의 방향을 과거로 돌려놓기도 했다. 리더에게 전문성은 참으로 중요하다. 그에게 한 국가의 몇 십 년의 미래가 결정된다. 국가경영의 에너지와 시간이 낭비되지 않는 길은 실력 있는 리더를 선택하는 길이다. 때로는 마키아벨리처럼 사자와 여우의 리더십을 발휘해야 한다. 상황에 따라 백성과 함께 고난을 공유하는 간디의 무저항 비폭력의 리더십과 묵묵히 고통 받는 자들에게 사랑을 펼치는 테레사의 사랑의 리더십, 즉 백성들의 심리를 통제하고 마음을 얻어내는 실력을 갖추어야 좋은 리더가 될 수 있다.

좋은 리더가 되려면 인격과 비전과 실력과 신앙이 균형을 이루어야 한다. 이 네 가지는 리더십 수레의 네 바퀴이다.

PART TWO

갖추는 리더

유럽의 아들러라는 정신의학자에게 어느 날 한 중년부인이 찾아왔다.
부인은 자신에게 있는 우울증의 고통을 이야기하였다.
아들러는 부인의 이야기를 다 들은 후 일주일분의 약을 지어주었다.
그리고 부인이 지켜야 할 삶의 원칙을 일러 주었다.
그것은 약을 먹으면서 하루에 한 가지씩 반드시
다른 사람을 위해 좋은 일을 해야 한다는 것이었다.
부인은 돌아가서 의사의 지시대로 충실히 약도 복용하고
하루에 다른 사람을 위한 선한 일을 한 가지씩 했다.
일주일 후에 부인은 아주 밝은 얼굴로 의사를 찾아왔다.
부인은 자신의 병이 다 나았다고 약의 효과를 감탄하였다.
이 때 아들러가 부인에게 말했다.
"부인, 부인의 병이 나은 것은 약 때문이 아닙니다.
사실 그 약은 소화제에 불과하고, 부인이 나은 것은 자신에 대한
지나친 염려와 관심에서 벗어났기 때문입니다."

리더는 갖춘다.

6. 리더는 인간관계를 사용한다

"로마는 하루아침에 세워지지 않았다"는 말이 있다. 이 말은 프랑스의 12세기경 격언집에 있는 말인데 세르반테스가 「돈키호테」에서 사용한 말이다. 지도자 역시 로마처럼 하루아침에 나타나거나 세워지지 않는다. 좋은 만남과 훈련과 생명의 위급함을 느끼는 환경으로부터 배운 사람이 리더로 세상에 드러나게 된다. 그렇다고 무조건 고난의 삶을 살았다고 해서 모두 리더가 되는 것은 아니다. 그들은 그들이 겪은 경험 속에서 인간이 무엇인지를 깨달은 자들이다. 인간의 필요가 무엇이며, 그들의 삶의 형태와 문제를 대처하는 방법, 또 어떻게 해주어야 그들이 만족해하는지, 대중의 마음을 얻는 방법, 즉 군중심리가 무엇인지를 알고 그들을 정신적으로 실제적으로 돕기를 힘써온 사람들이다. 독자들은 위인, 선배 리더들의 인간이해 기술을 익혀 좋은 리더의 길을 함께 가기를 원한다.

첫째는, 관계적 기대치를 줄여야 한다. 사람들이 세상을 행복하게 살 수 있는 가장 큰 조건은 사람과의 문제가 해결되어야 한다. 즉 함께 사는 사람을 알고 이해하면 불행의 요소인 싸움과 갈등이 없어진다. 그 사람의 능력 이상의 기대를 하지 않으면 실망할 이유도 없다. 기대치가 낮아도 문제이지만 높아도 문제가 발생한다. 기대치에는 두 가지가 있다. 하나는 교육적 기대치이다. 이것은 잠재적 가능성의 기대치, 즉 탁월하게 될 가능성이다. 다음은 관계적 기대치이다. 자신에게 잘해 줄 것이라는 기대치, 자신의 욕망을 만족시켜 주리라는 이기적 바람이다. 리더들은 두 가지 기대치 중에 교육적 기대치는 누구에게도 포기하지 않아야 한다. 그러나 이기적 소망의 '관계적 기대치'를 빨리 포기할 줄 알았다.

인간관계 과정에는 타인들이 봐주기 힘들고, 용서할 수 없는 실수를 할 때가 있다. 그 때 잘 참아주고 조금 기다려 주는 것이 좋은 리더이다. 그 모델은 영원한 스승이신 예수님이시다. 예수님은 부활 후 배반한 제자를 찾아가 아침을 먹여 주시고 용서와 사랑을 확인하신 후 그에게 사명을 확인시켜 주셨다. 스승이 그 서운함의 과정을 극복하니까 진짜 제자, 쓸 만한 인간이 나오게 된 것이다. 가능성에 대한 기대와 관계적 기대에 대한 분별없는 태도가 바로 사람의 관계를 파괴하고 불행하게 한다. 리더는 결코 교육적 기대치를 버려서는 안 된다. 그러나 자아충족적인 관계적 기대치를 버릴 줄 알아야 좋은 리더가 될 수 있다.

둘째는 사람의 이기성에 대해 이해하라. 리더는 관계성을 떠나서는 안 된다. 그러나 리더가 되려면 인간의 이기성을 분명하게 이해해야 한다. 인간의 DNA는 생존 시스템을 가지고 있다. 철저하게 자아생존 시스템으로 다른 존재는 인정하지 않는다. 자기가 위협을 당하면 DNA는 다른 생각을 하지 못한다. 생각이 없으면 생물이다. 생물은 자기 존재의 안전과 평안만 요구한다. DNA는 공격을 당하면 생존을 위해 동료 DNA라도 다 죽인다. 이런 DNA가 인간의 몸을 꽉 채우고 있으니 인간이 얼마나 이기적이겠는가? 그러므로 인간은 타인에게 잘 해줄 수 없다. 아무런 대가를 바라지 않고 타인에게 잘 해주는 사람이 있다면 그는 신적인 깊은 진리를 터득한 사람일 것이다. 그렇지 않다면 자신과 무언가의 유익을 위한 호혜평등의 원칙이 통하고 있다고 보아도 과언은 아니다. 그 관계에서 경제적 이익이 있거나, 심리적 만족감과 안정을 누리거나, 사회적 명예를 얻을 수 있거나, 문화적 만족감을 주고 받는 유익이 있을 때, 그리고 영적인 동질감을 누릴 수 있는 무엇인가가 상호 평등하게 작용할 때 상대방과 좋은 관계를 갖게 되는 것이다. 인간관계는 상호 간에 이기적으로 보이지 않을 뿐 근본적으로 이기성이 깔려 있다. 좋은 리더가 되는 길은 인간의 이기성의 원칙에서 볼 때 즉, 관계적인 측면에서 저 사람이 나에게 잘해 줄 것이라는 생각을 버리는 길이다. 역사상 좋은 리더로 추앙받는 사람들은 자신의 내면에서 순간순간 발생하는 이기심과 수없는 투쟁에서 승리한 사람들이다. 그리고 상대방이 이기적인 태도를 보일 때 그것을 수용할 줄 아는 큰 마음의 사람들이었다. 이기적 인간의 본성을 이해하고 수용하는 길이 리더의 길이다.

셋째, 분노하는 사람과 악을 행하는 사람이 더 힘들다는 것을 알라. 분노하는 사람을 보면 지금 화가 나서 상대방에게 그 화를 쏟아 낸다. 그에게는 자신의 현재 상태를 직시 할 수 있도록 해 주어야 한다. "지금 화가 나서 얼마나 힘드세요?"라고 말해주면 반응이 달라진다. 사람은 사실 평안을 추구한다. 화가 났다는 것은 평안하지 않다는 것이며 본능적 안정을 거스르고 있는 상황이기 때문에 그 마음이 힘들고 괴롭다. 그래서 누가 분노하거나 악을 행한다면 외적으로는 당하는 사람이 힘들어 보이지만 실제는 화를 내거나 악을 행하는 사람이 더 힘들다는 것이다. 속담에 "맞은 사람은 발 뻗고 자도 때린 사람은 발 뻗고 못 잔다"는 말처럼 악을 행하는 사람은 이중으로 고통을 당한다. 인간은 최소한의 양심은 지니고 있다. 그래서 악한 일을 계획할 때나, 자신의 분노를 표출하는 과정에서 심리적으로 고통을 겪게 된다. 그리고 악을 실행한 후에는 그를 아는 주변 사람들의 무관심이나 질시의 눈동자를 통해 느끼는 소외 의식이 그를 더욱 힘들게 한다. 은혜를 베푼 사람들을 배반하고 악행을 저지른 사람들이 주변 사람들로부터 지탄을 받는 슬픔을 생각하면서 그 사람들을 위로 할 줄 아는 것이 좋은 리더가 가져야 할 자비심의 근원이다.

넷째, 타인의 잘못이 내가 존경을 받는 이유임을 기억하라. 사람이 각자 자기 일을 다 한다면 다른 사람을 도울 일이 없어진다. 타인이 자기 할 일을 못해서 도움을 주었을 때, 그 일을 반복할 때 사람들은 그를 선한 사람이라고 존중한다. 남이 못하는 것을 도와주니 사람들이 그를 따르고 좋아한다. 명예가 어디서 오는가? 사실 남의 약함을 돕는데서, 타인의 부족을 도와주는 것에서 온다. 역으로 생각하면 존경과 명예는 타인의 소유를 빼앗아 오는 것이다. 사람들은 타인이 가진 명예를 가져오면서 오히려 큰소리를 치고 있는 것이다. 진심으로 남의 명예를 빼앗은 미안한 마음으로 사람을 대할 때 한 사람의 존재적인 변화가 가능하다. "부자가 천국갈 수 있는 유일한 길은 가난한 자가 있기 때문이다"라는 이스라엘 속담이 있다. 그러므로 타인의 잘못은 존경과 축복이 오는 통로이다.

또 타인의 실수나 잘못은 그와 내가 연합하기 위한 통로가 된다. 누가 나에게 해를 끼친다고 할 때는 나와 그가 친구되는 기회이다. 접붙이기 할 때 하나에만 상처를 내면 붙일 수가 없다. 양쪽 다 상처를 내야 붙는다. 상처가 맞붙으면 하나가 되는 것이다. 그

리더

러니 나에게 손해를 끼치는 사람은 모두가 다 나와 친구가 되는 가장 좋은 선물이며 도구인 것이다. 그러므로 잘못한 사람을 만난다는 것은 사람을 얻는 길이다. 나를 해롭게 하고 손해를 끼치고 악을 끼치는 사람을 만나거든 세상의 가장 놀라운 선물이 내 앞에 와 있다고 고백하라. 이것이 훌륭한 리더의 인간 이해 지식이다. 이런 지식을 갖고 사람을 대함으로 그 마음을 얻을 수 있다.

7. 리더는 최고의 깨달음에 이른다

　　그 사람을 알려면 그 사람이 자주 하는 말을 들어보면 알 수
있다. 그가 자주 하는 말은 그의 꿈이다. 그가 신앙인이라면 그는
그 꿈을 위해 기도한다. 그의 기도를 들어보면 그 사람의 크기를
알 수 있다. 성인들의 관심은 인류의 행복과 평화에 있었다. 한 나
라를 다스리는 대통령의 관심은 나라의 비전을 이루는 일과 문제
를 해결하는 일에 있다. 도지사나 시장의 관심은 자신에게 맡겨진
권역의 문제를 해결하고 그 안에 속한 사람들의 안녕을 기원한
다. 그 사람이 담당한 영역의 크기에 따라 그 관심도가 달라진다
는 것이다. 인류의 스승들은 어떻게 지도자가 될 수 있었을까? 지
도자가 되기까지 어떤 고통을 겪었을까? 심리적 갈등은 무엇이었
으며 그런 문제들을 통해 깨달은 바는 무엇이었을까? 그들은 먼

저 깨달은 자, 선각자이다. 특히 인간의 심리를 이해하는 기술을 터득한 자들이다. 인류의 스승들은 "나는 어디에 있으며, 나는 누구이며, 무엇을 위해 생을 바쳐야 하는가?"를 깨달은 분들이다. 자신의 존재의 이유를 깨달은 자는 그가 도달할 수 있는 이해와 지성, 경험의 수준을 신과 하나가 되는 단계를 최종목적지로 정한다. 즉 신의 뜻을 이루어 드리기를 소망 한다. 중세 사막의 교부들과 스승들은 신과의 만남을 위해 그 모든 것을 버리고 주상성자가 되기도 했다. 신과 만나는 깨달음의 단계, 이 단계에 이르는 과정은 무엇일까? 인간의 깨달음의 단계별 의미를 생각해보자.

첫째, 자신의 행−불행의 감정과 행위가 타인에 의해 결정되는 단계이다. 이 단계의 사람들은 자신의 감정과 생각이 항상 타인의 평가에 집중되어 있는 상태이다. 모든 문제의 원인과 해결책이 타인에게 있다. 그가 좋아하는 대상에 따라 행동이 결정되고, 감정도 변하며, 희노애락의 기복이 심하게 나타난다. 타인이 잘해주면 한없이 기쁘고, 또 가치있는 존재로 느낀다. 그러나 자신이 집중하고 있는 대상으로부터 관심을 받지 못하면 슬픔과 함께 분노를 드러내고 수치를 느끼는 감정 조절이 불가능한 사람이다. 이런 사람을 가리켜 자신의 정체성이 불분명한 사람, 수동적인 인간, 자신의 삶의 철학도 없고 인생의 목적도 없는 대상중심적 인간이라고 한다.

둘째, 자기의도를 찾게 되는 단계—귀인분석의 단계이다. 둘째 단계는 대상중심의 무의미한 삶, 즉 자기 자신의 삶의 행복과 불행이 타인에 의해서 결정되어 왔다는 것을 깨닫는다. 이 단계는 자신의 행·불행의 감정이 타인의 언행 때문이 아니고 자신의 욕심 때문임을 깨달은 것이다. 이렇게 자신의 욕심을 분석하고 의도를 탐구하는 단계 즉, 귀인분석의 단계이다. 이 사람은 이제 모든 일의 원인과 출발점을 자기로부터 생각하고 자신에게 욕심과 같은 원인이 있다고 생각하기 때문에 세상과 사물, 사건의 변화가 일어나도 이제 흔들리지 않게 된다. 니체의 권력 의지가 여기에 속한다. 인간은 모든 행동을 자기 권위, 자기 유익, 자기 우월적 위치를 판단받기 위해서 말과 행동을 한다는 것이다. 이것의 결론이 초인사상이다. 자신의 의도를 탐구하는 자는 자신의 모습을 알게 되고 자신의 들보를 먼저 보고 욕심에서 벗어나려는 시도를 하게 된다. 이런 사람은 기쁨과 슬픔에 동요되지 않는 안정성이 눈에 띄며, 이런 모습이 지속되면 얼굴 표정이 아주 편안하게 변화한다.

셋째, 자기 존재가 유입물로 구성된 중간지대임을 아는 단계이다. 이 단계는 자신이 누구인가를 묻는다. 그래서 자신의 좋고 싫은 감정, 사상, 지식, 육체가 외부의 유입물로 구성된 중요한 사실을 알게 된다. 모든 육체는 그 사람이 먹는 음식에 의해 그 건강과 체질이 결정된다. 예를 들면 알칼리성 체질은 알칼리성 음식, 산성 체질은 산성 음식을 먹은 결과이다. 그 사람의 인격과 정신 또

한 그 사람의 교육환경과 지식에 의해서 결정된다. 공산주의자는 공산주의의 지식을 배웠기 때문이며 자본주의자는 자본주의 시장경제의 지식을 가지고 있기 때문이다. 신앙도 기독교인은 기독교적 진리의 지식이 유입되었기 때문이며, 불교인은 불교적인 지식이 들어와 있기 때문이다. 한국인은 한국에 태어나서가 아니라 한국인의 전통과 문화와 사상을 배웠기 때문이다. 그러므로 나 자신이 의도가 있어서 바꿀 마음을 먹으면 얼마든지 가능하다. 사람의 현재는 외부 물질(몸)과 외부 지식(마음)에 의해서 구성된 결과이다.

이 상태에 이르면 갑자기 허무해 진다. 내가 누구냐? 갑자기 나의 본질을, 고향을 찾는 일을 통해서 자신의 존재는 완전히 비어 있는 존재였는데 그 존재 속에 종교가 들어오고, 지식이 들어오고, 경험이 들어오고, 문화가 들어오고, 전통이 들어와서 지금 현재의 나를 만들고 있다는 것을 알게 되는 것이다. 우리가 어떤 것에 대해 좋고 싫은 이유도 위의 원리로 보면 자신이 살아왔던 삶속에서 그것을 문화적으로 수용한 결과이다. 내가 어떤 것을 좋아하는 사람들 속에서 살았으면 나는 지금 그것을 좋아 했을 것이다. 좋고 싫은 것이 알고 보니까 내가 아니라 사회의 결정체, 곧 대중성이었다. 이제 그럼 나는 어떤가? 이제 나의 좋음, 싫음, 미움, 내가 뭐 한다 하는 이 모든 것이 다 사실은 학습되고 경험된 나인 것이다. 내가 싫어한 게 아니라 사람들이 싫어하는 것을 '나도 그렇다고 동의한 것'이라는 것이다. 이제 진정한 내 것은 없다. 내가 없어지고 오직 만민의 유산과 전통과 지식과 타인의 경험들이 내 안에 있다는 것이다. 내 안에 있는 것은 타인의 경험들과 인류의 유산들일 뿐이라는 것이다.

네 번째, 자타일체(自他一體)로 생각하는 단계이다. 자타일체란 무엇인가? 나라는 존재가 무가치 했다. 그렇다면 지금 내가 '나' 라고 하는 것은 무엇인가? 지금 들어와 있는 그것이 '나'이다. 더욱 중요한 것은 만약 지금의 나를 바꾸기 위해서 먼저 있던 악함이 나가고, 믿음이 들어오고 믿음의 근원이 주는 선함이 들어오면 나는 지금 가치를 깨달은 사람이라고 보여진다. 현재 내게 머물고 있는 것이 '나'이기 때문이다. 내가 좋은 리더가 되기를 원한다면 내 속에 들어와 있는 오류 요소를 빼내야 한다. 인간은 자신에게 들어와 있는 것이 다 좋다. 나쁘다면 편안하지 않다. 사람의 육체는 몸 안에 독이 들어오면 견딜 수 없이 고통스럽지만 정신영역은 다르다. 정신으로 들어온 독은 자신이 아픔을 느끼지 못한다. 그러나 나중에 타인을 괴롭게 한다. 해독제가 필요하다. 우리가 우리 안에 들어와 있는 것이 독인지 약인지를 모르는 것은 자타일체 속에서 너무나 편안이 자리 잡고 있기 때문이다.

그러면 그것이 좋은 것인지 나쁜 것인지 어떻게 구분할까? 리트머스 시험지와 같은 시금석이 있다. 하나님의 말씀이다. 예수님 정신으로 내게 지금 들어와 있는 실존주의와 허무주의, 칼 마르크스와 아담스미스의 사상, 자본주의와 공산주의, 사회주의와 민주주의 사상, 개발론자와 환경론자 중 어떤 것이 옳은 것이냐에 대해서 평가를 해 봐야 된다. 결국 나는 어떤 것들이 들어왔다가 나가는 통로이다. 모든 사물이 곧 내가 되어 있다. 어떤 물질이 나와 하나가 되어 있다. 어떤 지식이 나를 만들었다. 인류의 유산이 내 안에서 나를 구성하고 있다. 여기에서 나는 자타가 구분할 수 없는 상태라는 것을 알게 된다. 나의 존재와 타인과 만물의 존재는 더 이상 구분할 수 없다. 그것을 '우리'라고 표현한다. 그러나 나의 몸이 자타일체의 통로로서 역할을 한다면 '나'라는 통로에 무엇을 채울까에 대해서는 우리가 선택해야 된다는 것이다.

결국 자와 타가 구분되지 않는 '나'라는 존재 안에 무엇을 채울 것인가는 내가 결정할 수 있다. 들어와 있는 것이 곧 나라면 이왕이면 밖의 좋은 것을 들여오는 것이 좋다. 훌륭한 사람의 것, 보통의 상식보다는 가치있는 것이 들어 오면 금상첨화이다. 나의 몸과 마음—정신이라는 통로에 히틀러의 생각, 칼 마르크스의 생각, 허무주의의 생각을 채울 수도 있다. 그러나 테레사 수녀나, 슈바이처나 예수님의 생각을 채울 수 있다. 자타일체를 깨달은 자는 음식을 채우든, 지식을 채우든, 진리를 채우든 소홀히 하지 않고 내가 선택해서 좋은 것을 채울 수 있다. 이 단계에 이른 자는 자신을 하나님의 성전으로 인식한다. 이 단계가 진실한 신앙인의 단계이다. '나'와 '너'라는 존재가 이제는 들어오는 것에 의해서 결정된다는 사실을 알기 시작했을 때, 이제는 나를 성전으로 여기는 것이고 먹는 것 하나에서부터 들어오는 지식 하나까지라도 관리할 수 있게 된다.

다섯째, 신아일체(神我一體)로 생각하는 단계이다. 자타일체에서 이제 더 높은 도, 더 높은 진리, 자타일체의 상태에서 나를 채우는 것, 그것을 신아일체-신과 하나가 되는 단계라고 한다. 신아일체는 신의 의지와 신의 경험과 신의 마음이 내 속에 들어오게 하는 것이다. 하나님의 지식과 하나님의 자비심과 하나님의 사랑과 용서와 공의의 역사의 경험들이 내 생각과 삶 안으로 들어오게 되는 것이다. 이것을 불교에서는 해탈이라고 하고 부처라고 한다. 장자는 완덕이라 표현하고, 기독교는 성화, 경건, 성결이라고 표현한다. 이제 '나'라는 존재는 하나님의 통로, 신의 통로이다. 드디어 내 몸이 하나님의 성전이 되는 단계에 이른 것이다. 내가 신의 마음을 품었을 때 신의 삶을 사는 것이다. 이것을 기독교에서는 "그리스도를 닮았다"라고 표현한다.

이 단계에 이른 리더는 신의 뜻을 이루는 도구로써 삶을 살게 된다. 좋은 리더는 인간이 자신의 행복과 불행을 결정하는 깨달음의 단계를 다른 사람들보다 먼저 깨우친 사람들이다. 좋은 리더들은 인간을 먼저 이해하고 그 사람이 깨달은 단계의 수준에 따라 대처할 줄 알았다. 이제 우리의 시스템을 하나님의 시스템으로 바꾼다면 좋은 리더의 삶을 보여주게 될 것이다.

우리 자신이 몇 단계에 있을까? 제5단계, 신아일체는 우리의 목표이며 꿈이다. 그러나 아직도 타인에 의해 감정이 지배받는다면 우리는 1단계이다. 우리는 정말 빨리 단계를 키워서 자타일체까지는 가야한다. 그리고 신아일체로 넘어가는 아름다운 사람이 되어가야 한다. 성화되어가야 하는 것이다. 그러기 위해 지금 우리 안에 들어있는 독을 빨리 제거해야 한다. 빨리 제거하고 새것을 받아들여서 신아일체에 이르기를 바란다.

8. 리더는 일을 구분할 줄 안다

좋은 리더가 되려면 갖추어야 할 덕목도 많고 절제해야 할 내용도 많다. 사람들은 자신의 삶은 형편없는 삶을 살면서도 리더들에게는 요구 조건이 많다. 특히 "리더는 마음이 넓어야 하며, 비전을 보여줘야 하며, 전문적인 지식을 가져야 하며…", "리더는 부하들을 잘 섬기고 희생할 줄 아는 인격을 갖춰야 한다"고들 말한다. 모두 맞는 말이다. 그러나 리더도 인간이기에 항상 모든 일에 군중들이 요구하는 덕목들을 보여주기 어렵다. 그래도 지혜로운 리더는 평정심과 여유로움이 있다. 포기할 것과 취해야 할 것을 판단하고 시간과 돈을 사용해야 할 때와 그렇지 않을 때, 사람을 만나야 할 때와 쉬어야 할 때를 안다. 인생에서 작은 것과 사소한 것을 구분할 줄 아는 지혜를 가졌기 때문이다.

리더

첫째, 단순한 것들의 조합으로 이루어진 세계를 보는 지혜가 있다. 우리 눈에 보이는 모든 물체는 모두 작은 것(분자·원자)들의 모임이다. 예를 들면 26개의 문자 패턴으로 이루어진 근대 영어의 모든 작품과 인류사의 명화들은 오직 3가지 기본 색깔로 그려졌다. 또 12개 이하의 음표로 구성된 모든 음악들, 복잡하게 생각하고 있는 수학은 오직 10개 정도의 기호로 표현되어져 있다. 컴퓨터의 놀라운 능력은 0과 1이라는 오직 두 개의 기호로 이루어져 있다. 복잡한 세계는 단순한 원자의 조합으로 이루어져 있다. 그러므로 어떤 일, 시간, 만남, 사건은 작지만 아주 중요한 것들이다.

둘째, 위대한 사랑을 가지고 작은 일을 한다. 테레사 수녀는 "우리는 이 세상에서 위대한 일을 할 수 없다. 단지 우리는 위대한 사랑을 가지고 작은 일들을 할 수 있을 뿐이다"라고 말했다. 탈무드도 "아주 작은 가르침이라도 지키지 않는다면, 결국에는 중대한 가르침까지 등한히 하게 된다"고 가르친다. 기독교의 황금률인 "대접을 받고자 하는 대로 먼저 남을 대접하라"는 가장 구체적인 말씀을 어긴다면 가장 큰 계명인 하나님의 뜻을 이루라는 명령을 당연히 어길 수밖에 없다. 우리 속담에 "바늘 도둑이 소도둑 된다"는 말과 "천리 길도 한 걸음부터"라는 말이 있다. 아주 작은 일이지만 그 사람의 미래를 결정하는 교훈이다. 결국 우리는 작은 일을 얼마나 잘하느냐에 따라서 인생의 미래가 결정된다는 것이다. 작은 것은 큰 것을 만들기 때문이다.

갖추는 리더

셋째, 작은 일의 가치를 알고 있다. 작은 일의 가치를 충분히 이해했다고 할지라도 더욱 중요한 것은 그것을 어떻게 구분하느냐의 문제이다. 이 작은 일이 자신이 원하는 위대한 일, 훌륭한 꿈을 이루고 성공케 하는 선하고 작은 일인지, 이 작은 일이 인생을 망치는 악하고 사소한 일인지 구분해야 한다. 쉽게 말하면 작은 일은 우리가 가야 할 목표를 이루도록 돕는 일이고, 사소한 일은 목표를 이루지 못하도록 방해하는 일이다. 이것들의 크기나 디자인, 진행 과정은 비슷하다. 또한 둘 다 당장에 어떤 결과가 나타나지 않는다. 쓰레기 하나 줍는 작은 행동이 사람들을 감동시켜 훌륭하다고 말하지는 않는다. 하루쯤 늦게 일어나고 한번쯤 어른들의 말에 거역했다고 해서 나쁜 사람이 되거나 게으른 사람이라고 평가되지는 않는다. 그러나 작은 것과 사소한 것은 근본적으로 중요한 차이를 갖는다. 작은 일은 중요한 것을 이루는 수단이자, 그 재료들이다. 모든 사람들이 갖기 원하는 미래를 이루어주는 원료이다. 반대로 사소한 것은 자신이 원하는 미래를 이루는데 가장 큰 방해물이다. 그러나 지금은 너무 편하다. 아무것도 하지 않아도 된다. 노래 부르기, 피아노 연습, 탁구치기, 그림 그리기 등은 개별적으로 볼 때 좋은 것들이다. 그러나 가수가 목표인 사람에게 탁구는 사소한 일이다. 반대로 화가가 꿈인 사람에게 노래 부르기는 사소한 일이다. 그런데 사람들이 사소한 일을 좋아하거나 별다른 느낌 없이 대한다. 그 이유를 살펴보면 다음과 같다.

1) 작은 일에 충실할 수 있는 목표가 정립되지 않았기 때문이다. "말이나 노새는 고통을 주면 따른다… 좋은 말로 하면 듣지 않으며 알면서도 고치지 않는다. 묵시가 없으면 백성은 방자히 행한다"고 잠언 29장은 말한다. 인생의 목표가 없는 사람, 노예나 종과 같은 사람이다. 이들은 목표가 없기 때문에 시킨 일만 한다. 추수 때라도 비가 오면 좋은 사람들이다. 주인의 말만 듣고 수동적인 행동만 한다. 신중해야 할 때도 머리 아프게 생각하고 그 과정들을 무시한다. 자기 인생의 행복을 타인이 결정한다.

2) 자신의 행동이 작은 일인지 사소한 일인지 판단할 수 없기 때문이다. 수많은 사람들이 지름길을 놓아두고 아주 멀리 돌아서 목적지에 이른다. 늘 바쁘게 많은 일을 하지만 쓸모없는 일들이 많다. 비용도 많이 들고 건강을 상해가면서 일을 하지만 결과가 없다. 한마디로 분별력이 없는 사람이다. 자기 일에 열심히 있지만 그 열심이 일들을 그르친다. 잠언의 표현을 빌리자면 길가의 개의 귀를 잡는 어리석은 사람이다.

3) 사소한 일인지 알면서도 그 결과를 심각하게 느끼지 못하기 때문이다. 한마디로 말해서 근시안적인 어리석은 사람이다. 이들은 항상 쾌락을 지향한다. 이들은 주식을 해도 도박이다. 젊은이는 주로 게임방에서 시간을 보낸다. "오늘 힘들고 어려워도 꼭 해야 할 일을 하지 않으면 나중에 하기 싫은 일을 하고 살아야 한

다"는 평범한 진리를 모르는 사람들이다. 지금 자신의 생을 좀먹는 사소한 일들을 즐기다가 "현재의 고통은 과거에 잘못 살아온 시간들의 복수다"라고 설파한 나폴레옹의 외침을 듣지 못한 사람이다.

4) 사소한 일과 그 결과의 심각성을 알지만 시간이 많다고 생각하기 때문이다. 시간이 많다고 생각하는 사람은 다음 기회를 기대하며 잠시 쾌락을 취한다. 대부분의 사소한 일은 당장 즐거움을 준다. 학창시절 필자는 보고서를 제출시간 며칠 전에 완성해 본 경험이 거의 없다. 하루 전 밤을 새워가며 작성하곤 했다. '바람과 함께 사라지다'의 오하라 스칼렛은 "내일의 태양은 내일 또 다시 떠 오른다"고 했지만 사탄의 최고의 전략은 '내일로 미루기'이다. "우리에게 내일은 없다"라는 하루살이처럼 살아야 한다. 좋은 리더들에게는 시간이 많지 않다. 그러나 내일을 위해 쉬는 여유마저 없는 것은 아니다.

넷째, 누구나 하는 일을 하면 리더가 아니다. 오늘 우리 자신이 보내는 시간을 점검해보면 사소한 일을 하고 있음을 알 수 있다. 나는 쉬는 시간에 무엇을 하는가? 대충 생각하기에 쉬는 시간에는 자기 원하는 것, 사소한 것을 한다고 해서 인생에 문제가 생기는 것은 아니라고 하는 사람도 있다. 그렇다. 우리에게 주어진 학습 시간에 공부하거나 혹은 주어진 업무 시간에 일하는 것은 누구나 하는 일이다. 누구나 하는 일을 내가 한다면 다른 사람과 다를 것이 없다. 결국 우리가 쉬는 시간에 작은 일을 하느냐, 사소한 일을 하느냐에 따라 우리의 미래는 달라진다. 여기서는 굳이 작은 일이 무엇이며 사소한 일이 무엇인지 구분하지 않는다. 아니 할 수 없다. 개인과 상황에 따라 다르기 때문이다. 동서고금의 역사를 통해 교훈하는 것은 좋은 리더들은 작은 일을 잘한 사람들이다. "작은 일에 충성하였으매 내가 많은 것으로 네게 맡기리니"

9. 리더는 변화에 민감하다

현대사회는 국가나 회사, 개인이나 어떤 조직이라도 변화에 민감하게 대처하지 못하면 대중 앞에서 사라져 간다. "중국집 하면 짜장면", "과학자하면 아인슈타인"하듯이 "시계하면 스위스"이다. 지금도 시계산업의 명성을 유지하고 있지만 과거에 비하면 현재는 몰락했다고 해도 과언은 아니다. 1960년대 후반까지 세계의 시계시장 점유율은 65%, 이윤의 80%를 차지하고 있었다. 1967년 스위스의 '뉴카텔 연구소'가 전자시계의 원리가 된 수정의 전자운동을 발견했으나 전통적인 방법을 고집하며 신기술을 받아들이지 않았다. 세계 시계대회 출품 당시 점유율 1%밖에 되지 않던 일본의 세이코 社가 뉴카텔의 연구결과를 매입하여 시장의 판도를 바꿔놓았다. 그 결과 12년 후 스위스는 1980년 점유율 10%, 이윤도 20% 미만으로 하락했다. 스위스의 실패 원인은 기계적 메커니

즘에서 전자공학에 의한 산업으로 전환되는 일에 대처하지 못한 것. 즉, 변화해야 할 부분이 변화하지 못한 것이다. 그 결과는 시장을 뺏기는 처절한 고통이다.

21세기를 사는 리더는 변화의 '질'과 함께 '속도'를 함께 관찰해야 한다. 탁월한 질을 가졌어도 변화의 속도를 맞추지 못하면 시대를 이끌어 갈 수 없다. 이 속도는 '블러' 현상을 가져 왔다. 촬영 때 블러 현상을 막기 위해 피사체와 동일한 속도로 움직여야 하듯이 급변하는 시대에 발맞추어야 하는 개인, 제도, 기업, 법, 문화, 종교에 이르기까지 모두 변화해야 하는 과제를 안고 있다. 변화의 대상 가운데 핵심은 사람이다. 모든 것이 변화한다 해도 '사람의 변화' 없이는 그 변화를 이끌어 갈수 없기 때문이다. 좋은 리더가 가져야 할 덕목 중에 상황분석과 변화에 적절하게 대응하는 것이다. 왜냐하면 리더는 대중과 함께 살고 대중과 함께 죽기 때문이다.

기존의 삶에서 새로운 삶으로의 변화에 대한 예화로 독수리의 생애가 자주 등장한다. 수리과의 새들의 수명은 짧게는 2년, 보통 30년에서 40년을 산다. 아주 길게는 70년까지 산다. 그런데 70년을 사는 독수리는 그들이 35년에서 40년이 되었을 때에 새로운 삶을 향한 아픔과 고통의 세월을 견뎌야 한다. 이 시기에 이른 독수리는 깊은 숲속으로 들어가 자신의 무뎌진 부리를 바위에 쳐서 깨뜨리고 새 부리가 나면 발톱을 깨뜨려 새 발톱이 나기까지 고통의 시간을 보낸다. 그리고 마지막 굳어진 깃털을 뽑아낸다. 모두 말할 수 없는 고통이 수반되는 행동이다. 모든 것을 새롭게 만든 독수리는 다시 제2의 생애를 살아가지만 그렇지 못한 독수리는 그 반의 생애로 생을 마감한다. 비록 지어낸 이야기이기는 하지만, 21세기를 살아가는 우리에게 변화를 요청하는 교훈이다.

좋은 리더가 되려면 급변하는 상황에 빠르게 대처하는 기술을 가지고 있어야 한다. 아무리 세상이 급류처럼 빠르게 움직인다 해도 그 세상을 이끄는 이는 사람이다. 최첨단의 과학기술의 발전과 상황에 따라 시시각각 변하는 극단적 개인주의와 마키아벨리적 사상의 흐름 속에서 이 세상을 이끌어 갈 이상적인 리더가 되려면 좋은 교육이 필요하다. 좋은 리더는 교육을 통해서 변화하고 변화된 리더만이 세상을 바르게 변화시켜 나간다.

리더들의 변화에 가장 큰 영향을 미치는 3가지 요인이 있다. 첫째, 교육적 요인으로 직접적인 영향을 미친다. 부모나 교사의 영향력, 교육 과정과 교재, 시스템의 영향을 받는다. 둘째, 정서적 요인으로 그가 믿는 신앙, 인생관, 감정, 계발된 지능, 타인(친구)과의 관계성 등이다. 셋째, 환경적 요인으로 어떤 특정한 사건과 제도 그리고 자연환경이다. 사건은 세계적인 사건을 비롯해서 국가적, 경제적, 기술적인 사건의 영향이며, 제도는 정치, 문화, 사상, 경제

환경 등이다. 마지막으로 오랜 시간을 거쳐 형성된 것으로 기후, 지리, 유전, 문화, 급격한 환경의 변화 등이 사람을 변화시키는 주된 요인이다. 또 변화의 직접적인 동기를 주는 요소들은 자신의 능력을 인식하고 인정받고, 존중받는다는 자존감을 갖고 새로운 가능성에 희망을 걸 때이다. 반대로 자신의 한계를 인식하고 두려움과 실패의 고통을 겪을 때 변화에 도전하게 된다. 모든 변화의 근거는 잠재력이다. 창조상태의 능력을 우리는 이미 소유하고 있다. 좋은 리더는 교육받고 교육하는 일이 즐거워야 한다. 위의 요건들을 좋은 리더가 되는 길의 징검다리로 삼는 지혜도 필요하다.

좋은 리더의 자질 중에 무엇보다 변화되어야 할 지식의 3영역이 있다. 오류지식과 무지식과 부분지식을 가지고 판단하고 결론을 내리는 습관이다.

내용 영역	상 태	결 과
바른 지식	진리·사실·수용·경험	자신의 행복, 타인에게 유익, 문제 해결자
오류지식	편협된 지식, 왜곡된 지식 거짓지식, 부분의 일반화지식	불행한 삶, 타인에게 고통, 문제메이커 자신의 입장을 주장하기 위한 집단화
무 지 식	무지, 무경험, 배우지 않음	괴로운 삶, 소외된 삶, 고집스러운 삶
부분지식	전체에서 일부만 아는 지식	확신 없는 삶, 위장, 일반화 위험이 많음

무지식은 '신과 인간과 자연이 하나'라는 사실을 모르는 것이다. 고대의 성자들은 이미 이러한 깨달음을 갖고 있었다. 공자의 인과 석가의 자비, 소크라테스의 자신을 알라는 말은 모두 우리가 하나여야 한다는 명제를 전달하려는 의도였다. 여기에 예수님은 더욱 더 이 부분을 강조하였다. 아예 유언장에 하나 되는 것이 하나님의 소원이라고 못 박을 정도였다. 이렇게 뛰어난 지식이 있었는데도 전쟁이 있었던 것은 대부분의 사람들이 이를 수용하지 않았기 때문이다. 특히 국가를 다스리는 귀족이나 왕족들이 당장 눈에 보이는 이득 때문에 이러한 지식을 취하지 않았다. 지금도 무지식은 단편적인 지식을 모르는 것에서 시작하여 그 지식들의 관계성을 알지 못하는 것까지 포함한다.

부분지식은 옳고 그름이 무엇인 줄 알지만 이를 실천할 수 있는 확신이 없다. 대부분의 사람들은 전쟁을 싫어함에도 불구하고 정치가들이 선동하면 이에 말려든다. 히틀러가 독일 민족을 구슬러 전쟁에 참여하게 한 것은 전쟁이 옳지 않다는 지식을 가진 사람들을 설득했기 때문이다. 부분적인 지식을 갖은 사람은 무지식인 보다 더 확고한 자기신념을 갖는다. 수많은 그리스도인들이 교회에서 배운 것이 옳다는 것을 알지만 이를 가정과 사회에서 실천하는데 어려움을 겪는다. 이는 자신의 지식이 전체적이지 못하다는 증거이다.

오류지식은 문제를 일으키는 자들에 해당한다. 역사 속에 광기를 부렸던 수많은 제국주의자와 독재자들은 모두 오류지식을 소유했던 사람들이다. 타민족에 대한 공포감을 가졌거나, 자기민족의 우수성에 대해서 확신했거나, 생존을 위해서는 어떤 짓도 옳다는 식의 생각을 갖은 사람들이다. 오류지식을 갖은 사람들은 이 세계를 파괴하는데 앞장섰다.

바른 지식의 사람들이 싸워야 했던 사람들이 바로 오류 지식을 가진 사람들이었다. 오류지식을 갖은 사람들이 제일 싫어하는 사람들이 있다면 올바른 지식을 가진 사람들이다. 그래서 역사에 수많은 선지자들이 고통을 당했고 지성인들이 수난을 당했다. 오늘도 이러한 일은 예외가 없다. 우리가 살고 있는 삶의 현장 곳곳에서 무지식과 부분지식과 오류지식에 의해서 끊임없이 고통의 샘물이 솟아나고 있다. 우리나라의 현실에서 극명하게 드러나고 있는 두 가지의 사전 편찬 작업도 이에 속한다 할 수 있다. 진보단체에서 기득권세력의 바위에 계란을 던져 바위를 깨뜨리고 더럽힌 '친일인명사전'과 이에 반발하여 진보세력을 용공친북세력으로 몰아가려는 보수세력의 '친북인명사전' 편찬이다. 모두가 다 '부분지식'과 '오류지식' 그리고 '무지식'의 결과이다.

좋은 리더는 이렇게 자신의 내부에 변화되어야 할 부분이 무엇인지 확인하고 재빠르게 바른 지식을 향한 흐름에 대처해야

63

한다. 급류타기 즉, 레프팅이 쉽지 않다. 그러나 그 흐름의 물길을 따라 보트와 균형을 맞추면 누구보다 빠르게 목적지에 다다를 수 있다. 레프팅을 해 보라! 얼마나 즐거운가! 헤라클레이토스는 "이 세상에 변하지 않는 것은 하나도 없다. 그러나 변한다는 이 말 자체는 변하지 않는다"라고 말했다. 변화의 원리는 생명체와 무생물과 무관하게 모두에게 적용된다. 변화가 없는 생명체는 한마디로 말하면 죽은 것이다. 당신이 변화를 두려워한다면 당신은 죽은 것이다. 좋은 리더가 될 수 없다.

10. 리더는 복을 받기까지 참는다

　　서울대학교 의과대학 정신과 교수인 류인균 박사의 '뇌'에 관한 글을 읽은 적이 있다. 글의 요지는 즐거운 상상을 하면 기분이 좋아진다는 것이다. 편안하게 이완된 상태에서 눈을 감고 햇살이 따사로운 해변의 그늘에 누워 있다고 상상하고, 시원한 바닷바람을 쐬는 것을 상상하면 긴장이 이완 되고 기분이 좋아진다는 것이다. 이런 방법을 도입해 심리치료 하는 것을 유도심상법(guided imagery)이라 한다. 시각적 상상이 뇌를 실체처럼 활성화한다는 것이다. 나는 이 글을 읽으면서 기독교인이 그토록 행복해 하는 이유, 고난과 박해 속에서도 참고 견딜 수 있었던 이유, 굶주린 사자에게 찢기고 불에 타 죽으면서도 찬송할 수 있었던 이유를 다시 깨달을 수 있었다. 상상이 뇌를 활성화시킨다.

성경에 나오는 수많은 이야기와 사건들은 작가의 상상력을 동원해 만든 소설이 아니다. 우리가 믿는 예수님은 화가가 그린 추상화가 아니다. 장차 우리가 들어갈 천국은 이상주의자들이 꿈꾸던 유토피아가 아니다. 모든 것이 현실이고, 역사이고, 사실이다. 사람은 상상만 해도 기분이 달라진다는데 살아 계신 하나님을 믿고, 성경을 읽고 천국을 소망하는데 기분이 나쁘다든지, 살맛이 없다면 마음 구조에 문제가 있다고 보아야 한다.

성경 이야기는 읽어도 좋고, 들어도 좋고, 그 사건을 직접 체험하면 더 좋고 행복하다. 창세기 26장은 아브라함의 아들 이삭이 그랄 지방에서 겪은 사건들을 담고 있다. 특히 26장 12-25절은 두 가지 사건을 설명해 주고 있다. 12-16절은 이삭이 우물을 판 이야기이다. 이삭이 살고 있던 가나안 땅은 지중해성 기후와 아열대성 기후 그리고 사막 기후가 교차하는 곳이어서 연간 강우량이 기껏해야 200mm 안팎에 머무는 곳이다. 더욱이 1년에 두 차례만 비가 오기 때문에 걸핏하면 흉년이 들곤 했다. 그 해도 농사가 안되고 흉년이 들어 이삭은 아내 리브가와 함께 그랄 지방으로 이주했다.

그 당시 그랄 지방은 가나안의 남쪽 경계선 서남쪽에 위치한 곡창 지대였다. 12-14절을 보면 "이삭이 그 땅에서 농사하여 그 해에 백배나 얻었고 창대하고 왕성하여 거부가 되었고 양과 소가 떼를 이루고 노복이 심히 많아졌다"고 한다. 그리고 16절에 보면 그 동네 사람들이 "네가 우리보다 크게 강성한즉 우리를 떠나가라"고 했다. 100배란 최대의 수확을 의미한다. 그것만으로 끝나지 않고 이삭은 시간이 갈수록 부가 늘어났다. 양과 소가 불어나고 일꾼이 많아졌다. 여기서 주목할 것은 동일한 조건인데 이삭만 그런 복을 받았다는 것이다. 그 이유를 찾아보아야 한다. 12절을 보면 "여호와께서 복을 주시므로"라고 했고, 24절을 보면 "내가 너와 함께 있어 네가 복을 주어 네 자손으로 번성케 하리라"고 했다.

이삭의 성공은 농지 선택을 잘 했기 때문이 아니고, 영농 기술이 탁월했기 때문이 아니고, 뛰어난 목축 기술이 있었기 때문이 아니다. 이삭이 믿는 하나님이 복을 주셨기 때문이다. 그랄 지방에서 이삭 부부의 신변을 지켜 주신 것도, 100배의 수확을 거두게 하신 것도, 양과 소 떼가 많아진 것도, 날마다 부가 늘어나고 번영하게 된 것도 하나님이 복을 주셨기 때문이다.

사무엘하 7장 29절을 보면 다윗의 기도가 나온다. "이제 청컨대 종의 집에 복을 주사 주 앞에 영원히 있게 하옵소서 주 여호와께서 말씀하셨사오니 주의 은혜로 종의 집이 영원히 복을 받게 하옵소서" 다윗은 하나님이 복을 주시는 분임을 믿고 복을 구한 것이다.

갖추는 리더

바울은 고린도전서 15장 10절에서 "나의 나 된 것은 하나님의 은혜"라고 했다. 아브라함에게 복을 주신 분도 하나님이셨다. 창세기 26장 5절을 보면 복을 주시고 복을 받은 이유가 나온다. "이는 아브라함이 내 말을 순종하고 내 명령과 내 계명과 내 율례와 내 법도를 지키셨음이니라"고 했다. 복이 굴러가다 떨어질 곳이 없어 우연히 나한테 떨어지는 것이 아니다. 복은 우연이나 요행이 아니다. 그러므로 복을 원한다면 하나님을 사랑하고, 그 뜻을 따르고, 말씀에 순종해야 한다. 하나님을 사랑하고, 하나님을 기쁘게 해드리고, 하나님 마음에 들어야 한다.

지난 주간 한국에 사는 선배 목사님이 미국에 있는 손녀로부터 편지를 받으셨는데, 편지를 받은 목사님이 손녀딸에게 여행경비를 주기로 결정했다고 한다. 금년 7월에 다니는 중학교에서 남미로 단기선교를 가기로 했는데 비행기표, 체재비를 각자가 준비해야 한다면서 이 기쁜 사실을 할아버지께 보고를 드린다는 내용이었다. 중학교 다니는 아이가 단기선교 팀에 섞여 남미로 가겠다는 것도 대견스럽지만 할아버지 주머니를 열게 한 이유가 따로 있다. "사랑하고 존경하는 할아버지께" 그리고 편지 끝에는 "할아버지 사랑해요!", "사랑하는 예쁜 손녀로부터"라는 이 편지를 받고 어떻게 쌈지를 열지 않을 수 있겠는가? 기분이 좋아야 지갑을 열고 쌈지도 여는 것 아니겠는가?

기분이 좋아야 지갑을 열고 쌈지도 연다. 하나님의 복을 기대하고 받으려면 하나님을 기쁘게 해드려야 한다. 하나님 마음을 편하게 해드려야 한다. 하나님 마음에 드는 일을 해야 한다. 도대체 이삭은 어떤 일을 했으며, 어떤 일을 했기에 가는 곳마다 하는 일마다 복을 받을 수 있었을까?

이삭은 10대 소년 시절 어느 날 새벽, 아버지가 흔들어 깨우는 소리에 잠을 깼다. 하나님께 제사를 드리러 가자는 말을 듣고 따라나섰다. 사흘 길을 걸어 도착한 곳은 모리아 산이었다. 산꼭대기에 올라간 아버지가 "너를 제물삼아 제사를 드려야 하겠다."라고 말했다. 창세기 22장 이야기이다. 22장 9–10절을 보면 "단을 쌓고 나무를 벌여 놓고 그 아들 이삭을 결박하여 단 나무 위에 놓고 손을 내밀어 칼을 잡고 그 아들을 잡으러 하더니"라고 했다. 주목할 것은 단 한곳도 이삭의 저항이 없었다. 바로 이 장면이 아브라함과 이삭의 신앙이 보석처럼 빛나는 장면이다. 그토록 거룩한 행위와 순종이 복의 단초가 된 것이다.

창세기 26장 17–25절은 우물 판 이야기가 계속된다. 중동 지방은 강우량이 적기 때문에 물 얻기가 쉽지 않다. 샘을 파거나 길 줄기를 따라 물을 얻기도 한다. 요즘도 석유보다 물구하기가 더 어렵다. 하지만 이삭의 경우는 어디나 샘을 파면 물이 솟았다. 그러면 그 동네 사람들이 달려들어 시비를 걸었다. 이삭이 조용히 우물을 양보하고 다른 데로 옮겨 샘을 파면 물이 또 솟았다. 동네 사람들이 몰려와 우물을 메워 버렸다. 이삭은 5번이나 우물을 팠다. 18절, 19절, 21절, 22절, 25절에 있다. 그때마다 물이 펑펑 솟아났다. 지역 사람들이 시비를 걸면 이삭은 떠나고, 내놓으라면 내주었다. 24절은 보면 그런 이삭에게 하나님이 말씀하셨다. "나는 네 아비 아브라함의 하나님이니 두려워 말라 내 종 아브라함을 위하여 내가 너와 함께 있어 복을 주어 네 자손으로 번성케 하리라" 여기 세 종류의 사람이 있다. 남이 판 우물을 빼앗고 매우는 사람, 남이 판 우물에서 물을 먹는 사람, 빼앗기고 쫓겨나도 계속 우물을 파는 사람이다. 세 번째 사람이 자신과 이웃을 위해 필요한 사람이다.

그랄 지방 사람들도 물을 얻기 위해 이곳저곳 샘을 팠지만 물이 나오지 않았다. 그런데 이삭이 파면 물이 나왔다. 그러면 물이 솟았다. 하지만 빼앗아 간 그 우물을 얼마가지 않아 물이 나지 않았다. 말라 버린 것이다. 여기서 중요한 교훈이 있다.

"누구나 땅을 판다고 물이 솟는 것이 아니다."
"남의 우물을 탐내 빼앗았으면 솟던 물도 그쳐버린다."
"하나님이 복을 주시는 사람은 무엇을 하든지 샘이 솟고 물이 쏟아진다."
"하나님이 복을 주셔야 샘이 터지고 물이 솟고 넘치게 된다."

리더

지금 세계는 세 가지 자원 때문에 전쟁을 치르고 있거나 앞으로 전쟁을 하게 될 것이다. 그것은 식량 자원, 석유 자원, 물 자원이다. 지난 4월 22일 런던에서 열린 국제식량위기 대책회의에서는 2차 세계 대전 이후 처음으로 닥치게 될 식량 위기에 대해 심도 있는 논의를 했다.

　동남아를 휩쓴 쓰나미 지진 해일은 25만 명을 죽게 만들고 1천만 명의 난민을 만들었는데 앞으로 곧 닥칠 식량 위기는 그보다 더 무섭다. 현재 1억 명 이상이 전 세계에서 식량 위기로 굶주리고 있고, 매년 5세 미만의 어린이 370만 명이 영양실조로 죽어가고, 1억 4,700만 명의 어린이들은 발육이 정지된 상태이다. 그와 함께 밀, 옥수수, 쌀 등 곡물 가격이 치솟고, 생산은 감소되거나 제자리걸음을 걷고 있다. 중국에는 지진으로 약 10만 명이 목숨을 잃었고, 4천여 만 명이 집과 일터와 잠자리를 잃었다. 검은 물로 불리는 석유 사정도 보통 일이 아니다. 석유 값이 배럴당 200달러를 넘어설 것이라는 전망이 나도는 가운데 하루가 멀다 하고 오일 값이 오르고 있다.

　200달러 오일 시대가 되는 날이면 개발도상국들의 경제는 곤두박질치게 되고, 물류 비용이 급 상승하게 되면서 무역 통로가 막히게 된다. 산유국들은 목에 힘을 주고, 세계 시장의 실세가 된다. 취약한 자동차 회사나 공장들은 문을 닫아야 하고 항공사도

문을 닫아야 한다. 겨울은 춥게 여름은 덥게 살아야 한다. 석유와 관련된 모든 공산품 값이 올라가기 때문에 물가 상승이 걷잡을 수 없게 된다. 이것을 가리켜 경제 전문가들은 제 3차 오일 쇼크의 먹구름이라고 한다. 그리고 국제관계가 균열되기 시작하면 석유 전쟁이 벌어질 가능성도 충분히 있다.

물의 경우는 더 심각하다. 흔해 빠진 게 물이라지만 그 반대이다. 지구 온난화로 먹고 마시고 사용할 물은 점점 말라가고 바닷물이 더 많아진다. 빙산이 녹아내린 물이 바다로 유입되면서 바다 수면은 높아지고, 반대로 육지는 좁아지고 있다. 나라마다 흐르는 강물을 막아 자기네 나라가 쓰려고 하기 때문에 물 전쟁 기운이 감돈다. 터키가 그렇고, 애굽과 킬리만자로 아래에 있는 나라들이 그렇다. 서울은 한강을 끼고 있지만 3년만 비가 내리지 않으면 한강도 바닥을 드러내고 만다. 그래서 한국도 UN이 정한 물 부족 국가이다. 우물을 파면 물이 솟았던 이삭의 우물이 그립다. 우리는 고인 물을 퍼 올려 생수라고 마시고 있지만 이삭이 판 우물을 문자 그대로 생수였다.

생수 이야기로 돌아가보자. 요한복음 4장을 보면 목말라 마실 물을 길어 온 여인이 있었다. 그 여인에게 주님은 13-14절에서 "이 물을 먹는 자마다 다시 목마르려니와 내가 주는 물을 먹는 자는 영원히 목마르지 아니하리니 나의 주는 물은 그 속에서 영생하도

리더

록 솟아나는 샘물이 되리라"고 하셨다. 요한복음 6장 35절에서 예수님은 "나를 믿는 자는 영원히 목마르지 아니하리라"고 하셨다. 요한계시록 21장 6절에서는 "내가 생명수 샘물로 목 마른 자에게 값없이 주리니"라고 하셨다. 물 없는 사막을 광야, 황야라고 한다. 예수 없는 세상은 광야이며 황무지이다. 물이 없으면 생명다운 생명체가 살아남지 못한다. 예수 없는 생명은 죽은 생명, 병든 생명이다.

사람의 인체는 90%가 물이다. 사람은 체내에 있는 물은 내보내고, 새 물을 공급해야 목숨을 유지할 수 있다. 그런데 썩은 물이나 중금속으로 오염된 물을 마시면 피가 병들고, 위가 병들고, 간과 폐가 병들게 된다. 마찬가지이다. 내 영혼이 건강하려면 영원한 생수를 마셔야 한다. 영원한 생수, 갈증이 나지 않는 생수, 내 영혼을 살리는 생수, 이 나라와 이 민족을 살리는 생수는 오직 예수 그리스도이다. 이사야 12장 3절의 말씀으로 결론을 짓는다. "너희가 기쁨으로 구원의 우물들에서 물을 길으리로다"

11. 리더는 균형을 갖춘다

　　리더십에 대한 수많은 서적들이 있다. 그 서적들 나름대로 리더들이 갖추어야 할 덕목들을 나열하고 강조한다. 그것을 종합해 보면 다음의 일곱 가지로 요약 된다. 지성, 감성, 체성(육체, 정신건강), 사회성–관계성, 전문성, 리더십, 영성이다. 이외에도 강조되고 있는 덕목들이 책임감, 결단력, 성실성 등 많은 덕목들이 있으나 대체로 7가지 안에 분류되고 속한다. 먼저 리더십의 다양한 유형을 알아보자.

　　교회성장연구소 명성훈 박사는「리더십 마스터 키」라는 책에서 리더십 이론의 150년 역사에서 이론이 어떤 흐름을 가졌는지를 말한다.

첫째, 지도자는 사회적 요청에 의해 태어난다는 위인론.

둘째, 지도자의 특성을 발굴, 훈련하여 개발함으로써 지도자로 서게 된다는 특성론.

셋째, 지도자의 행위에 초점을 맞춘 것으로 지도자, 추종자, 상황이 연관하여 반응하는데 일 중심 리더와 사람 중심 리더로 나누는 행위론.

넷째, 지도자가 소유한 능력과 추종자의 상황이 맞을 때 좋은 리더십을 발휘할 수 있다는 가변성론으로써 상황적 리더십 이론.

이외에도 카리스마 리더십, 변혁적 리더십, 봉사적(종, 섬김)리더십 등이 있고, 최근에 와서는 스티븐 코비의 원칙중심으로 리더십(강압적, 실리적, 자발적), 글로벌 리더십(지구촌의 상황), 디지털 리더십(매스 미디어, 컴퓨터를 활용), 자기 리더십(자기조절능력)등 문화적 상황과 역사적 흐름의 조건에 따라 다양한 리더십들이 주장되고 있음을 보여준다. 다양한 리더십 이론을 전개하면서 리더가 갖추어야 할 덕목들을 소개한다면 이 지면을 통해 다 말 할 수 없을 것이다.

5차원 전면교육의 원동연 박사는 심력(종교학습, 예능학습, 목표학습), 지력(독서학습, 언어학습, 성경학습), 체력(기본체력, 생활습관 훈련), 자기관리력(시간, 재정, 언어, 태도, 직업관리), 인간관계력(가족관계, 친구관계, 사회성 훈련)등이 지도자가 훈련하고 개발해야할 덕목으로 다루고 있다.

여기에서 우리가 꼭 알아야 할 것은 좋은 리더라고 해서 이러한 것들을 다 갖춘 완벽한 사람은 없다는 것을 인정해야 한다. 자칫 좋은 리더가 되려면 이러한 것들을 다 갖추기 전에는 불가능하다는 식의 논리는 설득력이 없다. 주요한 자질을 갖추고도 리더가 되지 못한 사람들이 있다. 그것은 사람을 소중하게 여기는 마음이 부족했거나 자기관리에 실패했기 때문이다. 많은 것들이 부족해도 좋은 리더로 성공한 사람들은 자기관리를 잘했기 때문이다. 그들은 사람관리, 재정관리, 시간관리, 건강관리 등에 성공한 사람들이다. 다시 강조하지만 좋은 리더는 자기 혼자 잘해서 리더가 되는 것이 아니다. 함께한 사람들이 소중하다. 즉 누구를 만났는가가 중요하다. 한사람을 판단하고 평가하려면 그 주변 사람들을 보라는 말이 있다. 대체적으로 좋은 리더가 갖추어야 할 덕목에서 최선의 균형이 잡힌 사람들이 많다는 것이다.

12. 리더는 지성을 갖춘다

리더가 자신을 변화시켜야 할 영역 중에 현실적으로 가장 많은 시간을 투입하는 영역이 바로 지성의 영역이다. 물론 일부 정치적인 리더들은 자신의 표를 모으는데 시간을 쓰고 있으며, 전인 교육을 지향하는 학교 교육조차도 약간의 기형을 이루고 있지만 전인의 중요한 덕목인 지성을 제외할 수 없기 때문에 그 학습 과정에서도 대부분의 시간이 지성 영역을 개발시키는데 주력하고 있다.

지성은 생각하는 능력이다. 그리고 그 생각들을 통합하는 능력이다. 한마디로 지식과 지혜를 통합시킨 단어이다. 좋은 리더가 그 자신을 전인적으로 발전시키기 위해서는 지성의 개발이 필수적이다. 특히 지성은 전문성, 지도성, 영성의 발전에 있어서 반드시 필요한 수단이다. 리더가 지성이 부족한 경우 전문성을 갖추는 것은 불가능하다. 지도성은 전문성을 바탕으로 하여 생각하는 능력이 타인보다 탁월할 때 가능하다. 지성은 감성과 관계성을 이루는 데도 매우 중요하다. 올바른 지성이란 좋은 지식과 바르게 생각하는 자세를 말하는데 이러한 태도는 곧바로 관계에 영향을 미치기 때문이다. 전문성을 가지지 못한 리더는 군중들에게 설득력을 갖지 못한다. 좋은 감성을 가지지 못한 리더는 좋은 관계를 갖지 못하고 군중들로부터 외면을 당한다. 특히 영적인 리더가 전문성을 근거로 하는 지성을 가지지 못한다면 다른 사람들에게 감동을 주지 못한다. 감동이 없는 리더는 영향력을 주지 못한다.

지성은 인류가 만나는 문제들을 해결하였고, 문명을 발전시킨 중요한 수단이었다. 지성은 오늘보다 더 나은 사회와 미래를 만들어 가는 데 큰 역할을 하였다. 이 세상의 모든 동물들이 수 천 년간 자기 특성을 그대로 갖고 있는데 반해 인간은 지속적인 발전을 이룩하였고, 그 원동력이 바로 지성이다.

인간이 만나는 대부분의 문제들은 인간에게 고통이다. 원시사회에서는 주어진 고통을 운명으로 받아들인 적이 있다. 하지만 이것을 해결해보고자 인간은 온갖 노력을 아끼지 않았다. 지성이 부족한 사람과 지성이 없는 동물을 보라. 그들은 자연환경이 주는 혜택을 받긴 하지만 환경이 주는 고통도 그대로 받을 수밖에 없다. 그러나 지성은 자연의 혜택을 이용하여 확대 재생산하고, 겪지 않아도 될 고통을 피하는 여러 가지 방법을 고안한다. 즉 문제를 해결하는 것이다. 역사의 아름다운 이야기들도 모두 문제 해결의 이야기이다. 과거가 역사로서 남는 경우는 문제를 해결하는 과정에서 결정된다. 지혜란 일상적으로 알고 있는 지식이나 새로운 지식을 활용하여 문제를 해결하는 능력이다. 즉, 문제의 원인과 과정과 결과를 구분할 줄 안다. 이는 지성의 작용으로만 가능하다. 지성이 바르게 문제를 해결해 주면 관련된 모든 사람이 행복을 경험하게 된다. 인류의 역사는 이러한 지성을 소유한 리더들에 의해 발전해 왔고 오늘도 진보하고 있다. 온전한 지성은 리더가 가져야 할 가장 중요한 목표 중 하나이다.

지성은 인간의 종교적 구원에도 결정적인 영향을 미친다. 지성은 인간이 신을 인식할 수 있는 통로이다. 동물에게 신앙이 없는 이유는 지성이 없기 때문이다. 인류 역사상 어떤 유물도 동물이 제사를 지낸 흔적이 있다거나 종교행위를 뒷받침할 기록은 없다. 다만 인간들의 제의에 희생 제물로 사용되었을 뿐이다. 지성을 소유한 인간만이 종교를 갖고 있다. 종교의 궁극적인 목적은 무엇인가? 죽음을 극복하는 것처럼 내세문제의 해결이다. 그래서 종교를 구분하는 방법 중에 경전의 유무를 통해 고등종교와 하등종교로 구분하며, 종교의 궁극적인 교리의 결론은 영생의 문제를 해결하는 것이다.

일반종교의 구원은 '선한 행위'를 통해 신의 경지에 이르든지 신과의 합일을 목표로 하고 있다. 이 선한 행위를 통해 신이 원하는 지점에 이르는 것 즉, 영생을 얻기 인간이 버려야 할 것과 반드시 소유해야 할 것이 무엇인지, 그렇게 되려면 어떤 과정을 거쳐야 하는지의 방향과 방법을 지성이 알려 준다. 그 과정에서 가장 힘든 것이 버리는 것으로 욕망이다. 이 욕망의 내용을 구분해주는 기준은 지성이다. 기독교의 영생을 얻는 조건도 보편적으로는 단순하게 '믿음'이다. 그러나 사도 요한은 또 하나의 조건을 제시한다. 하나님아버지와 그의 아들 예수를 아는 것(요 17:3), 즉 구원의 신앙고백은 인식이라는 통로를 통해 얻어진다는 사실을 강조한다. 지성의 힘이 얼마나 중요한가를 보여주고 있는 말씀이다.

지성은 또 감성을 제어하여 모두에게 자유와 평화를 주게 한다. 사람이 자기 감정에 충실하여 원초적 본능대로 행동한다면 세상은 무법천지가 될 것이다. 지성은 일의 전후를 살피게 하며 그 결과를 판단하도록 돕는다. 지성은 감정보다 한 발 앞서 행동한다. 그러므로 지성을 계발하지 않으면 인간은 동물로 분류될 수밖에 없다. 한마디로 옷 입은 개와 같다. 개들의 활동을 살펴보면 참으로 바쁘게 산다. 밤낮으로 열심히 짖어 대고, 냄새를 쫓아서 무언가를 찾아다니고, 먹고, 자고, 싸고, 영역을 표시하고, 좋아하고, 아파한다. 이런 행동들은 사람도 본능적으로 갖고 있다. 그러나 개에게는 지성이 없다.

리더

지성의 개발 없이는 오늘날의 탁월한 인류 문명과 문화를 이룩할 수 없었을 것이다. 지성은 한 마디로 자기중심적이고 이기적인 본능적 감정을 조율하여 사물을 세부적으로 정확하게 보게 하며 종합하도록 하고 그 최고의 가치를 향하게 하는 안경이다. 인간의 최고의 가치는 인권의 보장유무를 드러내는 시금석인 자유이다. 무엇이 자유인가를 구분하는 것도 지성의 역할이다. 자유가 무엇인지 기준을 설정해주고 자유를 얻도록 방법을 알려주는 일도 지성이다. 그러나 자유가 방종으로 흐르지 않도록 조절하여 관계의 평화를 가져오게 하는 것, 절제와 조정을 통해 자유를 나눠 사용하도록 하는 최고의 수단이 지성이다. 좋은 리더가 갖추어야 할 최고의 덕목들 중 첫 번째는 지성이다.

그러므로 누가, 어떤 사람이 좋은 리더인가? 그는 문제를 해결하는 자이다. 문제를 해결하려면 지성이 필요하다. 지성이 부족한 자가 권력을 잡으면 그 권력은 백성에게 고통을 준다. 지성이 부족한 자가 돈을 가지면 경제구조가 무너진다. 정치적인 리더이든지 경제적인 리더이든지 영적인 리더이든지 지성을 겸비한 자여야 그 시대의 백성들이 즐겁고 평안하다.

개발하는 리더

소크라테스의 아내 '크산티페'는 세계 3대 악처 중 한 명으로 유명하다.
그리스 사람들도 대철학자로 추앙을 받는 소크라테스가 왜 그런 아내와 사는지
궁금했다. 하루는 길거리에서 토론하고 돌아오는 소크라테스에게
한 친구가 아내에 대해 물었다.
"나에게 자네와 같은 아내가 있었다면 집에 절대 돌아가고 싶지 않을텐데
자네는 아무렇지도 않게 매일 정해진 시간에 맞춰 들어가는 군"
소크라테스가 대답한다.
"난폭한 말을 잘 다루게 되면 다른 말들을 다루는 것은 쉬운 일이 된다네.
내가 크산티페의 바가지를 견딜 수 있다면 다른 일들 역시 수월하게
이겨낼 수 있을 걸게."
다음 날 역시 한 친구가 소크라테스에게 와서 물었다.
"자네의 아내는 잔소리를 많이 하는 것으로 유명하던데
그건 어떻게 견딜 수 있지?"
소크라테스가 대답했다.
"물레방아 돌아가는 소리도 귀에 익기만 한다면 전혀 괴롭지 않다네."

리더는 개발한다.

13. 리더는 지성을 개발한다

　　우리는 지성 개발을 너무 단순하게 생각한다. 예컨대 열심히 공부하면 된다는 식이다. 지성은 단순한 지식의 축적을 말하지 않는다. 지성은 생각하는 능력과 생각할 수 있는 자료, 곧 지식을 통합하여 새로운 길을 추론해 낼 수 있는 능력의 통합이다. 사전적인 정의로는 지각(知覺)을 바탕으로 하여 인식을 형성하는 정신적 기능이자 지각, 직관, 오성 따위의 지적 능력을 말한다. 지성은 지식과 지혜로 나누어 말할 수 있다. 지식은 정보, 지혜는 정보 처리 능력이라고도 말한다. 인간의 지성은 이 두 가지 요소에 의해서 좌우된다. 지식의 다양성, 세밀성, 관계성, 양질성은 그 사람의 됨됨이를 결정한다. 역사적 지식은 사람의 마음을 넓게 만들고 현명하게 한다. 문학은 감성과 상상력을 풍부하게 한다. 수학과 자연과학은 치밀한 사람이 되게 하며 윤리학은 관계를 원활하게 한다. 그것은 마치 육체의 병을 치료할 수 있는 적당한 운동이 있는 것과 같다. 볼링은 결석병(結石病)과 신장(腎臟)에 좋고, 활쏘기는 폐와 가슴에 좋으며, 한가한 산책은 위에 좋고, 승마는 머리에 좋은 것과 같은 이치이다.

그러나 지식이 아무리 많아도 지혜가 뒷받침되지 않으면 어리석은 지식이 되고 만다. 공자는 이 두 가지 관계에 대해서 이렇게 말했다. "배우기만 하고 생각하지 않는 사람은 어리석다. 그러나 생각만 하고 배우지 않는 사람은 위험하다" 이 말은 생각하는 것과 지식을 배우는 일이 함께 진행되어야 한다는 것을 뜻한다. 어느 것 한 가지만 개발된 사람은 어리석거나 위험한 사람이 된다. 이것은 생명체마다 각기 사물을 인식하는 통로가 다르기 때문에 생기는 차이이다. 예를 들어 개는 후각이 발달해서 그에 관한 지식은 인간보다 월등하게 뛰어나다. 박쥐는 전자파를 발사하여 사물을 인식하므로 그 분야에서는 인간보다 더 뛰어나다. 물론 인간은 기계를 이용하여 그들의 능력을 뛰어넘지만 인간이 가진 능력으로는 개나 박쥐를 따라갈 수 없다. 결국 동물과 인간의 차이는 지혜의 정도에 의해서 결정된다.

지성적인 리더가 되고 싶다면 오감을 개발하여야 한다. 인간의 인식의 통로는 오감이다. 이를 통해 사물과 사건을 인식하고 지식을 축적한다. 특히 시각과 청각을 통해서 가장 많은 정보를 취득한다. 그 중에 촉각, 후각, 미각은 인간에게 기본적으로 주어진 능력이다. 문둥병자나 어떤 외상으로 인한 신경계의 기능 손상, 혹은 뇌성마비 등을 제외하고는 촉각, 미각, 후각 능력의 장애를 갖는 경우는 드물다. 이런 것들을 통합하는 또 하나의 통로가 있다. 바로 일반적인 표현으로는 감각이라고 하지만 다른 표현은 육감이라고 한다.

사람들과 관계성을 극대화하여 일을 성사시키는 정치적 감각, 돈을 버는데 뛰어난 경제적 감각, 예술적인 감각, 운동 감각, 연애 감각까지 다양한 감각이 있다. 물론 오감을 통해 축적된 지식의 응용이다. 그러므로 좋은 리더는 시장의 흐름을 잘 보아야 사업에서 성공하며, 백성의 의중을 잘 읽어야 좋은 나라를 만들 수 있다. 결국 오감의 능력을 확장시키는 것은 그와 함께하는 사람들의 더 나은 미래를 만들기 위한 중요한 수단이요, 나아가 자신의 행복한 삶을 위한 기능이다. 물론 이보다 한 단계 높은 감각이 영감이다. 이는 영성의 영역에서 언급하겠다. 자료의 획득과 분석은 모두 인간의 감성과 지성이 통합적으로 처리하는 능력이다. 즉 사물을 보고 듣고 느끼는 인식 과정과 정보 처리 과정은 분리된 과정이 아니라는 것이다. 이 두 가지 기능은 상호보완적이다. 많이 느낄수록 많이 생각하게 되고 많이 생각할수록 많이 느끼게 된다. 오감의 각 부분을 최대한 활용하는 것은 인간의 능력 정도를

리더

결정한다.

　좋은 리더가 되기 위해 오감의 인식 능력을 개발하여야 한다. 그 방법은 첫째로, 촉각과 미각 그리고 후각으로 느끼는 것이다. 촉각은 우리 몸이 가지고 있는 피부를 통해서 얻어진다. 추위와 더위, 아픔과 즐거움, 부드러움과 딱딱한 것, 매끄러운 것과 거친 것을 느끼는 모든 것은 바로 촉각의 기능이다. 촉각은 소위 동물 감각이다. 이것은 모두 가지고 있기 때문에 특별히 교육의 과정에 넣지 않는다. 그러나 시각장애인의 경우 점자를 읽히기 위해 손가락의 촉각을 훈련시키는 작업을 한다. 인간에게 가장 기본이 되는 촉각, 후각, 미각 능력을 개발하는 것이 좋은 리더로서 개인적인 역량을 갖추게 하는 기본이 될 것이다. 둘째로, 시각과 청각을 통해 인식 능력을 확장한다. 시각과 청각은 인간이 언어와 음악, 미술과 연극, 영화를 활용하기 시작하면서 그 중요성이 급격히 확장되었다. 언어는 시각, 청각을 활용한 인간의 두뇌 개발에 그 목표가 있다면 음악은 철저하게 귀를 훈련시키는 것이며, 미술은 시각을 훈련시키는 것이다. 그리고 연극과 영화는 시각과 청각을 동시에 활용하는 것이다. 이처럼 오감의 인식 능력 훈련이 필요한 것은 오감의 능력이 지식을 만들어 내기 때문이다.

　지성의 꽃은 지혜이다. 지혜는 사물의 이치, 사건의 과정을 논리적으로 잘 이해하고 모순이 없도록 행동하여 자연의 질서와 조

화에 잘 따르게 하는 지성과 경험의 총합체이다. 도덕이나 철학은
그 최초의 사랑, 즉 善의 유모 격인 '지혜에 대한 사랑'을 의미한
다. 가장 훌륭한 무기는 가장 흉악한 죄악을 행한다. 지혜 깊은 인
간은 무기를 사용하지 않는다. 그는 평화를 소중히 여긴다. 승리
할지라도 그는 기뻐하지 않는다. 전쟁의 승리를 기뻐함은 곧, 살인
을 기뻐하는 것이나 다름없다. "살인은 기뻐하는 자는 인생의 목
적에 도달할 수가 없다."(노자), "어떠한 장애물이 있을지라도 그
장애물에 구애됨이 없이, 진리를 탐구하려는 충분한 지혜를 가진
사람들은 신을 알고 있는 사람이다."(파스칼) 이 명언들은 모두 인
류의 리더들이 남긴 탁월한 말들이다. 이들의 말 속에 들어 있는
지혜는 모두 가장 최고의 것을 인식하는 능력을 말한다. 지혜는
편협되거나 왜곡되지 않고, 가장 올바른 것을 알고, 볼 수 있는 눈
이다. 즉 최선과 차선을 분별하는 눈이요, 우선순위를 구별하는
안목이다. 가장 선한 것, 선한 것, 악한 것, 가장 악한 것을 분별할
줄 아는 능력이 바로 지혜이다. 그들의 표현대로 말하면 지혜란
지고의 진리를 알게 하는 능력이며, 진리의 시초인 신의 의지와
신의 계획을 인식하게 하는 안목이다.

좋은 리더들이 소유했던 지혜는 어디서 오는가? 아니 그들의
지혜를 어떻게 얻을 수 있는가? 그것을 '신의 선물'이라고만 단순
히 표현한다면 그는 생각 없이 말하는 것이다. 그들은 지혜를 개
발할 줄 안다. 개발은 어느 날 갑자기 생기는 것이 아니다. 무엇이

필요한지 살펴보고, 개발할 것을 결정하며 그것을 꾸준히 훈련하여 완성해 간다. 지혜는 하나님의 선물이지만, 사람의 편에서는 꾸준한 개발이 필요하다. 지성은 개발할 때 성숙해지고, 멋지게 사용할 수 있다. 좋은 리더는 지성을 개발할 줄 안다.

14. 좋은 리더는 건강을 관리한다

우리 민족이 가장 존경하는 인물 1, 2위는 세종대왕과 이순신이다. 세종대왕은 53세로 생애를 마쳤다. 그는 유교 교육을 통해 국가의 정신적 기틀을 잡았고, 문화적으로는 한글 창제와 여러 발명품을 통해 과학기술을 발전시키면서 동시에 국토확장과 국방도 튼튼히 했다. 아쉽게도 일찍 건강이 악화되어 국가의 발전을 위해 일할 기회를 놓치게 되었다. 이와 같이 역사의 좋은 리더들이 더 장수했더라면 그로 인한 유산은 인류에게 더 많은 혜택을 주었을 것이다. 좋은 리더가 건강하면 자신만이 아니라 타인에게도 행복이 된다. 물론 건강한 사람이 악을 행하면 이웃에게 괴로운 일이다. 교육의 목표가 훌륭한 사람, 좋은 리더가 되는 것이라면 교육의 내용 중 건강한 사람이 되는 법을 가르치는 것은 매우 중요한 주제가 된다. 종합적인 입장에서 건강은 다음과 같이 정의된다. "사람이 주위 환경에 계속적으로 잘 대처해 나갈 수 있는 건강한 몸, 긍정적인 마음, 지식의 정도"를 말한다. 건강하기 위해서는 다음과 같은 노력이 필요하다.

첫째, 식사 습관을 점검해야 한다. 인간의 몸을 구성하고 있는 3대 영양소는 탄수화물, 단백질, 지방이다. 탄수화물은 탄소와 수소로, 단백질은 탄수화물에 질소, 지방도 탄소와 수소로 구성되지만 그 종류가 탄수화물보다 많을 뿐이다. 인간의 생명 활동은 음식물을 통해 탄소와 수소가 체내로 유입되고 호흡을 통해서 산소가 유입되어 이들이 산화되면서 에너지가 발생한다. 결국 우리가 먹는 음식의 종류와 구성 성분은 우리 몸에 필요한 것이어야 한다. 최근의 건강 도서를 보면 심리적인 현상마저도 우리가 먹는 음식물에 의해 영향을 받는다고 한다. 어떤 음식이든 영양소가 들어 있게 마련이고 아무리 작은 영양소라도 우리 몸에 영향을 미치게 된다. 이처럼 건강한 몸을 갖기 위해서는 우리가 먹는 음식이 우리 몸에 필요한 음식이 되도록 해야 한다.

둘째, 운동이 필요하다. 운동과 노동은 똑같은 칼로리를 소비하지만 근육 사용에 있어 현저하게 다르다. 운동은 사람이 평상시 사용하지 않는 근육을 활성화시킨다. 그러나 노동은 사용되는 근육은 반복적인 작업을 하지만 그렇지 못한 근육은 방치하게 된

개발하는 리더

다. 운동은 일상생활을 하는데 있어 피로를 느끼지 않게 하고 질병, 전염, 육체적 기능 저하에 대한 저항력을 키워 준다. 운동은 산소 공급의 조절 이외에도 근력을 기르고 유연성을 높여 준다. 이를 위해서 균형 잡힌 운동 계획을 세우는 일이 필요하다. 운동이 수명을 연장시켜 준다는 명백한 증거는 없지만 몇몇 의학 연구를 통해서 육체 활동의 수준을 증가시키면 선진국의 주요 사망 원인인 관상 동맥 질환 발병률이 낮아진다는 사실이 밝혀졌다. 규칙적인 운동은 분명히 건강을 유지하는 중요한 수단이 되고 있다.

셋째, 올바른 생활 습관을 가져야 한다. 올바른 생활 습관이란 규칙성, 질서, 관계 유지, 정확성 등을 의미하는데 자연의 질서는 언제나 규칙과 법칙을 통해서 이루어지기 때문이다. 흔히 비행기로 외국을 여행하고 나면 시차 때문에 어려움을 겪는다고 하는데 이것은 라이프스타일 균형이 깨져 나타나는 현상이다. 올바른 생활 습관은 자신의 삶을 잘 성찰하는 과정에서 시작된다. 올바른 생활 습관을 갖기 위해서는 목표를 세우고 자신의 삶을 계획하는 습관을 가져야 한다. 목표는 규칙을 만들고 질서를 생산한다. 계획이 없으면 다른 사람들의 계획에 나의 인생을 좌우하게 된다. 계획은 목표와 일치된 행동을 하도록 만드는 수단이다. 계획을 세웠으면 최대한 계획을 실천하려는 노력과 상황, 환경을 만들어 가야 한다. 무계획적인 생활은 마치 감나무 밑에서 감이 자신의 입으로 떨어지기를 기다리는 사람과 같다. 계획을 세운 다음 그 계획에 매이지 않으면서 계획을 실천하는 여유가 올바른 생활 습관을 갖는 비결이다.

넷째, 긍정적인 마음을 가져야 한다. 긍정적인 마음은 삶의 여정에서 결과적으로 생길 수 있다. 주변 환경이 긍정적이면 자신도 긍정적이 되는 것이다. 인간관계에서 대부분의 사람들은 긍정적인 표현을 좋아한다. 때로는 부정적인 표현이 사람들을 긴장하게 하는 것도 사실이지만 부정적인 표현만으로 다른 사람들의 인정을 받으려 한다면 사람들과 좋은 관계를 유지하기 어렵다. 사람이 좋은 음식을 먹는다고 해도 강한 스트레스를 만나면 건강이 악화되는 것은 이미 심리학적으로 증명되었다. 좋은 리더가 긍정적인 마음을 가지면 건강해진다.

리더가 긍정적인 마음을 갖기 위해서는 먼저 비판과 포용의 균형을 갖추어야 한다. 학문적으로 전문가적 경지에 있는 사람은 비판력을 중요하게 여긴다. 반대로 종교적인 입장에서 많이 배운 사람은 포용을 중요하게 여긴다. 이 두 가지는 분명히 필요하지만 상황에 따라 이 두 가지를 적절하게 사용할 수 있는 능력을 가져야 한다. 비판력은 문제를 해결할 수 있는 능력으로서 좋지 않는 환경을 해결하는 역할을 한다. 그리고 대부분의 사람들에게 긍정적인 삶의 자세를 갖도록 만들어 준다. 그러나 리더가 지나치게 비판적인 자세를 취할 때 주변에 사람이 없다. 리더가 마치 초원의 하이에나와 독수리 떼와 같다면, 먹을 것과 이용가치가 있는 것이 있을 때는 몰려들지만 먹이가 사라지면 어디있는지도 모르게 사라진다. 즉, 문제를 해결하는 비판력은 필요하지만 비판적 자세만으로 살아서는 안 된다는 것이다. 긍정적인 마음으로 문제를 비판할 줄 아는 것이야말로 모든 사람에게 기쁨을 주고 장기적으로 행복한 삶을 주는 길이기 때문이다.

다음으로는 긍정적인 사고의 중요성에 대해서 인식하는 것이다. 대부분의 자기 관리 서적이나 성공학 관련 서적에서는 긍정적인 마음을 성공의 요소로 본다. 그럴 수밖에 없다. 그것은 인간의 마음은 보는 것을 결정하기 때문이다. 분명히 사람에게는 나쁜 점과 좋은 점이 있는데 먼저 나쁜 사람이라는 선입관을 가지면 좋은 것이 볼 수 없게 되어 있다. 이런 경험이 주는 교훈은 인간은 보고자 하는 것 즉, 자기가 보고 싶은 것만을 본다는 점이다. 결국 긍정적인 마음은 긍정적인 태도를 결정한다는 뜻이다. 이는 일정 기간 동안 강력한 훈련이 필요하다. 지금까지 말한 대로 우리 몸에 알맞은 식사 습관을 갖는 것, 적당한 운동, 그리고 긍정적인 마음을 갖는 것은 건강한 신체와 정신을 갖기 위한 중요한 요소들이다.

15. 리더는 가슴이 따뜻한 사람이다

　　모 커피회사가 "가슴이 따뜻한 사람을 만나고 싶다"는 광고 문구를 사용하여 큰 반향을 일으킨 적이 있다. 우리가 사는 시대는 과학적 발명품들과 새로운 정보들이 날마다 수백 수천 개씩 소개되는 정보화 시대, 매스 미디어 시대이다. 과학이 발달하면 기계의 편리함만 강조되고 인간적인 면은 소홀히 여겨질 수 있다. 대기업들은 문명의 편리한 이기들을 개발하면서 인간미가 없어질 것을 우려했다. 그래서 그 판매 전략으로 감성적 영업 전략을 들고 나왔다. 정보화 사회에서는 모두가 매스 미디어를 통해 평균적 지성을 소유하게 된다. 그렇다면 좋은 리더가 일반인과 차별적인 모습을 보이려면 어떻게 해야 되는가? 그것은 가슴이 따뜻한 사람, 즉 좋은 감성을 소유한 사람이 되어야 한다.

개발하는 리더

감성이란 "어떤 외부적 자극이나 인상을 감지하는 직관적이며 수동적 능력"을 말한다. 감성은 감정, 정서, 기분, 명랑성, 비위, 감수성, 육감, 상상력, 표현력, 협조성과 예술적 감각 등을 감성과 관련하여 사용한다. 결국 감성이란 외부적 자극에 대해서 자연 발생적으로 반응하는 인간의 능력을 말한다. 그러나 감성의 정의는 단순하지 않다. 19세기 말에 빈 대학의 심리학 교수 헤르만 스보보다, 독일 의사 빌헬름 플리스 박사에 의해 신체 내에 존재하는 감성 리듬의 존재와 주기가 밝혀졌다. 이 이론은 인간은 누구나 출생에서부터 죽음에 이르기까지 신체 내부에서 일어나는 신체, 감성, 지성, 리듬이라는 3가지 리듬 곡선의 지배를 받는다는 것이다. 중요한 점은 감성 능력이 향상되면 사람들의 마음을 읽거나 상태를 잘 읽어낼 수 있으며, 사람들과 좋은 관계를 맺을 수 있는 정보를 갖고 있다는 것이다.

인간관계에서 세심하다는 말을 듣거나 눈치가 빠르다, 혹은 민감하다는 말은 모두 감성 능력이 탁월하다는 말이다. 화를 잘 내는 부모와 함께 살았던 아이는 자신의 안전을 위해서 어른들의 눈치를 잘 보아야 한다. 눈치를 보는 것이 자신의 생존과 관련되기 때문이다. 눈이 보이지 않는 사람들은 청각이 매우 뛰어나게 된다. 눈과 귀가 장애를 입으면 촉각이나 후각이 매우 발달한다. 이렇게 어떤 감각이 뛰어나게 발달하는 것은 살아온 상황에서 그 부분을 이용해야 할 필요를 느끼기 때문이다. 좋은 리더는 감성 능력은 탁월해야 하지만 그것을 사용하는 리더의 마음이 이기적이면 훌륭한 보검을 살인에 사용하는 것과 같은 이치가 된다. 정리해서 말하면 감성 인식 능력은 자신과 상대방의 감성의 상태를 알아내는 것을 말한다. 리더의 감성 활용 능력은 감성 인식 능력으로 얻어진 정보를 중심으로 자신을 제어하고 대중이 원하는 것을 채워주는 능력을 말한다. 사회적으로 이 '감성 인식' 능력과 '감성 활용' 능력을 감성 능력이라고 부른다.

좋은 리더의 탁월하고 바람직한 감성 능력이란 무엇인가? 첫째, 자신과 타인의 감성 상태를 사실 그대로 인식하는 것이다. 둘째, 자신의 감성을 인식하고 그것을 조절 및 절제, 활용하는 능력이다. 셋째, 타인의 감성을 인식하고 그 사람에게 기쁨을 주기 위해서 행동하는 능력을 말한다.

좋은 리더는 감성능력을 꾸준히 향상시켜 나간다. 감성 인식 능력을 향상시키기 위해서는 오감을 잘 사용하도록 훈련해야 한다. 다음과 같은 방법들이 있다.

1) 청각 훈련을 잘 해야 한다. 음악을 통한 청각훈련, 소리를 구분하는 훈련 등이다.
2) 시간 훈련을 잘 해야 한다. 자세히 보면서 사물을 구분하는 훈련이 바로 미술 훈련이다.

3) 역할 훈련을 잘 해야 한다. 연극을 통한 가상공간의 실제 훈련, 코미디 프로그램이나 영화를 통한 희노애락을 표현하고 느끼기 등이다.

4) 문학을 통한 대리경험과 인식능력의 객관화 훈련 즉, 다양성을 인정하는 훈련이다.

5) 가장 탁월한 감성인식 및 향상 훈련은 관계 속에서 이루어지는 공동생활 경험이다. 함께 사는 것은 언제나 감성의 자리이자 감성의 현장이다. 계속된 감성의 인식, 활용은 결국 감성을 배우는 것이요, 감성을 활용하는 것이다. 모든 생활이 감성을 사용해야 하고 감성을 인식해야 하니, 얼마나 감성 인식능력이 빠르게 성장하겠는가?

리더는 감성을 활용하는 능력을 키워나간다. 감성 활용 능력이란 리더가 자신의 감성을 절제하는 것, 조절하는 것을 말한다. 절제는 분노와 공포와 두려움을 절제하는 것이요, 조절을 긍정적인 감성을 잘 표현하거나 적절하게 표현하는 것을 말한다. 리더로서 훌륭한 감성 활용 능력을 갖으려면 역시 고난을 견디는데서 시작해야 한다. 고난을 견디는 것은 손해를 보거나, 갈등을 이겨내는 것, 고민하는 것, 괴로움을 이기는 것, 아픔을 견디는 것들을 말한다. 이것은 좋은 리더의 필수훈련코스이다. 좋은 리더가 되려면 훌륭한 감성 능력을 갖추는데 오감의 능력을 활용하는 훈련을 하고 이것을 적용하는 과정에서는 고난과 갈등을 인내할 수 있는 능력을 길러야 한다. 이 두 가지의 훈련을 통해서 사람들과의 관계에서 따뜻한 사람이 되는 것이다.

16. 리더는 사람들과 조화를 이룬다

　　미국 코넬대의 던컨 와츠와 스티브 스트로가츠가 '좁은 세상 그물망(small world network)'의 동역학이라는 이론을 1998년 6월 「네이처」에 발표했다. 그 근거는 '케빈 베이컨의 6단계'이론으로써 여섯 다리만 걸치면 인간은 모두 다 아는 사이라는 속설을 반영한 것이다. 케빈이라고 이름을 지은 불특정한 사람을 세워 놓고 그 사람을 아는 관계를 가장 빠른 경로를 알아보는 놀이이다. 그런데 놀랍게도 대부분이 여섯 단계 이내에 케빈과 연결되었던 것이다. 조사결과 모든 구성원들이 평균 3.65단계 만에 연결될 수 있다는 것이 밝혀졌다. 그만큼 사람은 관계성으로 엮여 있다는 증거이다. 이는 인생은 관계성이 중요하다는 것을 말해준다. 인생의 출발은 혼자 시작되는 것 같으나 시간이 갈수록 타인과의 관계가 단순함에서 복잡하게 변해간다.

훌륭한 일을 한 리더들은 사람의 마음을 움직였던 사람들이다. 그래서 인맥 즉, 인간관계는 리더들의 능력의 전부라 해도 과언이 아니다. 좋은 인간관례, 조화로운 사람이 되기를 원한다면 관계성을 향상시키는 감성과 지성 능력을 개발해야 한다. 감성 능력은 자신과 타인의 감정 변화를 알아내고 오감을 통해 들어오는 정보를 빨리 인식하는 능력이다. 또 상대방의 희노애락의 현재 상태를 파악하게 하여 그를 배려하고 존중할 수 있는 기회를 먼저 갖게 한다. 반면 지성 능력은 상대방의 의도를 읽을 수 있게 한다. 그 이유, 즉 희노애락의 원인을 파악하고 그에 적절한 도움을 준다. 감성과 지성능력은 네 가지로 나눌 수 있는데 리더에게 관계성을 향상시켜 조화로운 사람, 원만한 인간관계를 갖게 한다.

첫째, 긍정적인 자아상이다. 사람은 자신이 타인에게 사랑받고 있고, 필요한 존재이며 유능하다는 평가를 받고 있다고 생각할 때 자신을 긍정적으로 보게 된다. 인간관계가 원만한 리더들은 대체로 자신의 가치나 중요성을 의심하는 일이 없다. 그리고 자신의 장단점을 가감 없이 보여주고 또 잘못을 잘 인정한다. 자신을 있는 그대로 표현하기 때문에 내부적으로 부정적인 생각이 그 사람을 허물어뜨릴 수 없으며, 외부적으로 타인과의 관계를 잘하게 한다. 문제는 언제나 방어적 자세와 왜곡된 관점에서 발생한다. 자긍심을 가진 자가 자기 비하적인 마음을 가진 자보다 좋은 결과를 보는 것은 당연하다. 긍정적 자아상이나 비관적 자아상은 타인의 평가를 통해 형성된다. 실패를 통해서는 변명과 비관을 배우고, 성공을 통해서는 긍정적인 자아상을 형성시킨다. 실패를 통해 배운다는 말은 결과론적으로 성공자만이 할 수 있는 말이다. 에디슨이 전기를 발명하기 위해 3,000번의 실패를 했을 때 친구에게 "나는 3,000번의 안 되는 방법을 발견했다"고 말하였다. 실패의 매커니즘을 가진 사람은 실패를 반복하여 자신의 인생을 비관적으로 몰아가는 반면 성공적인 경험은 긍정적인 자아상을 정립하게 되어있다.

둘째, 타인과의 일체감이다. 위대한 성자들은 피부색이나 국적에 상관없이 누구와도 하나가 되는 모습을 보여준다. 예수 그리스도도 마지막 기도에서 제자들의 하나 됨을 위하여 기도하였다. 일체감을 느끼기 위해서 항상 함께 있어야 하는 것은 아니다. 일체감은 어디에 있든지 내면에 새겨진 목적과 사고의 일체감을 말한다. 그래서 성숙한 일체감을 소유한 사람은 '타인'을 '나'라고 인식하여 타인을 해롭게 하지 않는다. 반대로 일체감이 약한 사람들은 자신 외에는 모두 타인이라고 규정한다. 당장 자신의 유익만을 생각한다. 이는 타인의 아픔이 나에게 돌아와 전달된다는 부메랑 법칙을 모르기 때문이다. 좋은 리더는 목표를 달성하는데 초점을 맞추고 자신의 부각시키거나 능력을 입증하려 하지 않는

리더

다. 일반적으로 사람들은 주변사람들이 배타적이거나 손해를 입히면 자신을 보호하시 위해 그들에게서 자신을 격리 시켜 안전 상태를 추구하는 유아기적 대처법을 사용한다. 결국 세상이 원하는 관계성이 뛰어난 사람, 세상이 원하는 조화로운 리더로서의 역량부족을 드러내는 것이다. 그러나 일체감이 뛰어난 리더들은 오히려 그런 사람들을 호의적으로 품고 간다. 이런 사람을 우리는 좋은 리더의 자질을 소유한 사람이라 말한다.

셋째, 개방적인 정보 수용이다. 관계성이 뛰어난 리더는 어떤 경험이든 최대한 수용한다. 경험을 수용하는 과정에서 많은 정보를 얻게 된다. 보통 사람들은 자신이 위협을 받으면 모든 신경이 그 위협에 대처하므로 일상적인 경험은 관심의 영역에서 제외된다. 관심 영역이 좁아지면 수용하는 정보의 양이 적어지면서 편협적인 수용을 하게 된다. 그러나 개방적인 사람은 세상을 있는 그대로 본다. 문제를 대쪽처럼 가르지 않고 모호함을 용납한다. 또 성급한 답을 구하지도 않는다. 좋은 리더들은 자신의 성장을 위해 최선을 다하면서 현재 상태에도 만족한다. 그래서 자신의 에너지 전부를 건설적인 곳에 사용할 수 있다. 좋은 리더들은 동료의 실수나 잘못을 함부로 탓하지 않는다. 그들을 있는 그대로 받아들이고, 나아가 그 잘못을 해결하고 도와준다. 인간관계의 실패는 상대방을 바르게 평가하지 않았거나 또 상부상조를 하지 않은 결과이다. 개방과 수용성을 향상시키는 것은 개방성을 높이 평가

개발하는 리더

하는 가치 체계, 일체감, 긍정적 자아상이다. 아이들이 주위의 사람들이 수용하게 되면 어떤 장애물도 수용하게 된다고 임상실험에서 증명되었다. 자신과 동료를 수용하지 못하는 것은 신뢰성에 깊은 상처를 입은 일종의 정신질환 증상이다. 정신질환의 평가 기준은 동료의 수용과 거부이다.

넷째, 탁월한 사고력과 풍부한 창의력이다. 나이와 관련된 유머 중에 '40이 되면 배우나 안 배우나 같아진다'는 말이 있다. 또한 현대 사회는 매스 미디어에 의해 지식의 평준화 현상이 일어나고 있다. 조화로운 리더가 되기 위해서 모든 것을 알아야 되는 것은 아니다. 그러나 탁월한 사고력과 풍부한 창의력을 갖추면 그 상황에 필요한 지식을 취할 수 있고 그 지식을 이용하여 문제를 해결할 수도 있다. 창의력과 사고력은 독서를 통해 가장 많이 발전한다. 그러므로 좋은 리더의 손에는 신문과 책이 항상 있어야 한다. 종교 개혁자 루터, 독일의 최고 신학자인 칼 바르트도 지도자는 "한손에 신문을 한손에 성경을 가지고 있어야 한다"고 역설한 바 있다. 이런 축적된 지식을 바탕으로 어떤 일을 경험을 하게 되면 생각을 하게 된다. 이 생각하는 과정을 통해 지능을 확보하게 되고 그 지능을 이용해서 정보를 수용하여 문제를 해결하게 된다. 좋은 지성은 좋은 연장과 같아서 능률적으로 일하게 만든다.

17. 리더는 전문성을 발휘한다

아직은 천혜의 자연을 유지하며 사는 제 3세계라 불리는 나라들이 산업화의 거센 파도에 의해 삶의 현장들이 피폐해지고 있다. 또한 G7, G8, G20을 중심으로 산업사회에서 정보화 사회가 되면서 대부분의 개인은 하나씩의 노하우, 즉 한 분야의 전문성을 가지게 되었다. 희귀성, 희소가치라는 말은 오직 그것만이 가지고 있는 특성이다. 세상에 많을수록 가치가 있는 것이 있는가 하면, 희귀할수록 가치 있는 것도 있다. 그러나 아무리 귀한 다이아몬드라도 많아지면 돌과 같이 취급된다. 이처럼 오늘날 대부분의 사람들이 전문성을 갖고 있다면 그것의 가치는 떨어지게 된다. 정보통신이 기본이 되는 현대 사회에서는 공유해야 할 기기나 정보가 많은 사람이 쓰는 쪽이 가치가 있다. 마치 중세에 글자를 읽고 쓸 수 있는 사람들은 모두 관원이 될 수 있었지만 지금은 글자를 읽고 쓰는 것이 기본이 되었으므로 또 다른 능력이 전문성을 대신한다.

그렇다면 21세기 사회에서 전문성은 무엇일까? 앞에서 말한 대로 산업 사회의 전문성이 'know how'였고, 정보사회의 전문성은 정보탐색 곧 'know where'이다. 정보화 사회의 다음 사회를 최근에 지식 사회라고 부르는데 이 사회의 전문성은 지식창조능력 곧 'know why'이다. 교육계의 표현을 빌자면 창의력 개발이다. 최근의 학습방향이 창의력 향상을 중심으로 이루어지는 것은 바로 이 때문이다. 'know why'에서 중요한 것 다양한 지식을 한가지의 전문성으로 통합하는 것이다. 간단히 말해 산업시대의 'know how'와 정보화시대의 'know where'를 통합하여 탁원한 전문성과 정보 탐색을 통한 다양한 지식을 종합하므로 새로운 지식을 창조하는 것이다. 결국 지식 사회의 전문성은 <전문성+다양한 지식=새로운 지식>으로 도식화 할 수 있다. 이러한 전문성을 우리는 창조적 전문성이라고 불러보자.

창조적 전문성은 자아 초월을 위한 도구로 사용된다. 자 아초월은 객관적인 비전, 역사적인 뜻, 신의 뜻과 같은 의미로써 공동의 가치관에 헌신하는 것을 말한다. 자아 초월을 통해 인류의 비전에 시선을 둘 때 창조적 전문성은 자신의 비전을 향해 나아가

리더

도록 돕는다. 창조적 전문성을 가지면 새로운 인맥의 세계로 나아가게 된다. 전문성은 타 전문성을 가진 사람들과 연결시켜 주기 때문이다. 전문가 그룹에서 인정을 받기 시작하면 각 전문가들이 가지고 있는 전문성을 활용할 수 있게 된다. 나의 전문성이 그들에게 필요하기 때문에 그들도 나에게 필용한 사람이 되려는 마음을 갖는다.

전문가 그룹의 일원이 되는 것은 보통사람의 그룹에서 도약하는 기회가 된다. 사회에서 어려운 업무를 처리할 때 누구의 도움을 받느냐에 따라 불가능해 보이는 일들이 처리된다. 사회란 사람들이 기획하고 진행하고 평가하는 곳이기 때문에 내가 힘들어하는 일을 누군가는 하고 있다. 바로 그들이 전문가들인 것이다. 그들과 인간관계를 형성하게 되면 수없이 많은 동역자가 생긴다. 물론 나도 그들의 네트워크에 한 부분이 되어야 하는 것은 당연한 일이다.

창조적 전문성이 갖는 가치 중 가장 큰 것은 문제 해결력이다. 문제 해결력이란 자신의 문제로부터 타인, 집단의 문제에 이르기까지 해결할 수 있는 능력을 말한다. 대부분의 문제는 그 분야의 전문가가 가장 잘 해결한다. 특별히 창조적 전문성을 가진 사람은 문제 해결의 열쇠를 쥔 사람이다. 문제를 해결하는 것은 사람들의 어려움을 돕는 최선의 길이다. 물론 문제를 일으키지 않는 것

개발하는 리더

이 최선이지만 그것은 나의 과제이지 타인의 과제는 아니다. 타인은 언제든지 문제를 일으킬 수 있다. 나는 문제를 일으키지 않고 타인이 일으키는 문제를 해결하는 것, 이것은 위대한 지도자들이 보여준 능력이다.

리더

18. 리더는 문제를 해결하는 능력을 가졌다

　　영화「공공의 적」에서 강 형사는 "세상은 문제를 일으키는 사람과 문제를 해결하는 사람"으로 구분한다. 문제를 일으키는 사람은 어릴 때는 '문제아'이며 성인이 되면 자신이 문제가 되고 있다고 느끼지도 못하고 있는 '공공의 적'이다. 사회학적인 측면에서 보면 '공공의 적'도 성장 과정에서 그 환경에 따라 독버섯처럼 형성된다. 반면 세상의 문제를 해결하는 지도자도 그 교육환경에 의해 양성될 수 있다. 이것이 맞는다면 인류의 미래는 교육에 달려 있다.

　　세상의 문제를 해결하는 좋은 리더의 성장 유형은 다양하다. 어떤 리더들은 대기만성형이 있다. 이들은 그 인생이 남다르게 험

개발하는 리더

난하지만 그 고난을 극복하고 성공자로 인정받는 과정이 사람들에게 감동을 주고 그가 사회 각 분야에 주장하는 내용들이 설득력을 갖게 된다. 그리고 그는 축적된 지식과 경험과 경제력들을 이웃과 국가를 위해 봉사하기 시작하면서 지도자로 부상하는 사람의 경우이다. 그런가하면 어릴 때부터 학문과정이나 사람들에게 나타나는 과정이 엘리트 코스를 밟아서 정치적 의도에 의해 만들어진 사람들도 있다. 두 유형의 지도자들이 성장하는 과정은 달라도 이들의 공통점은 사람들에게 문제 해결의 열쇠를 가지고 있는 전문자로 인식된다는 점이다.

세상은 인구 수 만큼이나 많은 문제가 있지만 또한 모든 문제는 해결 방법도 존재한다. 문제 해결자는 지도자이다. 많은 사람들이 정치적으로 높은 자리에 오른다. 그렇다고 그들이 모두 좋은 리더가 되는 것은 아니다. 그들의 역량에 의해 한 나라의 흥망성쇠가 결정된다. 어떤 나라들은 지도자의 잘못 만나서 성장과 발전 가능성을 모두 상실해버리는 경우가 허다하다. 나름 국가를 위한다고 하지만 자신의 욕망을 채우기에 급급하다보니 실질적인 문제 해결은 뒷전으로 밀리게 된 것이다. 그러나 어떤 나라들은 좋은 리더를 만나 앞서가는 나라가 되었다.

문제를 해결하고 국가를 세우는 지도자들은 모두 전문성을 가진 사람들이었다. 자신이 다스리는 국가의 문제를 정확하게 분

리더

석하고 발견된 문제들을 해결하는 방법과 또 다른 전문가들을 활용하는 전문성을 소유하고 있었다. 그 결과 그들은 좋은 결과를 백성들에게 선물함과 동시에 존경의 영광도 향유하게 되었다. 그러므로 좋은 리더는 전문성을 소유하기 위해 부단한 노력을 해야 한다. 전문성을 소유하는 방법이 무엇인가?

첫째, 한 분야를 꾸준히 연구하는 것이 필요하다. 피아제는 어린 시적에는 동물학에 관심을 가졌다. 10세 때 백색종 참새에 대한 관찰 결과를 논문으로 발표했고, 연체동물에 대한 논문을 여러 편 발표해 15세 때에는 이미 유럽 동물학자들 사이에서 명성을 얻게 되었다. 존 스튜어트 밀은 14세에 책을 쓰기 시작했고, 17세에는 신문에 사설을 썼다. 에디슨은 15세에 디트로이트 도서관의 책을 맨 아랫줄 왼쪽부터 맨 윗줄 오른쪽 까지 다 읽고 그것도 부족하여 백과사전을 다 읽었다. 세종대왕은 5세에 사서삼경을 마스터했다. 이율곡은 9세 대학을 주해했다고 한다. 데카르트는 15세에 철학박사 학위 논문을 썼다.

이처럼 어릴 때부터 한 가지를 깊이 연구한 사람들은 탁월한 업적을 남겼다. 이것은 한 가지를 꾸준히 연구 한 결과이다. 전문적 지식이란 시간과 공간 그리고 인간의 피와 땀, 누적된 지식과 경험의 집약체이다. 아무리 뛰어난 사람도 이 조건을 건너 뛸 수 없다. 전문적인 실력을 갖추기 위해서는 누적된 인류유산을 자신의 삶으로 끌어들이는 과정이 필수적이다. 이 학습 과정에서 거쳐야 하는 어려움은 선배들이 흘린 피와 땀에 비하면 수천만 분의 일도 안 된다. 우리가 할 수 있는 일은 습득 과정에서 생기는 아픔을 견디는 일이다. 그리고 인류의 선배들에게 감사하는 마음을 갖는 것이다. 처음에 연구하고자 하는 전문영역을 선택할 때는 가능한 영역을 좁게 선정해야 한다. 동물학 연구, 식물학 연구, 인간 연구, 자연 연구, 교육 연구 등은 잘못 선택한 주제이다. 올바른 주제는 가능한 범위가 좁아야 한다. 교육을 연구할 경우 대상을 세부적으로 나눈다거나. 주제를 세부적으로 나눈다. 청소년 교육에 있어서 자기관리에 대해 연구한다면 훌륭한 주제가 된다. 더 좁히려면 비행 청소년의 자기 관리 중에서 시간 관리를 연구하면 더 세부적인 연구가 된다. 이처럼 대상과 주제를 좁히면 그 방향성과 범위를 명확히 할 수가 있다.

둘째, 자신의 전문성을 표현하는 언어적 능력을 길러야 한다. 아무리 뛰어난 전문성을 갖고 있다고 해도 자신의 연구 결과를 글이나 말로 표현하지 못한다면 그 결과는 사장되고 만다. 언어능력은 좌뇌의 활동으로 우뇌의 상상력과 창의력 표현하는 능력이다. 전문성은 간접경험의 지식과 직접경험의 지식을 통합하여 창의적이고 깊이 있는 지식을 형성하는 것을 말한다. 이러한 전문성을 토대로 우뇌는 다양한 창조적 활동을 하게 되는데 이때 이 결과를 원인에서 과정, 결과까지 논리적, 합리적으로 표현하게 하는

리더

것이 바로 좌뇌의 언어 활동이다. 역사적으로 위대한 사상가, 종교가들은 모두 언어의 대가였다. 이 말은 다른 사람들을 설득하여 한 방향으로 헌신하게 하고 거기서 행복을 얻게 하려면 언어적 탁월성을 필히 갖추어야 한다.

셋째, 자신의 선택한 전문분야의 창조적 전문가를 멘토로 삼아야 한다. 지식이 책으로 전달되는 과정은 추상적 표현을 피할 수 없다. 또한 상황 전체를 언어로 담을 수 없는 한계를 갖는다. 그 상황을 직접 경험한 사람이 아무리 잘 표현한다고 해도 언어의 한계는 부분만을 표현하거나 추상적으로 표현할 수밖에 없는 것이다. 이때 스승이 필요하다. 스승과 멘토는 그 개념상 다르지만 언어의 추상성을 극복할 수 있는 길이 추상성을 경험한 사람에게서 배우는 것이다. 멘토는 배우려는 사람들, 스스로 학습하려는 사람들이 막힌 부분을 터주는 역할을 한다.

넷째, 전문 분야와 관련된 모임에 참여 하거나 관련된 정보를 수용해야 한다. 대부분의 전문 분야에는 동호회의 모임이 있거나 전문 동호회를 위한 연구모임 혹은 잡지들이 있다. 최근에 인터넷을 통해 자신이 원하는 전문적인 정보를 찾을 수 있다. 이런 모임이나 책, 기타 정보통신을 활용하면 연구 동기를 가질 수 있고 나아가 연구에 자극이 될 만한 경험을 할 수 있다.

다섯째, 자신이 연구하는 전문 분야 외에 다양한 분야의 책을 읽고 여러 가지 경험을 해야 한다. 창조적 전문성이란 다 전공이 아니라 한 가지의 전공과 여러 가지의 학문을 통해서 얻어진다. 특별히 다양한 사람들과의 만남, 다양한 지역과 국가의 여행, 여러 가지 기술에 대한 경험, 다양한 사상에 대한 이해 등은 창조적 전문성을 만드는데 중요한 역할을 한다.

구분 / 내용	의 미	방 법
한 분야의 꾸준한 연구	누적된 인류유산을 최대한 확보	세부적인 부분을 선택하여 연구
언어적 능력	연구된 자료를 논리적으로 표현하는 능력	책을 통한 연구
전문가 멘토 확보	그 분야에 탁월한 멘토와 관계를 맺는다.	전문적 지식 확보 후 도움 요청
모임 참여	전문가 모임, 동호회에 참여	전문적 지식 확보 후 가입 신청
다양한 경험, 지식 확보	한가지 전공 외에 다양한 지식과 경험을 한다.	확다양한 사람과의 만남, 여러 지역의 여행, 특별한 경험

리더

PART FOUR

일하는 리더

남아공의 만델라가 대통령이 되었을 때 그는 복수의 악순환을 끊어 버리기 위해 〈진실과 화해〉 위원회를 설치하였다. 규칙은 간단했다. 백인경찰이나 군인이 자신의 잘못을 털어놓고 인정하면 그 범죄로 인해 재판을 받거나 처벌받지 않는 것이었다. 어느 날 청문회 자리에서 반드 브렉이라는 경찰관이 자기의 죄를 털어 놓았다. 자신과 동료들은 18세 소년에게 총으로 쏘고 증거를 인멸하기 위해 그 시신을 모두 태웠다는 것이다. 그리고 반드 브렉은 그 일이 있는 8년 후 그 소년의 아버지를 체포했다. 아버지를 장작더미에 묶어놓고 몸에 휘발유를 끼얹은 뒤 불을 붙였다는 것이다. 불쌍한 아내는 광경을 강제로 지켜봐야 했다. 그는 법정에서 자신의 죄를 고백하고 용서를 구했다. 아들과 남편을 차례로 잃은 노부인에게 법정에서 말할 기회가 주어졌다. 판사가 "반드 브렉 씨에게 무엇을 원하십니까?"하고 물었다. 그녀는 남편의 장례를 제대로 치를 수 있도록 부탁한 후 한 가지 요구 사항을 추가했다. "반드 브렉 씨는 제 가족을 모두 데려갔습니다. 그러나 저에겐 아직도 그에게 줄 수 있는 사랑이 많습니다. 제가 엄마 노릇을 할 수 있도록 한 달에 두 번 우리 집에 와서 시간을 보냈으면 합니다. 나는 반드 브렉 씨가 하나님의 용서를 받았다는 것과 나도 그를 용서한다는 사실을 알았으면 합니다. 나는 내가 정말 용서했다는 것을 반드 브렉 씨가 알 수 있도록 그를 안아주고 싶습니다. 이것이 십자가에 우리를 위해 돌아가시고 용서하신 예수님의 사랑입니다." 법정에 가득 앉아 방청 중인 흑인들이 찬송을 불렀다. "나같은 죄인 살리신 주 은혜 고마워 잃었던 생명 찾았고 광명을 얻었네." 그러나 그 때 반드 브렉은 찬송을 듣지 못했다. 그 사랑을 감당치 못하고 졸도해 버린 것이다.

리더는 일을 한다.

19. 리더는 선한 영향력을 끼친다

　　세상에서 가장 위대한 일은 무엇이며 가장 뛰어난 능력은 어떤 능력일까? 그리고 위대한 일이나 뛰어난 능력을 평가하는 기준은 무엇인가? 그것은 그가 해놓은 일들이 미치는 영향력이다. 즉 그 일이 남긴 결과의 규모가 능력의 크기를 결정하는 것이다. 최근에 인류에 영향을 미친 정도에 따라 위대한 사람을 선정한 「세계를 움직인 100인」이라는 책이 있다. 이 책에서 위인들을 선정한 기준을 그들이 남긴 영향력에서 찾고 있다. 이 영향력에 가장 높은 자리에 위치하는 사람들을 순서대로 정리해보면 먼저 종교 창시자 및 지도자이다. 그 다음에 사상과 학문의 대가, 그 다음으로 정치적인 리더들이 뒤를 따른다. 학문의 대가와 정치 지도자의 순서는 그 영향력의 비중에 따라 순서가 바뀌기도 한다.

첫째, 종교의 창시자는 예수, 석가 마호메트, 공자 등인데 이런 사람들이 남긴 영향력은 세월이 흐를수록 더 확대되고 있다. 그들은 인간의 참 길을 보여 주었고, 나아가 인류의 길을 제시했다. 인류라는 틀 속에 들어있는 사람이라면 그들의 가르침을 떠나서 살 수 없다. 인류는 이들 중 누군가의 영향을 받거나 아니면 그들의 가르침을 선택하여 살고 있다. 그들의 영향력이 인류에 미치는 이유는 가르침의 영역이 국소성이나 시대성을 벗어나 본질에 가깝기 때문이다.

둘째, 학문과 사상의 대가들로서 그들은 한 시대 혹은 몇 세대에 걸쳐서 영향을 미친다. 그 영향력은 종교적 리더들에게 미치지 못하지만 시대의 흐름을 이끌어 주고, 종교의 가르침을 사람들에게 좀 더 구체화시켜 적용시키며, 나아가 인류가 처한 문제들을 해결해 주는 역할을 한다. 이들의 영향력이 큰 것은 그들을 따르는 사람들이 정치적 리더에 비해서 많다는 것이다. 정치적 리더들은 살아 있는 사람들이지만 학문과 사상의 대가들은 다음 세대의 사람들 중에서도 그들의 가르침이나 사상을 따르는 경우가 많기 때문이다. 그러나 학문의 경우, 아무래도 그 시대성과 국지성을 벗어날 수 없기 때문에 시간이 갈수록 또 다른 학문이나 사상가에게 자리를 내줄 수밖에 없다.

셋째, 정치적인 리더들로서 그들은 종교나 학문의 대가에 비

일하는 리더

해서 그 영역이 국한되어 있다. 그 이유는 국가나 지역 단위의 사람들을 조직하여 다스리기 때문이다. 어떤 경우 정치 지도자는 학문의 대가일 수도 있다. 이 경우 그의 역할을 매우 중대한 결과를 가져온다. 대부분 정치적인 리더들은 종교나 학문의 대가들이 남긴 업적을 이용하여 사람들에게 적용하는 경우가 많다. 그러다 보니 정치가 학문에 뒤떨어질 수밖에 없게 된다. 우리는 이 과정에서 다음과 같은 것을 발견한다.

1) 영향력의 크기간 사람들의 지지 정도에 달려 있다는 것이다.

2) 사람들이 지지하는 것은 그 가르침을 신뢰하는 정도에 달려있다는 점이다. 여기서 신뢰란 지도자의 영향력으로 인해 나타난 결과가 공공성을 어느 정도 이루었는가에 대한 지속적인 답변을 말한다. 결국 리더란 자신의 영향력을 통하여 사람들을 움직이고 그 결과로 모든 사람들이 유익을 얻도록 만드는 사람임을 알 수 있다. 그래서 이런 말을 할 수 있다.

"위대한 사람은 자신이 일을 하여 업적을 남기는 사람"이고 "훌륭한 리더는 사람들로 하여금 일을 하게 하여 모든 사람에게 유익을 주는 사람이다." 이 모든 과정을 가능하게 하는 출발점이 무엇일까? 바로 리더와 추종자간의 신뢰이다. 사람이 사람을 따르는데 필요한 것은 오로지 신뢰뿐이다. 물론 신뢰가 없이 따르

리더

는 경우도 있다. 예를 들어 리더가 가진 재물, 능력을 이용하기 위해서 필요한 기간 동안 따르는 경우가 있다. 이러한 관계로는 위대한 공공의 선을 이룰 수 있는 기회가 주어지지 않는다. 사람들이 마음을 합하여 선을 이루려면 서로 배려하고 이해하고 수용하는 신뢰가 먼저 구축되어야 한다.

좋은 리더는 사람들에게 영향력을 미칠 수 있는 능력을 가져야 한다. 그 능력은 먼저 신뢰를 주는 가르침과 삶에서 비롯된다. 신뢰가 있을 때 "가자!"는 외침이 설득력을 발휘한다. 우리는 이것을 믿음이라고 한다. 이 믿음을 갖게 할 수 있는 것은 무엇일까? 사람을 돕는 마음, 자비로움, 따뜻한, 온유함, 부드러운 마음으로 사랑의 마음을 말한다. 그리고 사랑의 철학을 받쳐 줄 수 있는 능력으로 타인을 도울 수 있는 기술이나 지식과 능력이다. 이것을 전문성 또는 실력이라고 한다. 이 두 가지의 능력을 갖춘 리더의 대표적인 모델이 예수님이시다.

예수님이 가지신 사랑의 마음은 예수님이 병자를 고치고, 귀신 들린 자를 해방하고, 어려움에 처한 자들을 긍휼히 여기고, 또 그들에게 참 안식과 기쁨을 주기 위한 태도였다. 만약 예수님이 기적적인 행동들을 당신의 유익이나 추종자 집단의 유익만을 위해서 사용했다면 이익 관련 당사자들에게만 인정받았을 것이다. 예수님은 사랑하였고, 또 사랑을 실천함으로써 사람들로부터 신뢰를 이끌어낼 수 있었다. 신뢰가 생겨났을 때 비로소 영향력이 생긴다. 위대한 리더는 세상에 선한 영향력을 행사한다.

20. 리더는 사람을 헌신케 한다

좋은 리더는 사람들에게 영향력을 미칠 수 있는 능력을 가져야 한다. 그 능력은 먼저 신뢰를 주는 가르침과 삶에서 비롯된다. 신뢰가 있을 때 '가자!'는 외침이 설득력을 발휘한다. 우리는 이것을 믿음이라고 한다. 이 믿음을 갖게 할 수 있는 것은 무엇일까?

첫째는, 사랑의 마음이다. 사람을 돕는 마음, 자비로움, 따뜻한, 온유함, 부드러운 마음이다. 둘째는, 사랑의 능력이다. 사랑의 철학을 받쳐 줄 수 있는 능력으로 타인을 도울 수 있는 기술이나 지식과 능력이다. 이것을 전문성 또는 실력이라고 한다. 이 두 가지의 능력을 갖춘 리더의 대표적인 모델이 예수님이시다.

예수님은 사랑의 마음을 가지신 분이시다. 예수님은 병자를 고치고, 귀신 들린 자를 해방하고, 어려움에 처한 자들을 긍휼히 여기고, 또 그들에게 참 안식과 기쁨을 주기 위한 태도를 말한다. 만약 예수님이 기적적인 행동들을 당신의 유익이나 추종자 집단의 유익만을 위해서 사용했다면 이익 관련 당사자들에게만 인정받았을 것이다. 즉 예수께서 보여준 소외된 자들에 대한 태도는 사랑의 마음에서 시작되었다.

예수님은 사랑의 능력을 가지셨다. 예수님은 어려운 사람들을 도울 수 있는 능력을 가지고 있었다. 바로 이런 점 때문에 사람들은 예수님의 가르침을 따랐다. 아무리 가르침이 좋아도 사람을 돕는 삶이 없다면 그 가르침을 따르지 않게 된다.

신뢰를 갖게 하는 것은 사람을 사랑하는 데서 출발하지만 그 사랑이 현실성을 갖지 않으면 사람들은 포기할 수밖에 없다. 사랑은 있지만 능력이 없는 리더를 따르지 않는다고 백성들을 원망하는 것은 어리석은 짓이다. 신뢰는 사랑의 마음으로만 얻을 수 없기 때문이다. 좋은 리더는 사랑의 마음으로 사람들과 관계를 맺고, 능력을 이용하여 그들을 가르쳐서 위대한 일을 하게 한다.

사람들에게 길을 제시하고 그 길을 갈 수 있게 하려면, 먼저 내가 그들을 도울 수 있는 사랑과 능력을 가지고 있어야 한다는 사실을 기억하라. 예수님께서 기적을 통해 사람들을 도우시며, 자신의 가르침을 따르게 만들었듯이 예수님을 본받아야 한다.

현대인들은 옳고 그른 것을 분별하기보다 우선 편안한 것과 불편한 것, 좋고 나쁜 것을 선택한다. 옳고 그른 것 때문에 죽고 사는 것을 결정하는 사람들은 매우 소수이다. 우리가 리더가 되어 보통 사람들에게 길을 제시하려면 먼저 그들에게 옳고 편안하고 좋은 사람이 되어야 한다. 사람들은 편안하고 좋은 사람에게서 진리를 배우기를 좋아한다. 그래서 사람들을 도울 수 있는 여러 가지 기술과 능력을 갖는다는 것은 진리를 가르치는데 참으로 중요한 자원이다. 이미 강조한 것처럼 리더의 전문성을 소유하는 것은 매우 중요한 과제이다. 전문성은 사랑을 믿게 되는 근거가 되기 때문이다.

사람들이 리더의 가능성을 믿어 준다면 리더는 그 기대에 부응하여 훨씬 더 빨리 성장하게 된다. 리더가 더욱 위대한 리더가 된다면 많은 사람들이 그 리더를 따라서 위대한 일을 하게 될 것이다. 그 결과 리더들은 "사람들을 모아서 그들로 하여금 일을 하게 하는 것이 세상에 가장 위대한 능력"이라는 사실을 알게 된다. 예수님께서는 하나님 나라의 참된 지도자셨다. 예수님은 옳은 것을 옳은 방법으로 하되 특별히 사람들을 자신의 뜻 안에서 헌신케 하셨다. 사람들로 하여금 인류를 향해 하나님의 뜻, 즉 하나님의 평화의 나라를 이루게 하셨다. 바울은 이것을 하나님의 무한한 지혜라고 한다. 지혜란 어떤 목적을 이루어 내는데 필요한 수단이다. 하나님의 지혜는 어떤 일이 있어도 하나님의 부르신 자들을 통해서 온 우주를 하나되게 하는 것이다.

　　하나님은 당신의 목적을 이루기 위해 사람들에게 자신의 존재를 믿게 한다. 하나님은 자비롭고 사랑이 많으신 하나님이시며, 전지전능하신 하나님이다. 하나님은 당신을 따르게 하기 위해서 두 가지를 제시하신다. 두 가지는 우리가 하나님을 믿고 따르는데 평안을 주는 키워드이다. 이처럼 리더가 되고 싶은 사람은 사람들이 나를 따라올 수 있도록 두 가지를 제시해야 한다.

리더

21. 리더는 지도력과 관리력을 통합한다

훌륭한 지도자와 지도력은 그 의미가 다르다. 지도력은 지도자가 갖추어야 할 본질적인 것이다. 지도력에 관해 가장 고전적인 지도력의 구성 요소는 포용력, 결단력, 통솔력이다. 포용력은 사람을 이해하고 수용하는 능력이요, 결단력은 목표 중심의 삶이며, 통솔력은 사람들은 이끌고 활용하는 능력으로써 자기 분야에 대한 탁월한 경험과 실력을 의미한다.

사회학자인 막스 베버는 지도자의 자질에 대해서 다음과 같이 말한다.

첫째, 자신이 따르고자 하는 가치나 신앙적 대상에 대한 헌신과 열정을 가져야 하고

둘째, 모든 사건과 상황에서 주도적인 책임감이 있어야 하고,

셋째, 정신의 집중과 평정으로 현실을 변화시키는 목표를 지녀야 한다.

베버가 제시하는 세 가지를 분석해보면 위에서 언급한 "포용력, 결단력, 통솔력"과 유사하다. 헌신과 열정은 비전과 같은 의미이고, 주도적인 책임감은 다른 사람들의 잘못을 자신의 잘못으로 인식할 수 있는 인격적인 모습이고, 현실을 변화시키는 목표는 비전을 현실화시키는 능력, 곧 실력과 경험을 갖추게 한다.

지금까지는 대체로 서양적 관점에서 지도력과 관리력을 대비되는 형태로 표현해왔다. 즉 지도자와 관리자의 특성은 서로 다른 것이라는 발상이다. 예를 든다면 관리자는 효율을 생각하고, 지도자는 효율을 생각한다는 것이다. 피터 드러커와 워렌 베니스는 관리자는 어떤 일을 바르게 하는 것이지만 지도자는 바른 일을 하는 사람이라고 말한다. 관리자는 현재에 관심을 갖지만 지도자는 미래에 관심을 갖는다는 이야기이다.

구분	관리자(과정)	지도자(방향)
현실	수용	도전
안목	근시안적 접근	장기적 안목
문제규정	언제, 어떻게	무엇을, 왜
손실에 대한 계산법	근시적 손실 계산	미래적 손실 계산
업무처리	모방적	창조적
조직단체	방어적 관리	개혁적 추진
일반적 현상	현상 유지	현상타파-목표 중심
공평과 정직성	정의롭게 처리	정의로운 일을 함

리더

동양은 지도력과 관리력을 통합적인 특성으로 이해한다. 아래의 예는 중국의 현자들이 제시한 지도력의 원칙이다. 중국의 오자가 말한 지도력의 원칙은 이(理), 비(備), 과(果), 계(戒), 약(約)이라는 말로 표현한다.

이(理)는 구성원들을 한 마음으로 만들고 조직을 관리하는 것,

비(備)는 항상 만전의 준비를 하는 것,

과(果)는 세운 목표에 도달하기 위해 과감하게 행동하고, 그 상황에 민첩케 대응하는 것,

계(戒)는 신중하게 일을 처리하는 것,

약(約)은 형식적인 규율을 폐지하고 행정 처리와 지휘 명령 계통을 간소화하는 것.

중국의 주자는 지도자의 덕목을 이렇게 말한다. 관대하면서 엄격할 것, 부드러우면서 매듭을 잘 지을 것, 꾸밈이 없으면서 공손할 것, 능력이 있으면서도 조심할 것, 점잖으면서도 속이 단단할 것, 자신에게 정직하면서 타인의 흠을 들추지 않을 것, 대범하면서도 세밀한 것을 볼 수 있을 것, 적극적이면서도 문제를 바르게 볼 것, 용기와 신념을 가지고 있으면서도 만용을 부리지 않을 것이라고 한다. 오자와 주자의 이런 주장은 주로 지도력과 관리력의 종합이라고 보아야 한다.

이 시대의 미래학이나 조직 및 경영학에서는 지도자의 능력을 지도력과 관리력의 통합으로 보고 있다. 즉 지도력은 주로 인격, 비전적인 능력으로 보고 관리력은 실력의 차원에서 본다. 최근에 서점가에 출판되고 있는 지도력 관련 도서를 찾아보면 모두 기업의 최고 경영자(CEO)나 경영학자들이 저술하고 있다. 이러한 추세는 지도력과 관리력이 통합된 사람들이 훨씬 더 탁월한 지도자가 된다는 점을 보여주는 증거이다. 경영자들의 경우 기업을 운영하는데 필요한 최하위 조직에서부터 성장했기 때문에 관리력을 가지고 있는 사람들이다. 거기다가 최고 지도자라는 직위를 갖게 되면서 이 두 가지를 통합할 수 있게 된 것이다. 지도력과 관리 능력을 동시에 소유한 자만이 대중들에게 좋은 리더로 인정받게 된다.

리더

22. 리더는 원수를 사랑한다

기독교인의 영성이 무엇인지 알고 싶다면 예수님에게 물어야 한다. 예수님의 말씀은 그의 제자들에 의해 가르침이 전수되고 또 전달되어 왔다. 전달받은 제자들과 후예들은 스승의 가르침을 배우고, 외우고 또 해석하며 적용한다. 예수님의 가르침을 받은 제자들은 성경을 기록하였다. 제자들의 후예는 기록된 성경을 연구하고 해석하고 또 적용하려 하였다. 이 과정에서 상황 이해와 개인의 욕심에 따라 왜곡이 일어날 수 있다. 진리의 변질이 나타날 수도 있다. 그래서 진리를 추구하는 사람들에 의해 최선의 뜻을 추구하고 또 알아가려는 노력은 오늘도 끊임없이 진행되어지고 있다. 기독교 진리를 예로 들어보자.

기독교의 중요한 상징은 십자가이다. 십자가는 사랑의 증거를 보여준다. 자신을 죽이는 원수들 앞에서 원수의 죄를 용서하는 모습이 바로 사랑의 극치이다. 예수님의 진리를 말하면서 십자가를 제외할 수 없다. 예수님의 십자가는 자신을 믿는 백성들과 믿지 않는 자들에게까지 주어진 사랑의 선물이다. 예수님이 처음부터 끝까지 가르쳤던 말씀의 핵심은 바로 사랑을 행하는 데 있었다. 예수님은 항상 자신의 소원이 하나님 아버지의 소원과 같다고 하셨다. 아버지의 뜻은 형식적인 제사 제도의 이면에 담긴 사랑의 진리, 곧 긍휼을 베풀며 사는 것이다. 예수님은 우리에게 하나님의 거룩하심처럼 거룩하라고 하였다.

예수님에게서 아주 특별한 것은 원수를 사랑하라는 가르침이다. 원수를 사랑하는 사람은 하나님의 아들이라고까지 말한다. 예수님은 원수를 사랑할 수 있는 사람은 온전한 사람이라고 말한다. "나는 너희에게 이르노니 너희 원수를 사랑하며 너희를 핍박하는 자를 위하여 기도하라 이같이 한즉 하늘에 계신 너희 아버지의 아들이 되리니… 너희가 너희를 사랑하는 자만을 사랑하면 무슨 상이 있으리요 세리도 이같이 아니하느냐 또 너희가 너희 형제에게만 문안하면 남보다 더 하는 것이 무엇이냐 이방인도 이같이 아니하느냐 그러므로 하늘에 계신 너희 아버지의 온전하심과 같이 너희도 온전하라"(마 5:44-48). 심지어 원수를 사랑하면 하나님의 아들이 될 것이라고 말한다(눅 6:35).

리더

위의 제시된 성경 말씀은 기독교인의 행동이 어떤 특징을 가져야 하는지 보여준다. 즉 믿는 사람들은 믿지 않는 사람들과 어떻게 구별되는지를 보여준다. 만약 누가 당신에게 "그리스도인은 어떤 사람인가?"라고 질문한다면 무엇이라고 대답할 수 있을까? 예수를 믿는 사람이라고 말하는 것은 말의 반복에 불과할 뿐이다. 이것은 마치 "국회의원이 어떤 사람입니까?"라고 질문하면 "국회의원으로 당선된 사람입니다"라고 대답하는 것과 똑같다. 좀 더 명확하게 대답하려면 내가 어떤 사람인지를 명확히 보여줄 수 있는 말을 해야 한다. 내가 어떤 꿈을 가지고 있으며, 무엇을 좋아하며, 어떤 위치에 있으며, 어떤 일을 하고 싶은지, 어디에 사는 누구라고 말할 수 있어야 한다.

기독교 진리의 가장 중요한 특징은 '서로 사랑하는 것'이다. 그러나 서로 사랑하는 것이 상식의 차원을 뛰어넘는다. 왜냐하면 예수는 자기들끼리 사랑하는 것을 이방인, 죄인, 강도도 하는 일이라고 했다. 우선적으로는 같이 사는 사람들끼리 서로 사랑해야 하지만 그것이 원수를 사랑하는 것으로까지 확대되어야 한다. 물론 원수를 사랑하는 것은 쉬운 일이 아니다. 그러기에 원수를 사랑하는 사람에게 하나님의 아들이 될 것이라고 선언하셨다. 원수 사랑이 쉬운 일이 아니지만, 원수를 사랑하겠다고 다짐하는 것은 가능하다. 어떤 사람들은 이 다짐마저도 거부한다. 나는 절대로 원수를 사랑할 수 없다고 우기는 사람은 예수의 가르침을 거부하는 것이다.

그리스도인의 생활의 독특성은 비 그리스도인이 가지고 있는 삶의 특성과는 다른 것이어야 한다. 원수를 사랑하는 것은 다른 어떤 것보다 중요한 것이며 다른 것들과 대비되는 개념이 아니다. 그리스도인의 독특성은 예배를 드리는 것, 기도하는 것 혹은 금식을 하는 것, 성경을 읽는 것, 전도를 하는 것, 술과 담배를 하지 않는 것들이 있지만 이것은 다른 종교나 도덕 혹은 가르침에도 있다. 이런 것들은 어떤 종교집단에도, 무신론자에게도, 일반사회 집단에든지 얼마든지 있다. 그리스도인의 거룩성, 선민성이 구분되는 것은 다름이 아니라 바로 원수 사랑의 결단과 실천에 있는 것이다.

원수 사랑은 기독교 신앙의 출발점에 있다. 우리가 꼭 기억해야 할 사실은 예수의 원수를 사랑하라는 가르침이 우리의 신앙이 성숙의 경지에 이르러서 지켜져야 하는 것이 아니라 신앙의 초기부터 내려야 하는 결단이라는 사실이다. 원수를 사랑하라는 명령은 사실 예수님이 원수가 되었던 나를 먼저 용서하였기 때문이다. 즉 원수 사랑의 결단과 실천은 예수가 나를 구원하심에 대한 믿음에서 생기는 감사와 헌신의 결과이지 나의 도덕성과 윤리성에서 시작되는 것이 아니다. 원수를 사랑하는 것은 믿음의 선물이다. 그래서 기독교인의 사랑은 자랑이 될 수 없다. 왜냐하면 사랑이 선물이었기 때문이다. 사랑을 선물로 주신 그분이 우리에게 원수를 사랑하라고 명령하신다. 이미 원수를 사랑하는 능력을 주셨기 때문이다. 그러므로 내가 원수를 용서할 수 있는 능력은 하나님께 용서를 받았다는 증거이기도 하다.

기독교 최고의 덕목은 원수 사랑이다. 원수 사랑이라는 예수의 가르침은 유전이나 전통과 구분되어야 한다. 전통과 유전은 그 시대의 유산이므로 예수님의 가르침이라는 거울을 통해 오늘에 맞게 수정되어야 한다. 원수 사랑이라는 그리스도인의 최고 명령을 수많은 다른 유전과 전통처럼 취급한다면 그는 하나님의 가치를 인간의 가치로 끌어내리는 것이다. 왜냐하면 바리새인들이 유전을 가지고 하나님의 법을 어길 때 예수님은 그들을 향해서 너희가 인간의 유전을 가지고 하나님을 모독한다고 했기 때문이다. 인간의 법을 하나님의 법의 자리에 앉히는 것은 얼마나 무서운 일인가? 이것은 무지하거나 교만하기 때문에 할 수 있는 일이다.

왕과 신하가 함께 있다고 가정하자. 왕이 신하들과 함께 있다고 해서 왕을 신하로 대하면 안 된다. 만약 누군가가 신하와 함께 있는 왕을 신하와 같은 수준으로 대우한다면 그는 왕을 모독하는 불경스러운 사람이 되고 말 것이다. 신하가 다스리는 집에도 법이 있고, 왕이 다스리는 국가에도 법이 있다. 왕이 종을 보내서 신하의 집에 갔을 때 신하는 자신의 법대로 그 종을 다스리지 못한다. 왕의 종이기 때문이다. 만약 신하가 자기 마음대로 왕의 종을 다스리면 그것은 반역죄에 해당된다. 예수님의 원수 사랑 가르침과 인간의 전통이 함께 있다고 해서 같은 것이 아니다. 하나님이 주신 진리를 우리의 삶에 필요한 법의 수준으로 끌어내리는 것은 하나님을 모독하고 무시하는 일이다. 그것이 무지가 되었든지 자만이 되었든지 그처럼 하나님의 존재를 무시하는 이 사람은 결코 좋은 리더가 될 수 없다.

리더

23. 리더는 원수를 용납할 줄 안다

커뮤니케이션의 문제점을 파악하는 방법이 있다. 어른들은 유치하게 생각할지 모르지만 "언어 전달 놀이"를 해보면 된다. 이 실험은 전달해야할 문장이 길수록, 전달하는 사람이 뒤로 갈수록 그 문장의 왜곡이 심해진다는 것을 알 수 있다. 간단한 놀이의 짧은 메시지도 몇몇 사람과, 몇 분이라는 시간차와 전달하는 사람의 능력의 차이에 의해서 왜곡이 일어난다면 위대한 진리들이 어떻게 바뀔 수 있는지 상상해 보자. 의사전달의 과정상 왜곡이 심해지면 본래의 취지와 의도와는 상관없는 결과물을 낳게 된다.

커뮤니케이션의 문제점이 발견되듯이 역사가 흐르면서 위대한 스승들의 교훈도 왜곡된다. 인간은 각자의 취향과 사상적 동

135

의에 따라 종교적, 사상적, 학문적, 정치적인 스승들을 따르고 존경한다. 그 많은 스승들 가운데 종교나 도덕적인 스승들의 교훈은 모든 이야기가 항상 왜곡되는 것은 아니지만 타 분야의 스승들의 교훈보다 왜곡이 심하다. 그 이유는 역사 속에서 중요한 가치나 종교적 진리가 전달되는 과정에서 각자의 필요에 따라 아전인수식의 해석을 하고, 자신의 정당성을 확보하기 위해 사적으로 활용하면서 왜곡의 현상이 나타났기 때문이다. 그러므로 역사에 전달된 메시지가 오늘 나에게 와 있다고 해서 그것이 무조건 옳다고 생각하면 큰 오산이다.

인류의 빛인 예수님의 가르침을 예로 들어보자. 그 가르침에 충실하기 위해서는 2,000년 전에 가르친 메시지의 현장으로 가보아야 한다. 그리고 더 깊이 그의 가르침을 이해하려면 그 가르침의 원천을 찾아 거슬러 올라가야 한다. 그래서 언제인지 인간의 시간으로는 측정이 불가한 창조시대나 4,000년 전의 아브라함과 3,500년 전에 모세로부터 전달된 메시지의 핵심을 먼저 파악해야 한다. 이런 과정을 거치지 않고는 예수님의 가르침에 충실할 수 없다. 모세의 가르침이 예수님의 시대에 이르기까지 얼마나 많이 왜곡되었으며, 그 왜곡의 결과 수없이 많은 소외된 사람들이 이단으로 정죄하고, 마귀의 집단으로 만들어 아까운 생명들이 악의 제물로 사라져갔다는 사실을 알아야 한다. 아브라함에게 교훈하신 절대자의 명령과 모세에게 교훈하신 그분의 마음은 예수님께 나타났을 때 비로소 본질이 드러났다. 그것이 아버지의 뜻이었다.

예수님은 율법을 부정하거나 범하지 않았다. 오히려 율법을 완성하고 율법의 본래 의미를 강조하셨다. "내가 율법이나 선지자나 폐하러 온 줄로 생각지 말라 폐하러 온 것이 아니요 완전케 하려 함이로다"(마 5:17). "나는 자비를 원하고 제사를 원치 아니하노라 하신 뜻을 너희가 알았더면 무죄한 자를 죄로 정치 아니하였으리라"(마 12:7). 법을 지키지 못한 자들의 처벌이 아니라 법의 울타리를 통해 그들을 보존하시려는 절대자의 사랑의 의도가 예수님이 아니었으면 영원히 왜곡되어 나타났을 것이다.

지금 우리가 하고 있는 모든 행동이 본질에 근거한 행동이라고 확신하고 있지만 실상은 역사의 흐름과 인간의 커뮤니케이션의 한계에 대한 무지이다. 우리의 무지는 언어의 한계 안에서의 무지이기도 하지만, 훌륭한 사람이 보여주는 사랑과 나눔의 행동속에 들어 있는 위대한 뜻을 바라보지 못하는 무지이기도 하다. 사람들은 훌륭한 사람들이 가난한 사람들과 같이 살아 갈 때 '얼마나 힘이 들까'라고 말한다. 프란시스와 같은 사랑의 사람을 보고 '꼭 저렇게까지 해야 할까?'라고 표현한다. 우리의 무지는 옳은 것도 보면서도 알아보지 못하고, 옳은 말을 들어도 이를 제대로 이해하지 못하는 무지이다.

역사적으로 문제가 심각하거나 혼란스러울 때 늘 하는 말이 있다. "본질로 돌아가자", "고전으로 돌아가자", "경전으로 돌아가자", "성경으로 돌아가자"고 한다. 이는 종교의 경전에, 즉 스승들의 가르침에 인류문제 해결의 열쇠가 있음이 감추어져 있기 때문이다. 아전인수식의 해석만 아니라면 아무리 난해한 이야기도, 깊은 생각을 통해야만 깨닫는 진리가 있다. 이것을 잘 전달하려면 자신이 들은 교훈을 주제 중심으로 요약하여 기억하면 스승의 의도를 후세들에게 비교적 진실하게 전달하기에 용이할 것이다.

인류사와 함께한 모든 종교 지도자들의 가르침에는 전 인류가 사랑과 평화로 안녕을 바라는 마음이 들어있다. 그러나 그 스승들의 가르침은 정치적이고 종교적인 권력자들에 의해 철저하게 왜곡되었다. 스승의 의도보다는 자신들이 정치 권력을 유지하는 일과 경제적 이익을 지속할 수 있는 주장의 정당성을 지키고, 합리화하는 근거를 확보하려 했기 때문이다. 가장 순수해야 할 종교 영역에 스승들의 가르침조차도 위배됨을 알면서도 스승들의 정신을 지킨다는 미명하에 권모술수가 등장한 것이다.

급기야 그 종교의 교리는 타인을 사랑할 수 없고, 동족이나 형제까지 공존할 수 없는 원수로 규정하는데 사용할 수도 있다. 그 종교의 교리는 이제 적들을 용납할 수 없을 뿐 아니라 그들 자신을 지키기 위해 형제를 죽이는 전쟁을 불사하는 살인무기로 둔갑

리더

했다. 이 때 또 다시 원수 사랑의 진리가 기억된다.

이미 언급한바와 같이 원수를 사랑하기란 결코 쉬운 일이 아
니다. 원수를 사랑하기 전에 원수에 대한 규정이 바뀌어야 한다.
소설이나 만화에 등장하는 부모형제를 죽인 천륜을 저버린 원수
들이 현실에서도 비일비재하다. 그러나 범인류적으로 볼 때 가장
큰 원수의 생산은 종교와 이데올로기이다. 경제적 이데올로기는
경제적 평등으로 해결이 가능하다. 그러나 종교적 이데올로기는
상대방을 죽이지 않으면 끝나지 않는 싸움이다. 세계는 민족적
분규도, 국가적 문제도 교묘하게 종교 문제로 포장되어 있다. 사
무엘 헌팅턴이 말하는 문명의 충돌이 좋은 예이다.

종교 문제로 포장되어 있는 민족 분규와 국가적 이해관계를
분명하게 분리시켜야 한다. 이런 혜안을 가진 리더가 필요하다. 경
쟁자는 있되 원수는 없어야 한다. 심리적 유산에 의해 원수맺는
일을 멈추어야 한다. 그리고 경쟁자와 공존하는 방법을 취해야 한
다. 원수를 생산하지 않는 사상적 운동이 물결처럼 확산되어가야
한다. 정의를 세워야 하지만 사람을 죽일 필요는 없다.

공의가 강물처럼 흘러야 하지만 사랑마저 버릴 필요는 없다.
사람을 세우기도 어렵지만 버리기는 더 어려워야 한다. 원수를 사
랑하는 리더는 인류 누구라도 모두를 유익한 스승으로 여기는

관용이 있어야 한다. 내가 이제부터 원수를 사랑하겠다고 결단했다고 해서 원수를 사랑할만한 능력이 있는 것은 아니다. 원수 사랑은 그만큼 어려운 일이기 때문이다. 원수 사랑은 감정과 이성을 초월한 신비한 사랑이기 때문이다. 그러나 원수를 사랑하려는 결단이 있기 전에는 원수를 사랑할만한 능력이 생겨나지 못한다. 원수를 사랑하라는 가르침을 듣고 결단했을 때 원수를 사랑하는 행동으로 나아간다. 리더는 원수를 사랑하겠다는 결단부터 있어야 한다. 그리고 원수를 사랑하는 행동이 있어야 한다. 자기를 배척하는 사람이라도 용서하고 포용하는 사랑을 함으로써 리더의 모습을 보인다. 리더는 원수를 사랑하는 사람이다.

24. 리더는 고난을 통해 원수 사랑을 배운다

　　원수 사랑은 모든 가르침보다 우선순위에 두어야 한다. 이것이 그리스도인의 완성이라고 인식해야 한다. 바로 여기에 그리스도를 닮은 사람이 되는 길이 있다. 바울과 어거스틴, 프란시스와 테레사와 같은 훌륭한 사람들이 나타날 가능성이 있다. 그러므로 우리는 원수 사랑의 가르침을 최고 우위에 두어야 한다.

　　옷이 날개라는 말이 있다. 멋진 옷을 입으면 그만큼 멋진 사람으로 보인다. 우리는 본래 죄인이었다. 그런데 하나님이 우리에게 의의 옷을 입혀주셨다. 그리고 우리에게 원수를 사랑하는 위대한 가르침을 실천하게 하셨다. 원수 사랑이라는 의의 옷을 입고 살게 하셨다. 우리의 삶에서 원수 사랑을 실천할 때 그동안 말로만 했던 영성이 아니라 실천하는 영성으로 나타나고, 우리의 영성이 강하게 될 것이다.

　가장 위대한 교육과 선교는 원수를 사랑하는 삶에서 확증된다. 이것은 교육과 선교를 위해서 원수를 사랑하는 것이 아니라, 원수를 사랑하는 모습에서 교육과 선교의 진실을 보일 수 있게 된다. 원수를 사랑해야 한다고 배웠기 때문이 아니라, 내가 원수를 사랑하는 사람이 되었기 때문에 원수를 사랑하게 된다. 원수를 사랑하는 사람이 되었다는 것은 앞에서도 말했지만 실천할 수 있는 능력을 모두 갖춘 상태가 아니라 결단의 상태를 말한다. 바로 이것이 하나님이 원하시는 선교이다. 이것은 세상에 빛을 보여주는 것이다. 우리의 모든 기도가 하나님의 의를 구하는 것이라면 그 의가 바로 원수를 사랑하므로 하나님의 나라를 이루는 것이다.

　기독교인의 영성이 '이웃 사랑'에서 시작하여 '원수 사랑'으로 나아갈 때 비로소 세상의 빛으로서 역할을 할 수 있다. '서로 사랑'은 믿는 사람들이 하나 되는 것이지만 '원수 사랑'은 모든 하나님의 백성과 온 피조물이 하나 되는 것이다. 예수님의 마지막 부탁이 하나 되는 것이라면 그리고 다음 세대의 사람들이 이전의 사람들과 하나가 되어야 한다면 우리의 영성은 '원수 사랑' 안에서 완성될 수 있을 것이다.

기독교의 영성의 핵심은 원수 사랑에 있지만 그 영성에 도달하기 위해서 먼저 거쳐야 할 일이 있다. 좋은 리더를 목표로 삼은 우리가 원수 사랑의 영성, 곧 예수님의 십자가의 영성에 도달하기 위해서는 다섯 가지 과정을 철저하게 학습해야 한다. 그것은 다음과 같다. 하나님과 관계 형성, 진리에 대한 이해, 진리의 실천, 진리 실천의 평가, 고난의 적극적인 수용이 그것이다.

먼저 하나님과의 관계가 형성되어야 한다. 하나님과 관계가 형성되면 그리스도의 가르침을 받는다. 그래서 기독교 영성의 출발점은 하나님과의 관계 형성에서 시작하는 것이다. 하나님과 관계를 형성한다는 것은 삼위일체적이다. 그리스도를 통한 하나님의 존재에 대한 믿음, 하나님이 인간을 용서하기 위한 통로로서 보내신 그리스도에 대한 믿음, 우리의 삶을 도우시는 존재로서 성령에 대한 믿음에서 비롯된다. 이 관계 형성이 없이는 그리스도의 가르침을 따르지 못한다.

그리스도의 가르침은 변화이다. 습관대로 살면서 편안하고 거리낌 없던 행위를 새롭게 하는 것이다. 이 과정에서 아픔이 따른다. 축적해 두었던 내 소유를 찢어 나누는 것이 어떤 이들에게는 아픔이기도 하다. 그러므로 하나님과의 관계는 하나님의 뜻을 따르는 과정에서 인간적인 아픔을 경험한다. 이 아픔을 통해서 원수 사랑의 의미를 깊이 깨닫게 된다.

진리의 실천은 주로 생활에서 이루어진다. 특별히 공동생활은 진리의 실천을 깊이 경험하게 한다. 진리의 내용이 사랑에 있기 때문에 공동 생활은 실천의 중요한 장이 된다. 함께 산다는 것 자체만으로 그동안 배우지 못했던 이타적 사랑의 중요성에 대한 동기를 얻게 된다. 또한 자신의 이기성과 무기력, 무의지성, 사랑의 실천에 대한 한계성을 공동 생활 속에서 경험할 수 있다. 공동 생활을 좀 더 효과적으로 진행하면 진리의 실천은 훨씬 효율적인 학습이 될 수 있다.

진리 실천의 평가는 자기평가와 타인평가로 이루어진다. 자기평가는 내면의 양심에 기준한 느낌과 생각의 평가이고, 타인평가는 외면의 행위를 중심으로 한 평가이다. 이 평가를 통해 형제, 동료, 리더가 경험한 바를 상호간에 알려주어 자신의 본래 모습을 볼 수 있도록 한다. 이를 위해서 가능한 자기평가를 꾸준히 하게 해야 한다.

그러므로 고난의 적극적인 수용을 신앙 초기에서부터 가르치는 것이 좋다. 고난을 기쁨으로 수용하는 것은 예수님의 십자가를 자신의 것으로 수용하는 것이며, 자신의 죽음을 받아들이는 것을 의미한다. 고난 없는 영광이 없다는 것에 대해서 배우기는 하지만 훈련이 없으면 막상 삶에서 실천하기 어렵다. 이를 위해서 절제와 희생 그리고 학습의 고난을 극복해야 한다.

PART FIVE

종교의 리더십

인도의 성자 썬다싱의 전기 중에 이런 이야기가 있다.
눈보라가 몰아치고 심히 추운 어느 날 썬다싱이 히말라야 산길을 걸어가고 있었다.
얼마를 걸어가다보니 한 사람이 길가에 쓰러져 있었다. 손과 발이 다 얼었는데
가슴을 짚어보니 아직 온기가 남아 있었다. 마침 그 때 승려 한 사람이 그 길을
지나가고 있었다. 썬다싱은 그 승려를 붙들고 부탁을 했다.
"이 사람을 그냥 내버려두면 얼어 죽게 생겼으니 우리 함께 업고 갑시다."
그러나 승려는 거절하며 발 길을 재촉했다.
"나도 죽게 생겼는데 언제 다른 사람을 돌아볼 수 있습니까?"
썬다싱은 차마 쓰러진 사람을 그냥 놔 둘 수가 없었다. 썬다싱도 약한 몸이지만
얼어 죽어 가는 사람을 들에 둘 수 없었다. 눈보라가 치는 히말라야 산길을 넘어갔다.
썬다싱이 넘어지고 쓰러지면서 악전고투 끝에 히말라야 고개를 간신히 넘었다.
고개 아래 어떤 사람이 길 가에 쓰러져 죽어 있었다. 그런데 의복을 입은 것을 보니
얼마 전 혼자 살겠다고 먼저 지나간 바로 그 승려였다.
썬다싱과 환자는 서로 온기를 나누며 생명을 보존해서 산을 넘을 수 있었다.

종교를 가졌어도 리더는 다르다.

25. 리더는 다른 이를 위해 자기를 비운다

불교의 세계관은 세상과 인간을 고통의 덩어리로 보기 때문에 모든 것이 헛되다는 허무주의적 세계관이다. 세상의 종극은 헛 것이기 때문에 종말론적인 구원은 없는 것이다. 심지어는 천륜과 인륜의 인간관계도 허무할 뿐이다. 그러므로 세속의 권력과 명예와 부요에 대한 욕심을 버리고 자비를 행함이 해탈에 이르는 길임을 설법한다. 여기 해탈은 고통을 느끼지 않는 단계 즉, 고통의 종식을 의미한다. 또 이것을 깨닫는 것이 부처 즉, 깨달은 자가 되는 길이다. 그러므로 불교는 사람이 모두 부처가 될 수 있다고 주장한다. 그러나 인간은 부처가 될 수 없다. 깨달았다고 고통이 다 끝나는 것이 아니기 때문이다. 그리고 부처를 신이라 칭한다면 깨달은 인간이라도 신이 될 수 없기 때문이다.

리더

필자는 불교의 리더십 유형에 대해서는 사적인 견해임을 밝혀둔다. 불교의 창시자 석가의 리더십을 한마디로 정리할 수 없다. 석가는 인간의 생로병사의 과정에 대한 의문을 깨우치려 했었다. 그는 고행과 인간의 권리는 누구도 차별될 수 없다는 평등사상을 갖고 있었으며 카스트 제도에 얽매인 힌두사상의 불합리를 해결하고자 고뇌하고 실천하였다. 그는 세속의 편리함이 아무 것도 아님을 깨달았다.

세상의 많은 리더들이 있다. 사회 각 분야에서 현존하는 리더도 있고 이미 이 세상 사람이 아니지만 살아 있을 때 보다 더 큰 영향력을 발휘하고 있는 리더들도 있다. 역사 속에서 꾸준히 영향력을 발휘하는 리더들이 있다. 살아 있을 때보다 이후에 더 큰 영향력을 발휘하는 리더들의 대부분이 종교적 리더이다. 종교적 리더들이 가진 리더십의 특징은 그 종교의 교리에 반영되어 있다. 종교마다 인간을 구원하고자 하는 대의를 갖고 있지만 그 방법론은 각각 다르다. 그것은 세계관의 차이이며 인간을 어떻게 보는가의 '인간론' 의 차이이다.

그러면 불교 교리에는 어떤 리더십 유형이 나타나있을까? 자비사상으로 대별되는 불교는 그 중심사상이 공(空)사상이다. '空'은 문자적으로 '아무것도 없다. 내실이 없다. 쓸쓸하다. 헛되다' 의 뜻을 가지고 있다. 불교에 의하면 공허한 세상에 사는 인간은 고난의

147

덩어리들로 구성되어 있다. 고난의 이유는 욕심이다. 그러므로 인간은 그 궁극적인 목표인 '해탈'에 이르기까지 욕심을 멸해야 한다. 욕심을 멸하기 위해 도를 깨닫고, 여덟 가지 바른 일을 행해야 한다. 인간은 생존과 소멸을 반복 즉, 윤회하면서 고통의 문제로부터 벗어난다. 석가는 인간의 고난에 대하여 고뇌하면서 스스로 권력의 자리를 버렸다.

나는 이것을 버림의 리더십이라 부른다. 석가는 버림으로써 인간의 참되고 궁극적인 깨달음에 이르는 길을 제시하였다. 그러나 여기에 모순이 있다. 다 버렸고 더 이상 얻을 것이 없으니 허무주의가 되고 만다. 버림의 리더십이라 하지만 극단적으로 가면 허무주의가 된다. 그리고 불교의 최고 정신인 '자비'는 어떤 차별이 있다는 것을 전제로 한다. 즉 우월주의적 관점이 있는 것이다. 왜냐하면 사랑을 베풀 대상이 나보다 못해야 하기 때문이다. 자비는 도와야 할 대상을 불쌍히 여기는 것, 슬픔의 관점에서 바라보는 것이다. 경제적 불평등, 지식적 불평등, 건강의 불평등이 없으면 자비 사상은 의미가 없다. 영적으로는 아직도 깨닫지 못해 욕심에 차있는 인간들에게 베풀어야 할 모든 것이 자비심이다. 해탈한 사람은 자비심을 가진 사람이고, 자비심을 실천할 때 해탈한다. 이런 측면에서 불교는 철저하게 자력 구원의 종교이다. 선행을 베풀지 않는다면, 세상에서 선한 업을 쌓지 않으면 누구도 고통의 세계를 벗어나 이상세계에 이를 수 없다. 자기 수행의 철저한 행동

리더

만이 자기를 궁극의 목표점에 다다르게 할 수 있다. 결국은 이타
적 리더십이 아니라 자기 구원의 리더십이 불교의 리더십이다.

좋은 리더는 다른 이를 위하여 땀 흘림을 기본으로 한다. 땀
흘림의 동기가 무엇인가가 문제이다. 자기만의 구원을 위하여 흘
리는 땀방울은 의미가 없다. 결국 모든 선한 일이 자신을 위해 하
는 일이 되기 때문이다. 근래 승려들의 시위의 모습들을 보면 참
아이러니하다. 그들이 무엇을 요구하는가? 자신들이 주장하고 수
행하고 있는 사상과 교리로 보았을 때, 모든 것이 헛되고 허무한
세상에서 무엇을 더 얻기 위해 일반 대중들의 세속적인 목적을
달성하기 위한 수단을 선택하기 때문이다. 자기 교리에 대한 불신
이거나 자기 수행의 부족함을 드러내는 것이 아닌가 싶다. 오히려
시위자들에게 고집멸도의 깨달음의 방법과 여덟 가지 정도의 실
천법을 가르쳐야 되지 않겠는가?

좋은 리더는 자기 비움이 선행되어야 한다. 그러나 자기 비움
의 목적이 무엇인가가 중요하다. 교리가 화려하고 합리적이라 해
도 삶의 방향성과 세계를 바라보는 관점과 인간에 대한 관점이
교리와 리더십의 유형을 결정한다. 불교의 리더십은 합리적인 듯
하면서도 불합리하고 인간들에게 감동을 주는 것 같지만 그 중
심을 찾아 들어가 보면 허무한 사상의 끝을 볼 수 있다. 표리부동
하거나 양두구육은 결코 아니지만 빛 좋은 개살구 같은 씁쓸함

이 베어난다. 필자는 불교의 교리에 대한 지식이 일천하다. 그래서 사견임을 먼저 밝혀둔 것이다. 불교가 서적 몇 권으로 분별될 수 있는 종교는 아니다. 그러나 합리적 설득을 요구하고 있는 리더십을 연구하는 사람이 포교적 입장에서 볼 때 불교의 자력 구원을 위한 고행적 선행 리더십이 개인의 궁극적인 목표 달성으로 귀결된다는 것이 못내 아쉽다.

26. 리더는 소통함으로 미래를 열어간다

　　우리나라의 전통적인 정신구조를 보면 불교와 유교와 무속의 문화적 요소가 대부분이다. 특히 조선의 중심 체제는 유교에 의한 한국적 계급사회로 사, 농, 공, 상과 이에 미치지 못한 노비들과 백정들로 구성되었다. 어찌 보면 힌두교의 카스트 제도와 비슷하다. 이런 제도는 유교적 신분사회의 기조인 가부장 제도와 군사부일체를 유지하는 기둥이라 할 수 있다. 전재혁이라는 분은 이것을 당시 충효(忠孝)사상이 강조되었다고 한다. 가정에는 절대 가장, 국가에는 절대 임금만 있다. 백성들은 절대적인 권력에 순종해야 했다. 이러한 유교적 리더십 모델의 가장 중요한 특징은 철저한 1인 체제를 중심으로 한 사람의 리더에게 모든 힘과 권한을 부여하게 되는 결과를 낳았다. 이것은 아이러니하게도 공자의 인(仁)의 정치와 반대의 결과를 낳았다.

유교의 창시자인 공자는 소유의 통치를 주장했던 법가 사상의 한비자와 달리 1인 통치를 반대하며 절대 권력의 소유화로 인한 부조리를 예견하고 그것을 해결할 수 있는 길은 백성과의 대화수단인 말의 정치, 즉 '소통의 정치'를 표방했다. 그 상징적인 이야기가 순임금을 임금되게 한 수리 대책이다. 당시 가장 유력한 임금 후보는 곤이라는 사람이었다.

그러나 홍수방비에 실패함으로 순에게 임금 자리를 내주게 되었다. 곤의 정책은 댐처럼 물길을 막아 홍수를 막아보려 했고, 순은 운하처럼 물길을 열어 홍수를 예방하는데 성공했다. 배병삼이라는 분은 그의 논문에서 "유교의 정치는 '말의 정치'라고 한다. '말'은 '물'과 같다. 말을 막으면 소통이 막히고 말문을 열어놓으면 소통이 된다. 유교의 인(仁)이란 말의 정치로 백성과 소통해야 한다. 그러나 다변(多辯)과 과장(誇張)을 조심해야 한다. 소통은 먼저 겸손하게 경청해야 되며, 둘째는 상대방을 이해하고, 다음은 횡적 인간관계를 갖게 하는 길이다. 그래서 '순'이 머무는 곳은 도시가 형성될 정도로 그는 소통할 줄 아는 리더였다. 소통하는 사람이 좋은 리더로서 성공할 수 있다"고 유교의 소통의 리더십을 이야기한다.

공자는 좋은 리더의 방법을 묻는 제자에게 충서(忠恕)사상을 기본으로 설파한다. '충'은 성찰을 통한 자기점검이다. '서(恕)'는 용서의 개념보다 상대방을 '깨닫다, 헤아려 동정하다. 밝히 알게 된다.'는 것으로 나를 먼저 점검하고 그 후에 상대방을 이해하는 과정을 '충서'라 일컫는다. 이는 소통의 기본이다. 나의 부족함, 완벽하지 못함을 근거로 상대방을 대하는 자세를 가졌다면 누구든지 그를 리더라고 생각할 것이다.

유교의 리더십을 한마디로 말할 수 없다. 하병국이라는 분은 '경(敬)'과 '성(誠)'을 유교 리더십의 기본으로 보고 있다. 몸을 낮추는 공(恭), 마음을 낮추는 경(敬)의 자세와, 진실과 성실과 정직의 성품인 성(誠)을 가진 사람이 좋은 리더가 될 수 있다고 주장한다. 공경하는 자세와 성실한 자세는 오직 수신(修身)으로써 가능하다.

유교의 정치이념은 사람 사이에 흐름이 가정, 사회, 국가의 억눌림과 막힘의 기운을 통하게 하는 것이다. 좋은 리더의 역할이 바로 이런 것이다. 그래서 맹자는 "물은 낮은 곳을 채운 후 다른 곳으로 흐른다"며 낮은 자들의 아픔을 치유하고 필요를 채우는 충서의 소중함을 주장하고, 순자는 "물은 백성과 같고 군주는 물위에 떠 있는 배와 같다"고 주장하며 물을 거스리는 배의 존재에 대해 교훈한다.

이와 같이 유교가 주장하는 리더들의 소양은 소통을 위해 경청함으로 공공성을 확보하고, 상호간 이해하며, 실천을 통한 배려하는 것이다. 이렇게 하여 상호연대가 생겨나면 신뢰의 통치가 가능하다는 것이다. 그러나 유교가 우리에게 미친 잘못된 영향도 있다. 특히 여성들에 대한 편견, 젊은이들에 대한 복종의 윤리를 강조하며, 절대 권력에 대한 충성을 부모에 대한 효로 연결하여 강조함으로써 억압적 지배 구조를 형성하게 되었다. 누구나 차별 없는 사회를 건설함이 유교의 목적임에도 불구하고 오히려 신분사회를 고착화시키는 결과를 가져온 것이다. 결국 유교의 리더십은 현실성을 무시한 이상주의적 리더십이다. 성형들의 가르침을 왜곡하여 해석하고 정치 권력의 비합리성과 비정당성을 확보해주는 결과를 낳은 것이다. 또한 우리에게 유교는 하지 말아야 할 일에 대해 강조함으로 비판적이고 부정적인 금기의 사고방식을 심어주었다.

유교적 리더의 상징성은 매를 들고 서있는 서당 선생님으로 통한다. 물론 우리가 잘되기를 바라는 마음이 따뜻한 선생님이시지만 잘못 행동하면 매를 맞아야 하는, 실수를 두려워하는 제자들의 두려움, 실수를 할 경우 어떻게 해결해야 할지 모르는 수동적인 사람을 만들 가능성이 있다. 현대의 리더십의 특징은 모험과 도전이다. 세계와 민족의 안녕과 평화를 위한 새로운 세계를 구축하는 것이다. 새로운 희망의 세계를 구축하는 가슴 큰 리더를 양

육하기에 조금은 무언가 부족한 것 같은 리더십이 유교의 리더십
이라고 필자는 생각한다.

27. 리더는 자유와 평등을 개척한다

인도하면 생각나는 것이 있다. 마하트마 간디, 소, 갠지스 강, 타지마할 등과 결코 빼놓지 않고 등장하는 것이 하나 더 있다. 그것이 카스트 제도이다. 그리고 인도의 종교는 숫자에 무관하게 힌두교로 통한다. 힌두교의 교리적 특징은 모든 것을 타협하고 수용하는 다신교적 종합이 그것이다. 그래서 3억 3천 개의 만신전의 우상조각이 있다.

인도에서는 카스트 제도의 규율을 지키고 브라만을 존경하기만 하면 개인적인 신앙 형태나 그 숭배 대상에 대해서는 자유롭다. 힌두교의 권위의 기반은 카스트 제도와 브라만 계급, 승려의 권위에 있다고 할 수 있다. 그리고 또 하나는 관습의 권위이다. 인도는 "관습이 왕이다"는 말도 있다.

이 글은 힌두교의 교리를 소개하고, 또 비판하려는 것이 아니다. 다만 리더십의 관점에서 볼 때 힌두이즘이 과연 리더에게 적합한가를 말하려 한다. 리더가 가진 사고방식이 참으로 중요하다. 인간은 생각이 행동을 만들고, 행동이 습관을 만들고, 습관은 전통과 문화를 창출한다. 그러므로 동양의 이상 세계 사상이든지, 서양의 유토피아 사상이든지 궁극적으로 문화적 전통 안에서 표현되고 꽃을 피우게 된다. 그 문화의 중심에는 종교가 있다. 그러므로 리더가 가진 종교의 교리는 개인뿐만 아니라 사회적 집단과 민족의 운명을 결정하는 기초가 된다.

힌두교 교리의 특징이 관용과 타협의 폭넓은 이미지를 가지고 있기 때문에 리더십에도 그 활용 가치가 크다 할 수 있다. 그러나 힌두교의 타협과 관용은 단순히 그 단어가 가진 사전적 의미와는 다르다. 그것은 교리의 특성상 뚜렷한 숭배 대상도 없고 종교의 특성인 자유와 평등과 사랑이라는 단어들보다는 종교를 유지하는 제도적 장치로서의 카스트 제도가 더 확고한 위치에 있는 상황에서의 절대적 타협이며 조건적 수용이다. 그 조건은 단순하면서 강력하다. 예수도, 마호메트도, 공자도, 부처도, 소크라테스도 무엇을 믿어도 좋고, 다 믿어도 좋고, 아무것도 안 믿어도 좋은데 제도만은 반드시 지켜야 한다는 것이다.

무엇이나 깊숙이 받아들이는 마치 거대한 사상의 늪지대 같은 것이 힌두이즘이다. 힌두이즘과 타협이 시작되면서 외면적으로 인도를 정복했던 불교나 이슬람의 사상적 영향력은 지금 인도에서 추방당한 형편이다. 그들은 처음에는 힌두이즘의 사다리를 밟고 높은 곳에 올라갔고, 힌두이즘을 디딤돌로 하여 시내를 건너갔다. 외세적인 것들도 자연스럽게 받아들이는 순박함이 있는 것 같고, 타종교인들에 대해서도 언제나 호의적이면서 무비판적인 수용하는 것으로 보인다. 인도인들은 세계인의 종교와 문명에 대해 친구처럼 대화하고 박수쳐주는 포용력있는 사람들처럼 보인다. 그러나 결과적으로 불교의 인구는 10억의 인구 중에 30만 명밖에 되지 않는다. 이슬람으로 개종한 인도인들은 이슬람과 힌두이즘이 혼합된 종교인으로 살다가 지금은 아무것도 아니다. 그러나 여전히 힌두교의 기반인 카스트 제도 속에서 살아가고 있다.

좋은 리더가 가진 사상의 기반인 종교의 교리는 어떤 개인의 구원과 그의 입신양명이 목표가 되어서는 안 된다. 그 사람이 어떤 사상을 가지고 있는가에 따라 그를 믿고 자신들을 다스려줄 대상에 의해 기대하는 백성들의 전체의 운명이 결정된다. 세계의 스승인 마하트마 간디는 예수님의 산상수훈에서 비폭력무저항 운동의 정신을 부여받았다. 그는 "나는 예수를 존경을 하고 그를 믿고 따르지만 교회는 싫다. 기독교를 믿는 사람들이 믿지 않기

리더

때문이다"라고 했다. 힌두이즘의 대표적인 반증이 될 수 있다. 그가 구원의 주로 예수님을 받아드렸는지는 잘 모르지만 힌두교의 전통과 특성상 한 번쯤 생각해볼 만한 말이다.

힌두교가 10억의 인도인들에게 희망을 주는 종교인가? 그들은 소보다도 못한 인생을 살고 있다. 종교 교육은 무섭다. 인도에서 소는 신이 깃들어 있는 존재다. 살과 뼈, 그의 산물과 털 오라기 하나까지 신이 임재된 신성한 존재이다. 그러면서 그들은 만물의 영장인 인간들 중에 여전히 불가촉천민을 양태하고 있고, 여전히 인신제사와 2,200만이나 되는 과부들에게 희망 없는 삶이 이어지고 있고 심지어는 남편과 생매장을 당하는 사건들이 아직도 성행되고 있다. 인권의 사각지대인 것이다. 종교란 이름으로 자행되고 있는 폭력이 그것이다. 여전히 문맹률은 남성의 65%가량이다. 그러나 그들은 행복하기까지 하다. 그들이 믿는 신이 그렇게 운명을 정해주었기 때문에 지금이 삶에 대해 불만이 없다. 운명론적 신앙의 두려움을 보여주고 있다.

그러나 좋은 리더는 운명을 개혁하고 잘못된 종교적 폭력을 고치는 신앙개척론을 소유해야 한다. 사랑과 평화와 평등과 자유의 길을 알려주어야 한다. 그리고 그것을 실천하면서 대중들에게 설득력을 가져야 한다. 불교가 기원전 5세기부터 2세기까지 전 인도에 열풍을 불게 한 까닭은 무엇인가? 그것은 종교보다는 종교를 유지하는 카스트 제도에 대한 반발이었다. 고타마 싯다르타, 석가모니는 당시로서는 종교개혁자였다. 인간은 평등하다. 만약에 힌두이즘을 가진 리더가 권력을 가진다면 이렇게 말할 것이다. "그 어떤 종교도 힌두교를 개혁하지 못하였다. 그러므로 힌두교와 카스트 제도는 영원할 것이다" 하지만 하나님의 나라가 임할 때 그것마저도 사라질 것이다.

리더

28. 리더는 이타적이고 세계적이다

　좋은 리더가 되는 길은 다양하다. 그러나 그의 성품을 형성하는 가장 중요한 기저는 가정환경이나 교육적 배경과 그가 믿는 종교이다. 이 땅의 수많은 지도자들이 가정환경이나 교육적 배경이 다르지만 거의 모든 지도자들은 그 민족이 가진 종교의 성실한 신도였다. 물론 예외는 있다. 교육배경이 다르고 가정환경이 좋았던 사람, 그렇지 못한 사람, 종교와 무관한 사람, 이 세 가지가 모두 다를 수 있다. 그러나 오늘 다루려 하는 유태교는 이 세 가지 배경이 동일하다. 가정이 곧 교육의 배경이고 교육은 종교 교육이 주요 내용이다. 가정환경, 교육적 배경, 종교가 하나인 셈이다. 유태교의 특징은 한마디로 설명할 수 없는 것이 특징이다. 일반적으로 유태인들의 신앙은 '하나님, 이스라엘, 토라(Torah)'란 세 단어로

축약할 수 있다. 이 세 가지는 서로 유기적인 관계를 갖는다. 하나가 없으면 다른 것도 없다. 이것을 다른 말로 바꾸면 신과 그 백성과 그 백성이 믿는 신의 말씀은 하나라는 것이다. 하나님을 믿고, 그 하나님과 이스라엘 백성들이 맺은 영원한 계약(토라)을 지키며, 토라에 나온 지혜와 생활방식대로 사는 것이 가장 기본적인 종교적 믿음이다.

어떤 종교나 마찬가지지만 이들은 종교지도자들을 특별한 위치에 둔다. 유태교의 지도자들을 랍비라 하는데 이들은 정치적 지도자들은 아니며 사상적이고 정신적 스승이다. 유명한 랍비들은 '실천적인 행동'을 강조한다. 유태교 역사상 가장 명망있는 랍비 중 한 명인 힘멜은 "당신이 싫어하는 것을 이웃에게 하지 않는 것이 유태교의 핵심"이라고 가르쳤다. 이에 쌍벽을 이루는 랍비 요카난은 "좋은 마음(Good heart)이 가장 중요하다"고 강조했다.

랍비들이 공통적으로 말하는 유태교의 강조점은 같은 뿌리를 두고 있는 기독교와 약간은 다르다. 기독교가 '신을 믿는 것'을 강조했다면 유태교는 '신의 뜻대로 행동하는 것'을 강조한다. "나를 믿는 것보다 토라를 지키는 것이 더 중요하다고 말했다"고 까지 설명하는 랍비들도 있다. 그들은 자신을 하나님의 가족으로 생각하고 복장에서도 통일을 이룬다. 평일에도 머리끝부터 발끝까지

리더

검은색으로 치장한 정통 복장을 하고 다닌다.

유태인들에겐 도덕적 판단의 기준이 되는 몇 개의 가치가 있다. 그중 최상의 가치 기준은 '사람의 삶과 생명'이 가장 중시되는데 인간들의 삶은 너무 소중해서 '인간의 생명이 위협 받을 때는 우상숭배와 살인, 강간 3가지를 제외하고는 종교법을 지키지 않아도 된다'고 강조할 정도이다. 그 다음은 출애굽과 안식일로 대변되는 '자유'이다. 세 번째는 구원의 방법으로 '인간의 행동'을 강조한다. 그래서 그들은 어려서부터 '좋은 행동'을 하도록 교육 받는다. 계속 되는 신의 창조의 파트너가 되기 위해 '뭔가 의미 있는 일을 하는 것'이 강조되는 것도 그런 맥락에서다.

필자는 종교의 교리는 그 종교를 믿는 신도들의 행동 양식에 큰 영향을 준다고 누차 강조해왔다. 유태교 교리의 근간인 구약성경은 민족국가주의를 벗어나 인종국가주의를 표방한다. 그들의 신은 백성을 구하기 위해 다른 신들을 믿는 신도들을 무참히 학살할 것을 명령한다. 이는 '하나님은 사랑이라'는 개념을 전 인류를 위한 사랑이 아니라 자기민족에게 국한 시킨다. 자기 민족을 사랑하기 위해 다른 민족들을 용납하지 않는 편견과 오만의 극치적 사랑을 개념을 가지고 있다. 세계를 창조하신 그분의 명령에 따라 아직 불완전한 세계를 발전시켜 나아갈 명령으로 진화론적 세계관을 가지고 있는 그들이 자기 민족만을 위한 하나님으로,

그리고 유태인을 제외한 타민족들에게는 피도 눈물도 없는 포악한 신으로 묘사해 버렸다. 심지어는 자기민족들에게도 자신의 뜻을 따르지 않으면 가혹한 형벌을 가하는 아주 편협한 신이 그들의 야훼 하나님이시다. 그래서 이들은 탈무드가 말한대로 "모든 유태인은 서로를 책임진다(All Jews are responsible for one another)"는 생각에는 변함이 없다.

인종이 다르고 언어가 차이 날 지라도 지구 반대편에 있는 유태인을 돕기 위해 막대한 돈을 모으는 것이 유태인이다. 그들의 가치관이 그럴진대 그 사고를 가진 리더가 세계를 다스린다면 어떻게 될까? 물론 긍정적인 영향을 줄 수 있겠지만 현재 세계 정세를 살펴보아도 중동의 문제는 이스라엘로 귀결된다.

세계의 화약고의 중심지가 유태민족이다. 세계평화에 가장 위협적이며 부정적인 영향을 미치고 있는 민족이 유태민족이다. 또 유태교는 성차별의 대표적 종교이다. 보수적 성향의 이들 사회에서 여성들은 아직 가정에서 머물어야 하는 등 남녀차별이 당연시된다. 회당에서도 남성과 여성이 자리를 구분해 예식을 올리고 여성은 지도자인 랍비가 될 수 없다. 시대적 역행이 아닐 수 없다.

하나의 아이러니는 이들을 가리켜 많은 기독교의 목회자들이 하나님의 축복을 받은 백성으로 규정하고 있다. 노벨상의 33%

리더

를 유태인이 수상했으며 예술계, 경제계, 이제 정치계까지 요직을 차지하고 있는 것은 그들이 하나님의 말씀대로 교육했기 때문에 그런 큰 복을 받았다고 설파한다. 그리고 이들에게는 이스라엘이 무슨 일을 해도 무조건 옳다. 성경은 구약만 가리키는 것도 아니요, 신약만도 아니다.

신구약의 균형과 흐름 그리고 뿌리와 열매를 무시해서는 안 된다. 이스라엘의 실패를, 엄밀히 말하면 유태인들의 실패를 기독교의 실패로 언급하는 착각마저 한다. 그리고 유태인은 성공했는데 기독교는 실패했다고 말한다. 도대체 그 조상이 유태인은 아닌지 의심스럽다. 더구나 예수님이 말씀하신 복은 결코 세속적인 복에 매이지 않는다. 그리고 유태인에게는 구원의 복마저 없다.

세속적으로 성공하는 것이 기독교의 목적인가? 이 땅의 현세의 복만 추구하는 종교는 이미 종교로서의 목적을 상실한 종교이다. 그래도 무조건 교육만 하면 된다는 것인가? 자기만 알고, 자기 가족만 알고, 자기 민족밖에 모르는 교육은 교육이 아니다. 리더십의 관점에서 보면 인류가 없고 민족만 있는 리더에게 세계를 맡길 수 없다. 물론 자기 민족의 유익을 위해 일하는 것이 우선인 것처럼 보인다. 그러나 세계는 이미 지구촌이 되었고 세계의 모든 문제는 국경을 초월하고 있다. 우리에게는 세계의 문제를 해결할 리더가 필요하다. 세계를 입에 담고 있지만 그 이면에서는 자기민족

의 이익만 추구하는 유태교적 리더십은 아무래도 이기적이라 생
각한다.

29. 리더는 열린 마음을 갖는다

종교교리에 나타난 리더십의 유형이라는 주제로 글을 쓰면서 깨달은 것이 있다. 대략적인 지식은 편견을 낳게 한다는 것이다. 종교학에 통달한 학자라 할지라도 모든 종교 교리를 다 깊이 알 수도 이해할 수도 없다. 나는 특정 종교의 교리의 특징이나 장점 또는 문제점을 지적하려는 의도가 아니다. 문화의 최고봉인 종교가 그 민족정신을 배태한다고 할 때 그 민족을 섬기고 다스리는 리더는 그 문화적 정체성 즉, 종교적 가르침의 영향을 받을 수밖에 없다. 그러므로 그 종교의 교리에 입각한 리더십의 유형을 살피고, 리더십의 저변을 분석하여 말하려는 것뿐이다.

세상은 문화적 영향 아래에 있다. 특히 문화의 기저가 되고 가장 큰 영향력을 미치는 종교적 가르침은 그 집단에게 가장 큰 관습을 생성하게 되어 있다. 때로는 이 관습들이 객관적 동의를 받을 수 없고 비난을 받을 것이 분명해도, 그들은 관습에 따른 행동에 대해 하여도 아무런 양심의 가책이나 느낌을 갖지 못할 수도 있다. 예를 들어 원시부족들의 성인식 고통이다. 이는 비인격적 통과의례 등에 대한 무의식적 동의를 갖기 때문한다. 그 문화는 종교를 따르는 자들의 행동과 습관을 결정하고, 그 언어를 만들어 내며 언어는 정신을 계대해 간다. 그러므로 종교는 사람의 운명을 결정하는 것에 관계된다. 종교는 사람들의 자연스러운 삶의 현상이 되고 하나의 관습이 되고, 그것은 또 더 큰 문화를 형성하도록 순환한다. 그래서 역사책들을 읽어보면 그 문화의 최고봉인 종교를, 엄밀히 따지면 민족종교의 지도자들을 정치적 리더들이 곁에 두고 선용하기도 하고, 사리사욕을 채우는 데 악용하여 절대 권력을 유지하는 수단으로 삼아 왔음을 알 수 있다.

그리고 종교지도자들은 반대급부로 얻어낸 이익을 위해 정치지도자들의 행위를 정당화 시켜주는 행동을 하면서 자신들의 행동이 교리에 어긋나지 않았음을 교묘한 교리강론과 해석을 통해 합리화시키고 백성들을 설득시키는 강변을 꾀하기도 한다.

많은 종교들이 정교분리의 원칙을 주장하고 있지만 이슬람교는 정교분리가 인정되지 않는다. 엄밀하게 말하면 정치 지도자를

리더

앞세우고 종교 지도자가 조정하는 형태의 신정 통치 형태이다. 그들은 종교 지도자가 알라의 계시를 받아서 정치를 하는 것이 가장 바람직한 정치 형태라고 본다. 그래서 중동의 아랍권 국가들은 국가의 정치 형태보다 항상 우선하는 것이 그들의 종교인 이슬람교의 교리이다. 그것은 '신의 뜻'으로 통한다. 모든 것은 알라의 뜻에 의해 창조된다(꾸란 54장 49절, 87장 2절). 만물은 알라 신의 섭리로 운행된다. 모든 행동을 조정하는 자가 알라이다. 여기에는 누구도 어떤 이의도 있을 수 없고 개입할 수도 없다. 평화의 관계를 유지하는 것도, 전쟁을 하는 것도 전적으로 알라의 뜻이다. "그가 원하는 대로—신의 뜻대로"라는 뜻의 "카마야샤우(Kama yashs'u)"라는 말이 그들의 114장으로 구성된 정경인 '꾸란'에 계속 등장한다. 이들은 "알라는 어떤 사상으로 제한이 불가능하며 도덕성과 무관하다"고 믿는다. 모든 운명은 영원 전부터 이미 정해져 있음을 가리킨다. 철저한 운명론적 삶의 형태가 구축되어 있는 것이다.

이슬람교도 즉, 무슬림들은 또 철저한 배타주의적 종교 성향을 띠고 있다. 이에 대해 전호진 박사는 "이슬람의 배타주의는 군사적 절대주의이다. 기독교의 절대주의나 배타주의는 신학적인 것이지 사회적인 것은 아니다. 이슬람을 제외한 타 종교들은 사회적으로는 종교의 유무를 떠나 평화적 관계를 지향한다. 그러나 이슬람의 경우는 중동의 모든 나라에서 나타난 것 같이 한 가정, 한 공동체, 한 국가는 절대적으로 이슬람교만 믿어야 한다. 다른 종교와의 평화적 공존을 거부한다"고 한다. 아직도 가족 중 개종자를 향해 명예살인이 자행되고 있는 것이 그 증거이다. 그는 계속하여 "현대의 국제정치는 민족국가주의보다 인종국가주의―종족민족주의(Ethnonationalism)가 갈수록 강해지고 있다. 소수 인종들도 자신들의 전통 종교를 더욱 고수하면서 자기 종교에서 민족적―문화적 정체성을 찾으려는 것이다. 문화적 민족주의 혹은 문화적 정체성은 인종 차별적 선민사상을 강화하게 되어 있다. 인종적 유대성을 민족국가의 정체성보다 우위에 두기 때문에 인종 갈등 혹은 대립의 위험성을 내포하고 있다."고 평가한다.

이상의 평가와 교리를 요약해 볼 때 리더의 역할은 참으로 중요하다. 배타적 리더십은 그 집단을 논쟁과 대립으로 이끌어 간다. 만약 세계를 경영하고 민족을 다스릴 글로벌 리더가 있는데, 이슬람적 종교적 배경을 가진 자라면 세계는 평화를 유지하기 어렵다. 절대적인 것만을 추구하기 때문이다. 그러나 절대주의는 인간의 무책임을 조장한다. 그들은 모든 것을 신의 뜻으로 몰아간다. 전쟁조차도 신의 뜻이다. 전쟁은 결코 신의 뜻이 아니다. 평화와 사랑과 정직과 공의의 정신이 넘치는 나라를 신은 원한다. 백성들을 전쟁의 소용돌이에 몰아넣어 놓고 성전(聖戰)을 외치고 신의 뜻을 외치면서 자신들만의 문화적 정체성을 이용해 그들은 그들의 정권을 유지해 간다. 이슬람교에 나타난 리더십은 한마디로 말하면 리더가 백성들의 문화종교적인 민족적 정체성을 기반으로 한 무책임과 변명을 조장하기 쉬운 리더십 유형이다. 좋은 리더는 실수나 잘못의 변명이나 책임전가를 하지 않는다. 이렇게 평가되는 것도 신의 뜻일 것이다.

30. 리더는 사랑과 정의의 균형을 이룬다

한 나라의 운명이 결정되는 것은 리더들에게 달려 있다. 리더들은 백성들의 생활에 불편함이 없도록 다음 세 가지를 만족시켜 주어야 한다. 첫째, 경제적 풍요이다. 잘 먹고 잘 살 수 있어야 한다. 둘째, 국방과 치안의 안정을 유지하는 길이다. 셋째, 법적으로 억울한 자가 없도록 인권의 평등을 보장해야 한다. 공의를 행하여 백성들이 자유를 누리도록 정치해야 한다. 이러한 평화와 안정과 자유를 요구하는 백성들에게 리더의 종교는 참으로 중요한 영향력을 미친다. 왜냐하면 종교는 물질적인 부족함 속에서도 정신적인 안정과 만족감을 주는 역할을 하기 때문이다. 그러므로 리더들의 종교를 이해한다는 것은 인류의 미래를 예견할 수 있는 길이기도 하다.

리더

대체적으로 사람들은 종교의 '교리'와 '덕목'을 구분하지 않고 동일하게 생각하는 경향이 있다. 교리는 말 그대로 그 종교를 믿는 자들이 믿는 내용이다. 반면 덕목은 믿음을 가진 자들이 드러내야할 기본 정신인 것이다. 덕목은 그 종교의 교리의 중심에 흐르는 내용물이며 결과물인 것이다.

교리와 덕목이 구분되지 않으면 모든 종교는 그 교리적 차별에도 불구하고 윤리와 도덕을 유지하는 정도로 일반화되고 만다. 이는 종교에 대한 일반적인 기대심리가 그대로 반영되기 때문이다. 예를 들면 '사랑'하면 기독교의 교리의 핵심으로 생각하지만 그것은 교리이기 보다는 기독교적 믿음을 가진 자들이 성품에서, 삶의 내용에서 믿음의 결과물로 드러내야 할 덕목에 해당된다. 기독교인들이 '사랑'이라는 단어를 믿고 있는 것은 아니다. 사랑은 기독교 교리를 형성하게 한 모든 내용이다.

교리는 그 종교를 지켜온 근간이다. 종교의 가장 중요한 역할은 세속의 삶속에서 어떻게 빈부귀천의 조건을 초월적이며 만족함을 누리면서 삶을 살 수 있는가이다. 그리고 영생과 불사의 문제 즉, 구원의 문제이다. 종교는 죽음 이후의 문제를 어떻게 해결할 것인가에 대한 방법을 제시한다. 이에 대한 해답을 제시하지 못한 종교는 엄밀히 말해 종교가 아니라 하나의 사상일 뿐이다. 이런 측면에서 볼 때 사실상 종교가 요청하는 세속적인 윤리와 덕목들은 거의 모든 종교가 유사하다. 다만 구원의 방법이 다르며, 인간이해가 다를 뿐이다.

리더들에게 교리가 중요한 것은 그가 가진 사상을 결정하기 때문이다. 그 종교사상은 리더들에게 인간에 대한 이해가 달라지며 리더들의 다스림의 방법과 내용이 결정되기 때문이다. 오늘날 가장 큰 영향력을 발휘하고 있는 기독교의 교리의 핵심은 어떤 것들이며 그 덕목들은 무엇인지 살펴보고자 한다.

기독교의 핵심 교리

1. 창조 : 하나님께서 천지와 우주만물과 인간을 창조하셨다.
2. 인간 : 하나님의 형상대로 지음 받은 인간은
　　　　범죄로 타락하였다.
3. 하나님 : 하나님은 '사랑'과 '공의' 두 가지 속성으로 공존
　　　　하신다. '사랑'의 속성은 완전 부패한 인간을 구원
　　　　하기를 원하시는 하나님의 성품이다. '공의'의
　　　　속성은 죄에 대해서는 징벌하시는 하나님의
　　　　속성이다.
4. 예수 그리스도 : 두 속성 사이의 딜레마를 해결하기 위해
　　　　하나님이 예수 그리스도를 이 땅에 보내셨다.

1) 초 림 : 하나님께서는 예수 그리스도를 통해 인간의 죄를
　　　　　담당케 하시려고 유대 땅에 오게 하셨다.
　　　　　이를 성육신이라 한다. 이는
　　　　　B.C(기원 전)와 A.D(기원 후)가 나뉘는 계기가 되었다.
2) 십자가에 죽으심 : 하나님께서는 전적으로 부패한 인간의
　　　　　　　　　　죄를 담당케 하시려고 죄 없는 예수
　　　　　　　　　　그리스도를 십자가에 못 박아 죽게 하셨다.
3) 부 활 : 예수 그리스도는 십자가에서 죽고 장사된 지
　　　　　사흘 만에 부활하셨다.
4) 승 천 : 부활하신 예수님은 내려오셨던 그 곳
　　　　　하늘에 오르셨다.
5) 재 림 : 승천하신 예수님은 심판 주로
　　　　　다시 오실 것을 약속하셨다.

5. 믿 음 : 이상으로 초림, 십자가 사건, 부활, 승천, 재림에
　　　　　관한 예수 그리스도의 이루신 일을 믿는 자에게는
　　　　　구원과 천국에서 영생하는 선물을 주신다.

　이상이 기독교 교리의 핵심이다. 여기에 기독교가 표방하는 가장 중요한 덕목은 하나님의 속성인 사랑과 공의이다. 그리고 예수 그리스도가 보여준 마음은 온유와 겸손, 행동은 섬김과 희생이다. 이것들은 교리를 완성시키고자 하나님이 직접 사용하신 덕목들이다. 이것은 이 땅을 사는 리더들에게도 꼭 필요하다.

PART SIX

소설 속의 리더십

빅토르 위고의 소설 「레 미제라블」에 나오는 이야기이다.

전과자였던 장발장은 과거를 숨기고 전혀 새로운 이름으로 새로운 삶을 산다.

그는 성공하여 어느 지방 도시의 시장이 되었다.

그러던 어느 날, 사과를 훔치던 한 노인이

수배 인물 장발장으로 판명되었다는 놀라운 소식을 듣게 되었다.

누군가 자신을 대신하여 벌을 받게 될 처지에 놓인 것이다.

장발장은 고민이 되었다. "조용히 있어야 하는가?", "정체를 밝혀야 하는가?"

가만히 있으면 자신의 죄는 영원히 묻히게 된다.

그는 벽장 속 깊은 곳에서

자신이 진짜 장발장임을 증명할 수 있는 물건들을 하나하나 꺼냈다.

그리고는 심한 갈등과 번민으로 밤을 지새웠다.

다음 날, 재판장에서 판사의 선고가 내려지려는 순간

진짜 장발장이 나타났다. 장발장은 자신을 대신하여 처벌을 받을 뻔한 노인을 위해

자신의 명예와 권력과 미래를 모두 포기하였다.

리더는 정직과 희생의 길을 간다.

31. 리더는 섬김의 삶을 산다

　　21세기는 지식 정보화 사회이다. 다양한 지식과 정보가 빌딩 숲에서 크기를 자랑하듯 지식의 바다를 떠돌고 있다. 리더십 이론들도 마찬가지이다. 그래서 '원칙 중심의 리더십', '민주적 리더십', '전제적 리더십', '방임적 리더십', '카리스마의 리더십', '디지털 리더십' 등 수많은 리더십들이 존재한다. 하지만 21세기에 새롭게 강조되는 리더십은 바로 '섬김의 리더십' 이다. '섬김의 리더십' 이론은 AT&T 회사에서 경영교육을 담당하였던 로버트 그린리프(Robert Greenleaf)가 1977년 헤르만 헤세의 소설 「동방으로의 여행」에서 섬김의 리더십, 즉 서번트 리더십이라는 아이디어를 얻었다. 국경과 대륙을 초월하여 숨 막히는 경쟁 속에서 사활을 걸고 전쟁과 같은 삶의 연속인 기업 경영의 지혜를 생각하다가 최고 경영자의 리더십 이론의 모델을 헤르만 헤세의 '동방순례'의 주인 '레오'에게서 찾게 된 것이다. 이 책은 저자 자신이 밝혔던 것처럼 어떤 리더십 이론을 제시하고 그 모델을 말하려는 것이 아니다.

주인공 헤르만 헤세(Hermann Hesse)의 여행의 목적지는 '동방'이다. 헤세가 말하려는 동방은 사람들이 찾는 영혼의 고향이다. 무소부재하게 존재하면서도 어느 곳에서도 찾을 수 없는, 모든 시공간이 합일하여 만나는 곳이 '동방'이다. 이는 동양철학의 하나인 도가적 사상을 담고 있다. 헤르만 헤세의 동방순례는 시공간을 초월하여 여행이 가능하다. 자신의 현재와 과거 속 인물들, 즉 역사 속의 예술가, 철학자, 사상가들 이다. 예를 들어 조로아스터, 노자, 플라톤, 보들레르 등을 만날 수 있는 생각 속의 사상적 여행이다.

이 책의 내용은 다음과 같다. 시대의 스승상(像)을 찾아 동방으로 여행을 떠난 순례자 3명의 여행단 속에는 잡일을 도맡아 처리하는 서번트 레오도 함께 길을 떠났다. 레오는 여행단이 지치고 힘들어 할 때는 노래를 불러 활기를 불어 넣어 주거나, 재미있는 이야기를 통해 지친 몸을 위로해 주었다. 그들은 힘들고 어려운 일들은 모두 레오에게 맡겼다. 레오 덕분에 여행길은 순조로웠다. 그러나 동행하던 하인 레오가 어느 날 갑자기 사라진 뒤 그들의 여행은 엉망진창이 되었고, 그들은 매사에 갈팡질팡하기 시작했다. 어디로 가야 할지, 누구를 만나야 할지, 식사는 어떻게 해결

소설 속의 리더십

해야 할지…. 아무것도 결정할 수 없었다. 그때서야 순례자들은 그동안 이런 저런 결정을 내릴 수 있도록 뒤에서 도와주던 하인 레오가 그들의 리더였음을 깨닫게 됐다. 그들은 한 교단의 지원을 받아 레오를 찾아 시대의 스승으로 모시기로 했다. 3년이 지나도 레오를 만나지 못했고 남은 돈을 돌려주려 그 교단을 찾았다. 거기서 그들을 기다린 교단 지도자가 바로 레오였다. 서번트로만 알고 있던 레오가 실제로 그 교단의 우두머리이자 정신적 지도자라는 것을 알게 되었다. 이것이 소설 속에 나타난 리더십이다. 레오는 자신의 모든 것을 숨기고 종의 자리에서 여행단을 섬겼던 것이다.

그린리프의 섬김의 리더십의 개념을 보다 확대 발전시킨 사람은 알렉산더 버라디이다. 섬김의 리더십이란 자신이 추구하는 목적을 달성하기 위해 사람들에게 필요한 것이 무엇인가를 알아내서 먼저 그것을 충족시켜 주는 통찰력 있는 접근방법과 봉사 지향적인 자세를 말한다. 성경에도 이런 말씀이 있다. "첫째가 되고자 하면 뭇사람의 끝이 되며 뭇사람을 섬기는 자가 되어야 하리라"(막 9:35). 이 말은 예수가 제자들이 서로 누가 크냐고 다툼이 있을 때 자기를 낮추고 섬기는 자라야 으뜸이 될 수 있다고 가르쳐 주신 말씀이다. 뿐만 아니다. "너희 중에는 그렇지 아니하니 너희 중에 누구든지 크고자 하는 자는 너희를 섬기는 자가 되고 너희 중에 누구든지 으뜸이 되고자 하는 자는 너

리더

희 종이 되어야 하리라"(마 20:26–27)하셨다. 예수는 자신을 가리켜 "섬김을 받으려 함이 아니라 도리어 섬기려" 세상에 오셨다고 말하고 있다.

섬김이란 무엇인가 하는 규정도 중요하다. 제자가 스승을, 부하가 상사를, 자식이 부모를 섬기는 것을 섬김이라 하지 않고 예의, 도리 또는 도의라고 한다. 그것은 당연하기 때문이다. 진정한 섬김의 모본은 레오와 같이 그리고 최고의 모델 예수 그리스도와 같이 섬김을 받아야 할 대상이 섬김 받을 수 없는 대상을 받들 때 진정한 섬김이 된다. 진정한 좋은 리더는 섬김을 받을 수 없는 대상이 너무나 많은 세상에서 그들의 삶을 희망 속에 살아가도록 삶의 필요를 채워줄 뿐만 아니라 그들의 인권이 유린되지 않도록 한다. 나아가 진정한 자아 존중감을 갖고 살아갈 수 있도록 그들을 소중하게 여기고 섬긴다. 이 때 좋은 리더가 될 수 있다.

리더십도 시대 정신에 따라 변해 왔다. 권위주의 시대에는 강압적 전제적 리더십이, 민주주의 시대에는 민주적 리더십이, 평화의 시대에는 비전과 사랑의 리더십이 필요하다. 21세기에 들어오며 사람들은 무엇이 진정한 리더십인가에 대해 고찰하기 시작했다. 새로운 시대의 패러다임은 탈권위적인 수평적 리더십이 우리 사회의 대세를 이루고 있다. 특히 최근 경영학에서는 기업이나 조직이 흔들림 없이 성장 발전하기 위해서 리더십의 새로운 모델로

서번트 리더십(Servant Leadership)을 제시하고 있다. 서번트 리더십은 섬김의 리더십으로 리더가 권력이나 권위에 의존하지 않는 것이다. '리더십' 하면 보통 강력한 힘으로 청중, 또는 부하 직원들을 휘어잡는 이미지를 상상한다. 반면에 헤르만 헤세의 '동방순례'는 이런 면에서 진정한 리더로서의 섬김의 자세를 보여준다. 궁극적으로 섬김의 삶이 아니면 리더십이 이루어지지 않는다는 것이다.

리더

32. 리더는 자신의 성공을 나눈다

　　좋은 리더의 길은 정말 힘들고 험한 길이다. 동서고금을 막론하고 시대를 이끌어가는 리더란 각고의 시련과 역경을 이겨낸 사람들이라는 것이다. 리더의 인격을 수양하는 과정이 결코 순탄하지 않기 때문이다. 리더의 길이 힘들다는 것을 암시해 주는 글이 있다. 맹자는 하늘이 사람을 쓰는 규범이라면서 다음과 같이 말한다.

　　天將降大 任於斯人也 (천장강대 임어사인야)
　　必先勞其心志 苦其筋骨 (필선노기심지 고기근골)
　　餓其體膚 窮乏其身行 拂亂其所爲 (아기체부 궁핍기신행 불란기소위)
　　是故 動心忍性 增益其所不能 (시고 동심인성 증익기소불능)

(출처 : 卷之十二 告子章句下).

이를 번역하면 다음과 같다. "하늘이 사람에게 큰 일을 맡기려면, 필히 먼저 그의 마음과 의지를 힘들게 하고 근육과 뼈를 고통스럽게 하며, 배고픔으로 몸과 피부가 메마르게 하며, 돈마저 궁핍하게 하며, 하고자 하는 일조차 불안스럽게 한다. 그러한 까닭으로 참아 내는 성품을 마음에 일어나도록 하여 불가능한 일을 해낼 수 있게 한다."

맹자는 고난의 본뜻을 깨닫지 못한 사람이 남의 마음을 헤아리지 못함을 암시한다. 마음 아픔의 진정한 의미를 이해하지 못하면 마음이 아픈 사람들이 진정으로 원하는 것이 무엇인지 알지 못한다. 가난의 시련을 겪어보지 않은 사람이 힘들고 어려운 서민의 마음을 알지 못한다. 진정한 백성의 지도자가 되려면 반드시 겪어야 할 과정이 아픔과 고난과 가난일 수 있다. 그리고 진정한 지도자는 부귀영화의 늪에서 자라는 것이 아니라는 것이다.

이것을 잘 알려주는 책이 있다. 이 책은 꿈을 키우는 청소년들에게 많이 읽힌 책이다. 리처드 바크의 「갈매기의 꿈」이다. 이 책에 등장하는 조나단 리빙스턴 시걸이라는 갈매기 한 마리가 좋은 리더의 길을 제시하고 있다. 이 갈매기는 수많은 오해와 비난 그리고 육체적 고통의 환난과 역경을 이기고 목표를 이룬다. 그리고 자신을 비난하고 추방했던 무리들에게 자기의 성공비법을 다시 나누어 준다. 이는 진정한 리더의 길을 제시한다.

이 책은 3부로 구성되어 있다. 제1부는 조나단의 고난의 훈련 과정과 추방당하는 고통과 고독이 그려져 있다. 제2부는 좋은 스승을 만나 더 높은 경지에 이르는 성공 과정이다. 제3부는 자신의 성공비법을 자신을 추방한 동족들에게 나누어 주는 진정한 지도자상을 보여준다.

조나단은 한 마리의 작은 갈매기일 뿐이다. 그러나 그에게는 꿈이 있다. 제비보다 매보다 빠르게 날아보는 것이다. 그는 '새의 본능을 나는 것'이라고 생각한다. 모든 갈매기들이 부둣가에서 사람들이 던져준 물고기나 받아먹고 살고 있을 때 그는 날기를 연습한다. 속도를 늘려가는 일이란 여간 쉽지 않다. 너무 빨리 날려다가 날개가 찢기는 고통과 죽음을 맞이할 정도로 고난을 겪으면서도 날기를 포기하지 않는다. 여기에다 부모형제, 동료 갈매기들이 미친 짓이라고 비난하며 중단할 것을 종용한다. 그러나 그는 끝까지 자신의 목표를 위해 정진한다. 결국은 자신의 무리 중에서 이단아적 행동이라는 비난과 함께 추방을 당한다.

그러나 조나단은 나는 연습을 중단하지 않는다. 더 빠르게 더 높이 하늘을 나는 기쁨과 10피트 깊이에 있는 살아있는 싱싱한 물고기를 잡아먹을 수 있는 능력을 소유하게 되었다. 좋은 스승을 만나 새들의 최고 기술인 관념비상, 순간이동의 기술을 습득하게 된다. 최고의 경지에 오른 그지만 그의 마음속에는 한 가지

꿈틀거리는 것이 있다. 자기 동족에게 돌아가 이런 신비한 기쁨을 함께 나눌 수 있도록 해주고 싶은 마음이 그것이다. 수많은 반대에도 불구하고 끊임없이 사랑하라는 스승의 교훈을 가지고 자신의 고향으로 돌아온다. 그곳에서 자신과 같은 꿈을 가진 자들에게 자신의 성공비법을 나누며 새로운 리더들을 양육하는 삶을 살아간다.

보통 갈매기들은 부둣가에 몰려다니면 산다. 사람들이 버린 죽은 물고기들을 치열하게 쟁취하며 산다. 그들의 삶의 영역은 바닷가일 뿐이다. 대부분의 사람들이 먹고 사는 문제로 고민한다. 그러나 조나단처럼 더 높은 세계를 정복하고 나면 먹고 사는 문제는 더 이상 문제가 되지 않는다. 실제로 그렇다. 매보다 빠른 속도로 날아가면서 깊은 물속의 고기를 낚아채는 기술을 조나단이 소유했기에 그는 언제나 싱싱한 물고기를 먹을 수 있다. 좋은 리더란 누구인가? 그는 경제적인 문제해결에만 매이지 않는다. 땅만 보고 살지 않는다. 본질적인 삶을 살도록 자신을 이끌어 간다. 그리고 이 땅에 살지만 그곳에도 있을 수 있는 초월적인 능력을 소유한다. 이 땅의 문제를 초월하여 살 줄 알면서도 이 땅의 삶의 방법들을 하나씩 새롭게 변혁시켜 가는 길을 알고 있다. 바로 자신의 성공비법을 나눠줄 줄 아는 넓은 가슴을 소유한 사람이 리더이다. 자신의 성공비결이 자신만의 노하우로 생각하고 혼자만의 권력집중과 경제적인 소득의 독점을 한다면 그는 대단한 사람

리더

은 될지언정 좋은 리더는 될 수 없다. 자신을 추방하고 비난하면서 새의 세계에서 사형을 언도한 전통과 구습의 틀에 매인 자들에게 그것이 권위가 아니며 리더십도 아니다. 자신의 성공비법을 더 낮은 자들에게 나눠주는 큰 가슴, 미래 세대들을 양육할 줄 아는 리더야 말로 참된 리더가 될 수 있다고 교훈한다.

33. 리더는 자기를 개혁한다

　　좋은 리더가 되는 길은 수없이 많다. 섬김을 통해 백성들의 마음을 얻어내는 서번트 리더십, 미래 세대에게 새로운 세계를 경험케 하는 전통적인 교육에 의한 리더십, 비전을 제시하고, 경제·건강 등의 실제적인 도움을 통해 마음을 얻는 사랑의 리더십 등 여러 가지 리더십들이 있다. 이러한 리더가 되기 위해서는 자신의 훈련이 우선시 된다. 사서삼경 중에 하나인 '대학'에서는 수신제가 치국평천하의 원리를 다음과 같이 설명한다.

　　物格而后知至(격물이후지지)
　　知至而后意誠(지지이후의성)
　　意誠而后心正(의성이후심정)

心正而后身修(심정이후신수)

身修而后家齊(신수이후제가)

家齊而后國治(제가이후국치)

國治而后天下平(국치이후 천하평)

사물이 궁구하여 이른 이후에 앎이 극진해지고, 앎이 극진해진 이후에 뜻이 실다워지고, 뜻이 실다워진 이후에 마음이 바르게 되고, 마음이 바르게 된 이후에 몸이 닦이고, 몸이 닦인 이후에 가정이 가지런해지고, 가정이 가지런해진 이후에 나라가 다스려지고, 나라가 다스려진 이후에 천하가 평화로워지느니라.

이는 자신을 수양함이 궁극적인 리더, 좋은 리더의 기본이고 시작점임을 말하고 있다. 사상과 문화는 다르지만, 위와 같은 생각을 보게 하는 소설이 있다. 트리나 폴리스의 「꽃들에게 희망을」이다. 크게 두 개의 구조로 형성된 이 책은 작은 줄무늬 애벌레 한 마리의 고민으로 이야기가 시작된다.

첫 번째 이야기의 소재는 애벌레 기둥이다. 줄무늬 애벌레들이 있는데 모두 애벌레 기둥을 오르고 있다. 애벌레 기둥은 저마다의 목표를 향해가는 일반적인 집단의식이다. 기둥을 오르는 거의 모든 애벌레들은 자신들이 오르는 기둥에 대해서 아무것도 모른다. 그래서 항상 기대와 흥분 속에서 매일 기어오르기만 한다.

소설 속의 리더십

애벌레들은 기둥을 오르기 위해 서로를 견제하고 경쟁한다. 애벌레가 기둥의 정상에 오르려면 다른 동료 애벌레들의 방해를 견뎌야 하고, 또 그들을 뿌리치고 밟고 올라가야 한다. 이 경쟁은 오직 성공을 향해 질주하는 세계에 있기 때문에 이웃이나 동료를 생각할 틈이 없다. 조금이라도 틈을 보이면 낙오자가 된다. 동일한 목표를 가진 애벌레들의 도전이 그 기둥을 유지하는 수단이다.

그런데 줄무늬 애벌레의 꼭대기를 향한 도전은 아름답고 포근한 사랑의 관계로 인해 포기하기에 이른다. 노랑 애벌레를 만나 행복한 사랑의 시간을 가지기 위해 오르기를 포기하고 땅으로 내려온다. 그러나 모든 애벌레들의 꼭대기에 오르고 싶은 작은 욕망이 사랑의 달콤함을 버리게 하고 다시 도전하게 한다. 함께하던 노랑 애벌레는 고치로 들어가고, 줄무늬 애벌레는 천신만고 끝에 정상에 오른다. 그러나 막상 꼭대기에 도착한 애벌레는 공허한 절망감을 느낀다. 자기가 바라는 것이 그곳에 없었기 때문이다. 그리고 이곳저곳에 동일한 기둥들이 존재함을 본다. 줄무늬 애벌레는 정상에는 아무것도 없음을 큰소리로 말하지만 누구도 귀를 기울이지 않는다. 오직 정상에 오른 애벌레만이 기둥의 허무를 알게 된다. 이 허무는 정상에 오른 애벌레들에게 또 다른 세계로의 도전이 되는 출발점이기도 하다.

두 번째 이야기는 애벌레가 나비로 변하는 과정이다. 애벌레는 나비가 되기 위해서 고치 집속으로 들어가야 한다. 삶의 기간을 어두움 속에서 보내야 하는 호된 대가를 치러야 한다. 또 하나가 있어야 한다. 이에 대한 도전의 용기와 고치 집 이후의 삶이 지금보다 더 나아지리라는 확신이 필요하다. 불확실한 새로운 삶에 도전은 어쩌면 기둥을 오르는 것보다 더 힘들 수 있고 더 허무할 수도 있다. 그러나 고치는 새로운 삶의 훈련장이다. 이곳을 거치지 않으면 새로워질 수 없다. 불확실함에 도전, 이 고민의 과정에서 노랑나비를 만난다. 감성으로 통하는 격려를 받은 줄무늬 애벌레는 고치 집으로 들어간다. 그리고 얼마 후 그토록 힘들게 올라가야 했던 기둥의 꼭대기를 가볍게 날아오를 수 있게 된다. 그리고 세상은 아름다운 꽃들로 가득 차고 그 위에 온갖 아름다운 나비들이 날게 된다. 인생은 누구나 새로운 삶을 살도록 훈련을 향한 도전에 있어서 혼자의 힘으로는 불가능하다. 누군가의 도움이 필요하다.

왜 작가는 애벌레가 나비로 변신하는 것이 꽃들에게 희망임을 말하려 했을까? 이 책에서 좋은 리더의 길을 찾아본다. 이 땅에 수많은 수동적인 백성들에게, 스스로는 아무것도 할 수 없는 사람들에게 리더는 그들이 꽃을 피우고 열매를 맺도록 동기를 부여하는 리더가 되어야 한다는 것이다. 애벌레의 본질은 나비라는 것을 알려주어야 한다. 인간은 허무한 세속의 기둥이나 오르다가 새들의 먹이로 일생을 마치는 것이 애벌레의 삶이 아니다. 허무한 인생의 목표를 따라 사는 것이 아니다. 애벌레의 사명은 수많은 꽃들에게 수정을 시켜주는 나비가 되는 것이다. 그래서 꽃들로 하여금 씨앗을 맺게 하는 것이다. 이는 리더로서 사람들에게 영향을 끼치고, 환경을 변화시키는 것이다.

리더는 자기 갱신과 변화를 이루어야 한다. 전혀 다른 리더의 모습으로 등장하기 위해 고치 속의 고통과도 같은 훈련의 과정이 있어야 한다. 리더 자신이 먼저 훈련 받는 용기와 고난의 과정을 잘 이겨내는 모본이 될 때 더 좋은 리더가 될 수 있다. 좋은 지도자는 자신이 먼저 훈련 받고 변화하여 동기를 부여하는 사람이다.

리더

34. 리더는 전인적으로 성장한다

　　브라이언 카보노프가 쓴 「마음의 정원」이라는 책에 보면 우리 마음은 정원과 같다고 한다. 정원에는 잡초가 나기도 하고, 좋은 꽃이 자라기도 한다. 이상하게 잡초는 심지 않아도 나고, 가꾸지 않아도 잘 자란다. 그런데 좋은 꽃은 심어도 잘 나지 않고 잘 자라지 않는다. 그리고 잡초와 꽃이 함께 있으면 잡초는 무성해지고 꽃은 시들시들하다가 죽을 수 있다. 그러므로 잡초를 제거하고 김을 매 주어야 땅에서 오는 좋은 양분을 꽃이 흡수하여 잘 자랄 수 있다. 무리 마음의 못된 정원도 못된 생각은 별다른 노력 없이도 무성하게 자란다. 그러나 좋은 생각, 착한 마음은 보전하려고 애를 써도 어느 사이에 시들어 버려서 욕심이 들어오고 화를 내며 시기하게 한다. 좋은 리더는 꽃을 심고 가꾸듯이 자기 생각과 마음을 심고 가꾼다.

알렉산더 포프는 그의 수필 「비평」에서 '7명의 바보들'이라는 글을 썼다. 첫째, 어제의 실수를 보면서도 고치지 않는 사람. 둘째, 성공한 모든 사람에게는 반드시 연줄이 있다고 생각하는 사람. 셋째, 자기 생각을 바꿀 용기가 없는 사람. 넷째, 행운이 오기만을 마냥 기다리는 사람. 다섯째, "저건 될 리가 없어"라는 말을 입에 달고 다니는 사람. 여섯째, 쓸모없는 물건에 돈을 낭비하는 사람. 일곱째, 하나님 없이도 잘 지낼 수 있다고 믿는 사람이다. 좋은 리더는 여기 등장하는 일곱 가지에 해당사항이 전혀 없다. 좋은 리더는 남의 탓, 환경 탓을 하는 바보들로부터 영향을 받지 않는다. 좋은 리더는 오히려 이런 바보들의 생각을 바꿀 줄 안다. 좋은 리더는 긍정적으로 생각한다. 그리고 긍정적인 생각을 확산시킨다.

「악마와 돈 까밀」이라는 작품이 있다. 하나님을 따르기로 결심을 한 신부의 이야기이다. 이 신부의 한 쪽 어깨 위에는 작은 악마가 있다. 반대편 어깨 위에는 천사가 앉아 있다. 신부가 어디를 가든지 천사와 악마가 항상 따라다닌다. 신부가 결정을 내려야 할 때마다 천사와 악마가 그 사건의 해결법을 다른 식으로 제시하여 신부를 괴롭혔다. 우리가 누구를 따르며 섬기려 할 때 악마가 이렇게 말할 것이다. "뭘 섬기냐? 얼마나 힘든데 그냥 편히 살라!" 반면에 천사는 "힘들더라도 섬겨라. 힘들어도 다른 사람은 행복할 것이다" 좋은 리더는 내적의 음성을 듣되, 바른 음성을 들을 줄 안다.

단테가 쓴 「신곡」에 나오는 이야기이다. 단테가 한 번은 연옥에 사거 구경을 하였다. 한 구석에는 여러 사람들이 들에다 무거운 돌은 가득 지고 서 있는 것이 보였다. 이상하게 생각하여 천사에게 물었다. "저 사람들은 왜 저렇게 무거운 돌을 지고 서 있습니까?" 천사가 대답한다. "저 사람들은 세상에 살 때 너무 교만해서 허리를 굽혀본 적이 없어요. 그런데 낙원에 올라가는 문은 낮아서 허리를 굽혀야 하겠기에 그 연습을 하느라고 저 모양입니다" 지어낸 이야기이지만 리더에게 겸손을 가르치는 메시지이다. 좋은 리더는 다른 사람들 앞에서 겸손하다. 좋은 리더는 허리를 굽힐 줄 안다. 좋은 리더는 바르게 행동하는 사람이다.

카프만 부인의 「광야의 샘」이라는 책에 나오는 이야기이다. 어느 날 카프만 부인이 누에고치를 관찰하고 있는데, 누에고치의 표면에 직경 2mm 정도 되는 구멍이 빠끔 뚫리는 것이었다. 그리고 번데기가 나비되어 나오려고 하는 것이었다. 나비의 형체를 가진 것이 번데기 껍질을 뚫고 나오려고 몸부림을 치고 있었다. 카프만 부인은 긍휼을 베풀겠다는 생각을 갖고 가위로 번데기 구멍을 잘라주었다. 그런데 넓은 구멍으로 편안하게 나온 나비는 얼마 되지 않아서 날지도 못하고 그 자리에서 죽어버리는 것이었다. 알고 보니 나비는 좁은 구멍으로 나오려고 몸부림을 치는 동안에 비로

소 그 영양이 온 날개로 뻗치고, 온 몸에 근육이 생긴다는 것이다. 그리고 작은 구멍을 뚫고 나오는 동안에 강한 마찰을 일으키며 체력이 강해진다는 것이다. 나비에게 있어서 고난은 살아가는 데 필요한 원동력을 공급받는 것이다. 좋은 리더는 고난을 이기는 사람이다. 좋은 리더는 고난이 오면 그것을 통해 자기 힘을 기른다. 좋은 리더는 어려운 상황을 자기에게 좋은 쪽으로 만들 줄 안다.

탈무드에 나오는 우화이다. 랍비 개가 있었다. 랍비 개는 개의 생애에 대해 오랜 기간 깊은 성찰을 하였다. 그리고 그 결과 행복은 꼬리로부터 온다는 사실을 깨달았다. 랍비 개는 꼬리를 잡으려고 노력을 했다. 그러니 꼬리를 잡으려고 하면 할수록 제자리에서 빙빙 돌 뿐이었다. 잡힐 듯 잡힐 듯 하면서도 잡히지 않는 꼬리였다. 랍비 개는 마침내 지쳐서 쓰러지고 말았다. 이 모습을 본 늙은 개가 말했다. "자네도 꼬리에 행복이 있다고 깨달았구만! 나도 자네처럼 열심히 꼬리를 잡으려고 했다네. 그러나 결국 잡지 못하고 한 가지 사실은 깨달았네. 꼬리를 답으려고 열심히 돌면 어지러운 뿐이지만, 한 목표를 향해 달릴 때 그 꼬리도 나를 따라오더군!" 좋은 리더는 뒤에 있는 것을 생각하지 않고 앞을 향해 간다. 좋은 리더는 목표를 세우고 전진한다. "형제들아 나는 아직 내가 잡은 줄로 여기지 아니하고 오직 한 일 즉 뒤에 있는 것은 잊어버리고 앞에 있는 것을 잡으려고 푯대를 향하여 그리스도 예수 안에서 하나님이 위에서 부르신 부름의 상을 위하여 좇아가노라" (빌 3:13-14).

리더

톨스토이의 단편에 나오는 이야기이다. 어느 사제에게 여인이 찾아왔다. 한 여인을 가슴을 치고 울면서 "나는 죄인입니다. 큰 죄를 지었습니다"라고 고백했다. 그러나 옆에 있는 여인이 말한다. "저는 별로 지은 죄가 없어요. 자질구레한 죄는 많이 지었지만 큰 죄는 기억날만한 것이 없습니다." 사제는 울고 있는 여인에게 "당신은 가서 큰 바위 하나를 가져오세요"라고 말하고, 자질구레한 죄를 지었다는 여인에게는 "치마폭에 자잘한 돌을 많이 가져오세요."라고 말했다. 얼마후 울던 여인은 낑낑거리며 큰 바윗돌을 갖고 왔고, 다른 여인은 치마 폭에 조그마한 자갈을 잔뜩 갖고 왔다. 다시 사제가 두 여인에게 말했다. "갖고 온 돌을 제자리에 갖다 놓으세요" 큰 죄를 지었던 여인은 바윗돌을 그 자리에 쉽게 갖다 놓았다. 그러나 작은 자갈을 가져온 여인은 난처해했다. 사제가 "왜 안 갖다 놓습니까?" 물었더니 여인이 대답한다. "이 작은 돌을 어디서 가져왔는지 기억이 안 납니다. 어디에 갔다 놓아야 할지 모르겠습니다"라고 대답했다. 그러자 사제가 말했다. "죄는 지었을 때 바로 그 자리에서 회개해야 합니다. 작은 죄라고 회개 안 하면 잔잔한 돌맹이 같아서 회개하려 해도 언제 어디서 지었는지 알지 못합니다"

좋은 리더는 자기를 반성할 줄 안다. 작은 것이라도 잘못한 것은 뉘우칠 줄 알고, 개선할 줄 안다. 그래야 더 큰 목표를 향해 달려가는 데 걸림돌이 되는 것을 제거할 수 있기 때문이다.

소설 속의 리더십

PART SEVEN

리더의 의식

어느 연못 속에 황금비늘을 가진 물고기가 한 마리 살고 있었다. 다른 물고기들은
황금 물고기의 아름다운 모습을 보면서 늘 그에게 가까이 다가와서 말을 걸려고 했다.
그러나 황금 물고기의 자세는 너무 도도했다. 자기의 비늘이 다칠까봐 늘 혼자 떨어져서 살았다.
때로는 물고기들이 모여서 축제를 벌이기도 했지만 황금 물고기그저 멀리 서서 쳐다보기만 했다.
그래서 황금 물고기는 늘 외로웠다. 어느 날이었다. 다른 연못에서 물고기 한 마리가 이사를 왔다.
이사 온 물고기도 황금 물고기의 아름다운 자태에 반해버렸다.
이사 온 물고기는 가까이 다가와서 말을 걸었다.
그 동안 너무나도 외로웠던 황금 물고기는 곧 이사 온 물고기와 친해졌다.
하루는 이사 온 물고기가 황금 물고기에게 이렇게 물었다. "친구야! 너의 황금빛 나는 비늘을 하나만
내게 나누어줄 수 없겠니? 그러면 내가 그것을 고이 간직하도록 할게." 황금 물고기는 선뜻 자기의
황금비늘 하나를 떼어서 이사 온 물고기에게 주었다. 이사 온 물고기는 그것을 받고서 너무나 좋아했다.
그가 기뻐하는 모습을 보면서 황금 물고기도 좋아했다. 그러자 주변에 있는 물고기들이 다 몰려들었다.
너도 나도 황금비늘을 하나씩만 나누어 달라고 졸라댔다. 황금 물고기는 자기의 비늘을 하나씩 떼어서
그들에게 나누어 주었다. 다 나누어 주고 났을 때 황금 물고기는 더 이상 황금 물고기가 아니었다.
보통 물고기처럼 되어버리고 말았다. 그러나 그는 더 이상 외롭지 않았다. 주변에 친구들이 많이 생겼기 때문이다.
얼마 후 어느 날이었다. 어떤 사람이 연못가를 지나다 깜짝 놀라고 말았다. 연못 속이 온통 황금빛으로 아름답게
빛나고 있었기 때문이다. 물고기들이 지니고 있는 황금빛 비늘이 저마다 아름답게 빛나고 있었던 것이다.

리더는 장점을 나누며 행복을 만드는 사람이다.

35. 리더는 긍정적인 마음가짐을 갖는다

　　성경의 시편을 보면 시인이 하나님을 향해 자신을 긍휼히 여겨달라고 부탁하는 장면이 수없이 많이 나타난다. 긍휼히 여겨달라는 말은 불쌍하게 여겨달라는 뜻이지만 사실은 자기를 긍정적으로 보아달라는 것이다. 비록 시인은 자신의 상황이 힘들지라도 하나님이 긍정적으로 보아주시면 자신의 상황을 개선될 것이고, 자기의 마음에 안정과 평화가 있을 것이라고 믿는다. 신앙을 가진 사람이라 할지라도 자신을 스스로 긍정적으로 인식하지 못하는 사람이 많다. 신앙은 하나님의 눈으로 자신을 긍정적으로 인식하는 것도 포함한다. 좋은 리더는 자신을 긍정적으로 인식하는 사람이다.

좋은 리더는 상황과 사람을 긍정적으로 바라본다. 갈등이 있을 때 어떤 사람은 다툼의 때라고 생각하지만 좋은 리더는 학습하는 기회로 본다. 위기가 올 때 어떤 사람은 망할 것이라고 생각하지만 좋은 리더는 기회라고 생각한다. 리더는 자신의 긍정적 시각이 자기 생활을 이끌고 있음을 기억한다. 긍정적인 마음을 가지면 좌절을 만나도 충분히 극복할 수 있다. 그러므로 좋은 리더는 긍정적인 시각을 가지려고 노력하고 또 긍정적인 마음을 가지려고 자신을 제어한다.

세계적 소프라노 조수미는 '신이 내린 목소리'란 찬사를 듣고 있다. 이런 소리를 듣기까지 수많은 어려움의 과정이 있었으나 조수미는 긍정적인 마음가짐으로 어려움을 이겨냈다. 1962년생인 조수미는 천부적 음악 재능과 노력이 곁들여져 서울대 성악과가 생긴 이래 최고의 성적으로 입학, 천재성을 유감없이 증명했다. 81학번인 그는 그 해 입학한 52명 가운데 1등이었다. 그런데 어느 순간 52등이 되어 학교를 다닐 수 없게 되었다. 조수미는 당시 교육제도인 졸업정원제에 걸려 학교를 다닐 수도 졸업을 할 수도 없게 되자 도피성 유학을 하게 되었다.

그는 1983년 이탈리아 산타 체칠리아 음악원으로 자의반 타의반 유학을 떠나야 했다. 이날 그는 "로마의 레오나드로 다빈치 공항에 새벽 3시 도착했는데 혼자인데다 갈 데도 없고 배도 무척 고

팠다"며 막막했단다. 조수미는 쓰라린 경험을 되풀이하지 않기 위해 유학시절 일기장에 이렇게 썼다고 한다.

1. 어떤 고난이 닥쳐도 꿋꿋이 이겨내며
   약해지거나 울지 않을 것
2. 절대 약하거나 외로운 모습을 보이지 않으며
   늘 도도하고 자신만만할 것
3. 어학과 노래에 온통 치중할 것
4. 항상 깨끗하고 자신에게 만족한 몸가짐과 환경을 지닐 것
5. 말과 사람들을 조심할 것. 말과 행동을 분명히 할 것

이런 자세로 다시 공부를 시작한 그는 또다시 자존심에 금이 갈 상황에 놓인다. 노래, 어학 그리고 얼굴까지 빼어난 일본 여학생과 동급생이 된 것이다. 그녀를 뛰어넘기란 도저히 불가능해 보였다. 그는 질투나 시기를 한 번도 해본 적이 없는데 그때 처음 지독한 질투와 시기에 빠졌다고 회상했다. 유학 가서도 세상에서 내가 가장 노래를 잘하므로 더 이상 배울 게 없다고 생각하던 시기였다고 생각했기 때문이다.

조수미는 상처를 딛고 경쟁에 나서 산타 체칠리아 음악원 5년 과정을 3년 만에 마쳤다. 일본인 여학생과는 친구가 되었고, 일본인 여학생은 지금 일본에서 교수를 하고 있다. 조수미는 청소년

리더

음악교육을 하겠다고 밝혔는데, 더 이상 물러설 수 없을 때 배수진을 치는 용기는 좌절하지 않는 데서 오는 힘이기 때문에 청소년에게 이를 전해주려는 것이다.

"나는 너무나 많은 사랑을 받았고 한편으로 혜택도 받았으므로 이제 청소년 음악교육을 통해 내가 이룬 성과를 사회에 환원하는 것이 당연한 책무"라고 밝힌 그는 "지금까지 결혼하지 않고, 공연을 위해 집시처럼 떠돈 것은 하나님이 그렇게 살기를 원해서"라고 답했다.

쓰라린 경험을 할 때 다른 사람이나 환경을 원망하면 앞으로 나아갈 수 없다. 오히려 상황과 공간을 분리하고 자신이 먼저 긍정적인 생각을 가져야 한다. 조수미는 다섯 가지의 긍정적 생각을 가짐으로 세계적 성악가로 성공할 수 있었고, 청소년에게도 음악교육을 통해 긍정의 힘을 부여하고 싶어 한다. 우리도 긍정적인 생각을 가지면 다른 이에게 긍정적인 생각을 나누어주게 될 것이다.

리더가 긍정적인 마음을 가지면, 그 마음이 사람들에게 확산된다. 좋은 리더는 어떤 사람이 어떤 행동을 하든지, 어떤 상황이든지 나름대로 긍정적 의미가 있다는 것을 알고 있다. 그리고 긍정적으로 보는 방법을 사람들과 나눈다. 예를 들어 아이가 울면 무엇인가 필요한 것이 있든지 불편한 것을 해결해 달라는 표시이다. 그런데 어떤 부모는 아이가 운다고 핀잔을 하거나 그치라고 매를 들기도 한다. 이럴 때 엄마는 아이의 긍정적인 의도가 무엇인지를 먼저 살펴볼 수 있어야 한다. 그래야 아이의 울음을 달래 줄 수 있다. 엄마에게서 아이의 불편함을 살피는 것은 당연하다. 좋은 리더는 어떤 상황, 어떤 사람에게든지 이러한 엄마의 심정을 갖는다.

좋은 리더는 자신의 긍정적 의도가 오해를 받을 때 좌절하지 않는다. 내가 긍정적인 의도를 갖고 말했는데, 오해를 살 수 있다. 상대가 나를 오해하고 나에게 이상한 말을 하여 나의 마음을 아프게 할 수도 있다. 그러면 안 되는 일이지만 상대도 나름대로 나를 이겨보려는 긍정적인 의도가 있다. 그러면 나도 이겨보려는 긍정적 의도를 갖고 상대를 대하다가 서로 싸울 수 있다. 이것은 긍정적 의도가 서로 충돌하기 때문이다. 좋은 리더는 이 때 충돌을 적절히 완화하고 화합의 길을 찾는다. 만약 싸우지 않고 잘 지낼 수 있다면 얼마나 좋을까? 내가 이기는 것보다 사이좋게 잘 지내는 것이 더 긍정적인 의도이다. 좋은 리더는 충돌조차도 화해와 화합을 위한 긍정적 의도로 사용한다. 좋은 리더가 가진 긍정적 의도는 다툼조차 그치고, 다투려는 사람도 잠재울 수 있다. 긍정은 확산된다.

리더

36. 리더는 자기를 충전한다

　　요즘은 거의 모든 사람들이 휴대전화를 사용하고 있다. 그리고 태블릿 컴퓨터라고 하여서 들고 다니면서 컴퓨터를 사용하는 사람도 있다. 휴대전화와 태블릿 컴퓨터에는 모두 배터리가 있다. 배터리는 에너지를 담아서 기계가 작동하도록 기계에 에너지를 공급한다. 하루 정도 사용하면 배터리가 소모되는데, 그러면 전기로 배터리를 충전한다. 만약 자동차로 이동할 때는 자동차에 충전장치를 달아서 휴대전화와 태블릿 컴퓨터의 배터리를 충전한다. 만약에 배터리가 방전되었는데 충전할 수 없다면 어떻게 될까? 그 기계가 아무리 비싸고 좋은 것이라고 해도 사용할 수 없게 된다.

한편 자동차에도 배터리가 필요하다. 자동차 배터리가 방전되었다면 시동이 걸리지 않는다. 아무리 비싼 차, 고급차라도 시동이 걸리지 않으면 그 차는 아무 소용이 없다. 수리공이 배터리를 교환하든지, 다른 배터리를 연결하여 일단 시동을 걸어주어야 한다. 시동을 걸면 자동차의 충전장치가 작동하여 배터리를 충전해 준다. 이처럼 기계가 작동하기 위해 배터리에 충전을 해야 한다. 고정된 기계는 전기를 공급하면 되겠지만, 이동해야 하는 기계는 에너지를 담은 배터리를 충전하는 것이 필수이다.

사람은 이동하는 존재이다. 몸이 이동하는 것은 물론이고, 생각과 마음이 이동한다. 특히 리더는 자신의 이동뿐만 아니라 공동체를 이동시키는 사람이다. 리더는 이동을 위해 자신을 충전하고 공동체를 충전시킨다. 좋은 리더는 적절한 때, 적절한 것으로 충전할 줄 아는 사람이다. 식사를 하는 것과 수면을 취하는 것은 충전 행위이다. 배가 고프면 일하기 어렵고, 잠을 못자도 일을 할수 없다. 음식을 적절하게 섭취하고 적당한 수면을 취하면 우리 몸이 충전되어서 제대로 일을 할 수 있다. 먹고 자는 것이 사람의 신체적 본능이기는 하지만, 그 본능은 충전하려는 본능이다.

사람이 신체적 충전 본능뿐만 아니라 사람은 지식의 충전본능, 감정의 충전 본능도 갖고 있다. 모르는 것을 알고 싶고, 더 배우고 싶은 것이 지식의 충전 본능이다. 따뜻한 사랑을 받고 싶고, 또 누군가와 대화를 하고 싶은 것은 감정의 충전 본능이다. 배워서 알고 익히면 일을 잘 할 수 있고, 대화를 나누면 고독하지 않다. 사람은 충전 본능이 작동하기 때문에 살아갈 수 있다. 리더는 자신을 위하여 지식과 감정을 충전한다. 그리고 다른 사람의 지식과 감정을 충전시키는 일을 한다. 좋은 리더는 충전하고, 충전시키는 리더이다.

충전을 하는 방법 중에는 공부, 휴식 그리고 휴식과 공부의 병행이 있다. 이 시대의 직장인들에게 자기계발 열풍이 불고 있다. 자기계발을 위해 실제로 공부를 하는 직장인들이 있는데, 직장과 공부를 병행하는 사람들은 '샐러던트(saladent, 봉급생활자와 학생의 영어 합성어)' 봉급생활자와 학생의 영어 합성어 의 생활을 한다. 직장인들에게는 공부도 충전의 시간이다. 조사에 따르면 직장인들 중에서 '직장생활과 함께 공부를 병행하고 있다'는 응답자가 70% 가까이 된다. 자신을 샐러던트라고 대답한 사람들에게 공부를 병행하는 이유를 묻자 '순수한 목적의 자기계발을 위해'라는 응답이 거의 80% 가량으로 가장 높았고 '낮아지는 정년과 미래에 대한 불안감 때문'이라는 응답이 절반에 가까웠다. 이와 함께 소수 의견으로는 '인적 네트워크를 넓히기 위해', '승진을 위해', '사내규정 때문에'라는 응답이 뒤를 이었다.

직장인들에게서 공부의 종류는 영어, 전문 자격증, 컴퓨터, 외국어, 비즈니스 실무, 재테크 등이며, 공무원 수험공부도 있었다. 공부를 병행하는 방식은 독학, 인터넷 강좌, 학원 수강, 학교 진학, 스터디 그룹 활동 등을 한다. 공부에 할애하는 횟수는 틈나는 대로, 주 1-3회, 매일, 주 4-5회, 등이다. 아직 공부를 하지 않는다는 직장인들도 조만간 공부를 시작하겠다는 의견이 지배적이었다.

직장인들을 위한 공부는 두 종류가 있다. 하나는 직무 수행을 위한 직접적 기능을 습득하는 과정이다. 예를 들어 무역 업무를 하는 사람이 영어와 국제 예절을 배우는 것이다. 다른 하나는 직무 수행에 도움이 되는 간접적 정보와 기술을 익혀가는 과정이다. 예를 들어 무역 업무를 하는 사람이 메모의 기술이나 시간관리 등을 공부하는 것이다. 특히 간접적인 내용일수록 순수한 자기계발에 효과를 발휘한다.

공부와 휴식을 병행하면서 충전을 하는 방법도 있다. 예를 들어 며칠 동안 휴가를 내어 일상의 업무를 뒤로 한 채 자기 관심 분야를 집중적으로 공부하는 것이다. 휴식이나 휴가에 독서와 생각 집중의 시간을 가질 수도 있다. 이러한 방법도 충전의 방법이라 할 수 있다. 충전은 비전과 목표를 성취하기 위해 체력과 정서 그리고 정신력을 보충하는 시간이다. 충전은 전혀 새로운 사람을 만나 삶의 다양성을 경험하는 시간이 될 수도 있다. 충전은 집중적으로 생각하고 삶의 비전과 목표 그리고 핵심 전략을 재조정하는 시간이 될 수도 있다. 좋은 리더는 충전하는 정기적으로 자신을 충전하는 사람이다. 그리고 자신과 함께 하는 사람들의 재충전에 관심을 갖고 지원하는 사람이다.

충전을 하려면 시간을 따로 정해두어야 한다. 정기적인 충전의 시간을 정할 수 있으며, 수시로 재충전이 필요하다. 충전에 관련된 자료나 아이디어를 평소에 생각해두는 것도 재충전을 위한 좋은 방법이다. 충전은 비전성취와 목표달성의 에너지를 저장하는 시간이다. 재충전은 정신을 맑게 하고, 스트레스를 감소시키며 균형감과 창조성을 가지게 한다. 아무리 바빠도 긴장을 푸는 시간, 새로운 기분을 느끼는 충전의 시간을 가져야 한다. 정기적으로 충전하는 것을 재충전이라 한다. 좋은 리더는 재충전의 시간을 갖는다.

한편 영적인 충전 본능도 있다. 영적인 충전 본능이란 하나님을 찾는 것이다. 사람들은 불안하거나 걱정이 심하게 되면 자기도 모르게 하나님을 찾는다. 하나님께 나 좀 도와달라고 마음속으로 기도한다. 하나님을 만나는 것, 하나님의 말씀을 듣고 새로운 힘을 내는 것이 곧 영적인 충전이다. 좋은 리더는 영적인 충전을 할 줄 안다. 하나님을 만나는 것은 영적인 충전기에 연결되어 충전되는 상태이다.

구약 성경에 위대한 예언자라고 일컫는 사람으로 엘리야가 있다. 엘리야는 갈멜산에서 바알 우상을 섬기는 450명의 사람들과 능력 대결을 하여 승리했다. 이 대결로 바알 우상을 믿는 사람들이 엘리야에 의해 몰살당하였다. 바알을 섬기는 이세벨 왕비가 이 소식을 들었다. 이세벨은 엘리야가 미워서 견딜 수 없어, 엘리야를 죽이고 말겠다고 이를 간다. 엘리야가 이세벨의 노여움을 전해 듣자 갑자기 겁이 났다. 엘리야는 죽음을 면하려고 도망을 한다. 엘리야가 호렙이라는 산의 동굴에 숨었다. 엘리야는 거기서 하나님을 만난다. 엘리야는 하나님으로부터 세미한 음성을 듣고 새롭게 할 일을 듣는다. 하나님은 그동안 우상과의 싸움에 힘들었던 엘리야에게 하나님이 쉴 시간을 주셨다. 엘리야는 쉼을 통해 새롭게 일할 힘을 충전할 수 있었다.

리더

37. 리더는 시나리오를 염두에 둔다

  전 세계적으로 한류열풍이 불고 있다. 한류열풍 중에 선두 주
자는 영화와 드라마이다. 한국에서 만들어지는 텔레비전 연속극
이 전 세계에서 방영되고 있다. 미국을 비롯한 전 세계에 나가서
살고 있는 한국인에게는 물론이고, 일본, 중국, 동남 아시아, 중동
등지에 한국의 연속극이 인기리에 방영되고 있다. 더 나아가서 영
화는 미국인들과 유럽인들에게도 매우 인기가 있다. 전 세계 영
화인들이 한국의 영화 제작 능력이 뛰어남에 감탄하고 있다. 덩
달아서 한국 배우들도 전 세계 사람들에게 매우 인기가 있다. 듣
기로는 북한에 사는 동포들조차도 남한 드라마에 심취해 있다고
한다.

재밌는 연속극이나 영화를 만들려면 여러 가지가 필요하다. 그 중에서 대본이 중요하다. 연속극에는 대본이며, 영화에는 시나리오이다. 대본과 시나리오는 드라마와 영화의 모든 상황을 글로 옮겨 놓은 것이다. 대본에 따라서 드라마와 영화를 제작한 후에 시청자 혹은 관객들에게 보여진다. 연속극의 연출자나 영화의 감독은 대본 혹은 시나리오를 보고 재미있을지를 판단한다. 연속극이나 영화에 출연하는 배우는 대본을 보고 출연을 할지 말아야 할지를 결정한다. 그러니까 대본이 있어야 멋지고 재밌는 연속극, 시나리오가 있어야 소위 말하는 대작이라는 영화가 만들어진다.

연속극에는 대본이 있고, 영화에는 시나리오가 있는데 리더의 인생은 어떨까? 리더의 인생은 대본도 시나리오도 없다. 그러다 보니 리더가 어떻게 해야 할지, 어디로 가야 할지, 무슨 일을 해야 할지, 누구를 만나야 할지 결정하기 어려워 방황할 때가 많다. 리더를 위한 멋진 대본이 있다면 어디로 갈지, 누구를 만날지, 어떻게 할지 고민하지 않아도 될 것인데 말이다. 대본대로 더 잘하기 위한 노력만 있으면 될 것이다. 그런데 대본이 없으니 해결되지 않는 문제만 더 많아질 뿐이다. 누구나 리더가 되고 싶지만 실제로 리더가 되지 못하는 이유는 자기 리더십에 대한 대본이 없기 때문이다.

자신의 리더십을 위한 대본이 없는 상황에서 리더는 어떻게

리더

하는가? 남이 자기를 위해 대본을 써주기를 바라고만 있어야 하는가? 그러면 다른 사람이 진실한 마음을 갖고 대본을 써야 할까? 그것은 연속극이나 영화제작에서나 가능한 일이다. 부모라면 진실한 마음으로 써 줄 것이다. 그러나 부모도 쓸 만한 능력이 안 되고, 또 써 준다도 해도 자녀를 향한 완벽한 대본이 되지 못한다. 부모를 포함하여 남이 써 주는 대본은 사실 써 주는 사람 자신을 위한 것이다. 써 주는 사람의 생각이 들어있기 때문이다. 그리고 리더의 인생 대본을 남이 써 준다는 것 자체가 불가능하다.

스스로의 인생을 위해, 리더십을 위해 대본을 써보라. 좋은 리더는 자신의 리더십을 위한 대본을 쓴다. 즉 자신의 리더십에 관한 생각을 정리하는 것이다. 처음에는 어려울 것이다. 그래도 시도해 보라. 무엇을 해야 할지, 어떻게 해야 할지, 어디로 가야 하고, 누구를 만나야 할지, 어떤 마음을 품고 어떤 생각을 가져야 할지를 종이 위에 써 보라. 시도하다 보면 무엇인가 써 진다. 그것은 연속극 대본이나 영화의 시나리오가 아니지만 나의 인생을 위한 대본, 리더십을 위한 대본이 될 것이다.

인생의 대본, 리더십의 대본을 쓰되 최선의 상황과 최악의 상황을 동시에 생각하고 대본을 써 보라. 성경에 이런 사례가 있다. 여호수아와 이스라엘 군대가 여리고 성을 점령하였다. 하나님의 명령에 따라 순종하였고, 전투를 치르지도 않았으며 단지 성 주위를 돌기만 하였는데, 여리고 성이 무너졌다. 이것은 이스라엘에게는 최상의 시나리오였다. 그리고 하나님은 이스라엘 사람들에게 여리고 성의 물건 중 하나라도 가지지 말라고 하셨다. 그런데 아간이라는 사람이 물건 몇 개를 자기 천막에 감추었다. 그 결과 이스라엘 군대는 여리고보다 훨씬 작은 아이라는 성과의 전투에서 참담하게 패하였다. 아간의 범죄와 아이 성과의 전투는 최악의 시나리오라 할 수 있다.

여호수아는 아이 성과의 전투에서 패한 것 때문에 옷을 찢고 머리에 재를 뿌려가며 슬퍼하였다. 하나님이 여호수아에게 한 사람의 범죄 사실을 알려 주셨다. 여호수아가 범죄자 아간을 색출하여 범죄 사실을 자백 받았고 백성들이 아간을 아골 골짜기에서 처단하였다. 이후 이스라엘 군대가 아이 성과의 전투에서 승리할 수 있었다.

리더가 목표를 세우고, 목표를 향한 계획을 수립하였다면 최상의 대본과 최악의 대본을 동시에 염두에 두어야 한다. 최상의 대본은 꿈과 비전이며 목표가 성취되었을 때 느낄 수 있는 감동을 의미한다. 반면에 최악의 대본은 심각한 장애물이 닥치는 위기 상황을 의미한다. 두 가지를 동시에 염두에 둔다면 꿈과 비전 성취를 낙관적으로만 생각하지 않고 긴장감을 유지하며 목표에 초점을 맞추게 될 것이다. 그리고 위기 상황에 닥칠 때 당황하지

리더

않고 침착하게 대응할 것이다.

2008년 베이징 올림픽에 출전한 한국 야구 대표팀은 최상의 대본과 최악의 대본을 동시에 갖추고 있었다. 최상의 시나리오는 전승 우승으로 금메달을 목에 거는 것이었다. 김경문 감독은 자신의 소신대로 선수들을 선발하였다. 선발 당시 가장 빼어난 성적을 보이는 선수들을 선발하였다. 협회와 주변에서 권유하는 장타자 대신에 김 감독은 기동력이 뛰어난 선수들을 합류시켰다. 결과는 대성공이었다. 매 경기 때마다 기동력이 뛰어난 선수들이 안타를 치고 재치와 기동력으로 세계의 야구 강국들을 뒤흔들었다. 찬스 때마다 대타 작전이 대성공이었다. 대회 내내 부진하던 국민타자를 끝까지 믿어주고 출전시킴으로 준결승과 결승전에서 감동적인 홈런을 생산하도록 배려하였다.

한편 김경문 감독은 최악의 대본도 예상하고 있었다. 위기 때 출전시킨 구원투수는 한국의 승리를 지켜냈다. 역전패 위기에 내몰린 결승전 경기에서는 투수와 포수를 동시에 바꾸어야 했다. 편파판정에 대하여 항의하는 포수에게 퇴장명령을 내린 주심의 판정은 그야말로 최악의 상황이었다. 바로 이 때 동시에 교체 등장한 투수와 포수는 투 스트라이크를 연속으로 잡고 마지막 병살타를 잡아냄으로 감격적인 우승을 맛볼 수 있었다. 최악의 상황에 대비하여 최선의 상황을 연출하기 위한 작전이 있었고 그것이 맞아떨어졌다. 그 결과는 모든 국민에게 감동을 안겨주는 순간이었다. 한국 야구의 올림픽 우승은 세계 언론과 야구계의 찬사로 이어지고, 야구 역사상 길이 남을 업적이었다.

좋은 리더 곧, 탁월한 지도자는 최선의 대본과 최악의 대본을 동시에 생각하며, 두 가지 상이한 시나리오 사이에서 균형을 잡고 흔들리지 않는다. 비록 최악의 상황이 닥친다 할지라도 최상의 시나리오를 향하여 계획을 재조정할 수 있다. 지도자의 모습 때문에 추종자들이 희망을 갖고 최선의 상황을 연출하기 위해 힘을 모은다. 지도자는 승승장구하는 시간에도 최악의 시나리오를 염두에 두고 자만하지 않고 긴장감을 유지한다. 지도자의 긴장감이 추종자들과 구성원들에게 방종하지 않게 한다. 최선의 대본과 최악의 대본을 동시에 기억하고 균형을 유지하라.

리더

38. 리더는 재미있게 일한다

　　한국의 텔레비전 연속극과 영화가 세계적으로 인기가 있다. 또 한 가지 인기를 끄는 것이 있다. 한국의 젊은이들이 부르는 노래가 전 세계 젊은이들에게 굉장한 인기를 얻고 있다. 이른바 케이팝(K-POP) 열풍이다. 유럽의 젊은이들이 소위 아이돌이라고 불리는 한국의 젊은 가수들의 노래와 춤 공연을 보기 위하여 단체 여행을 온다. 그들은 시간을 많이 내어야 하고, 경비도 많이 들어야 하는데도 온다. 외국의 젊은이들이 공연을 보면서 노래를 따라 부르고 춤도 춘다. 왜 그렇게 할까? 재미가 있기 때문이다. 노래와 음악이 재미있고, 보고 즐기는 것이 재미있고, 따라하는 것이 재미있기 때문이다.

리더에게서 진짜 재미는 무엇일까? 노래하고 먹고 놀고 춤추는 것이 아니다. 맛난 것을 먹고, 멋진 곳을 여행하는 것도 아니다. 크고 화려한 집에 살고, 좋은 사람 만나는 것도 아니다. 그것들도 재미중에 하나이긴 하지만 궁극적인 재미는 아니다. 리더에게서 재미는 일하는 재미, 사람들을 즐겁게 하는 재미, 자신이 진리를 깨닫는 재미 그리고 사람들에게 진리를 깨닫게 하는 재미이다. 좋은 리더는 고상한 재미를 추구하는 사람이다.

학생이 공부에 재미를 붙이면 실제로 공부를 잘 한다. 일꾼이 일에 재미를 붙이면 그렇지 않는 사람보다 더 큰 성과를 얻는다. 선생님이 가르치는 일을 재미있게 하면 학생들이 즐겁다. 잘 가르치려는 선생님은 재미있게 가르치는 방법을 개발한다. 그래서 학생들에게 재밌게 가르치면, 학생들이 더 잘 배운다. 좋은 리더는 함께 하는 사람들에게 재밌게 일하도록 지원한다. 좋은 리더는 웃고 즐기는 일터를 만들려고 한다.

신앙도 재미있어야 한다. 예배를 드리는 것, 기도하는 것, 찬송하는 것 그리고 전도하는 것이 재미있어야 한다. 의무감만 크면 재미가 없다. 진리에 대한 확신, 하나님이 자기를 사랑하는 것에 대한 기쁨이 가득하면 신앙이 재미있어진다. 신앙이 재미있으면 그 재미가 다른 사람들에게도 보여진다. 사람들은 자기가 누리지 못하는 재미를 리더에게서 보고 그 재미를 알고자 리더를 따른다. 좋은 리더는 스스로 재미를 찾는 사람이고, 다른 사람에게 자신의 재미를 선사하는 사람이다.

모세가 산에서 하나님으로부터 율법과 성막을 짓는 일에 관하여 들었다. 모세가 성막을 짓기 위해 브살렐과 오홀리압을 비롯하여 지혜로운 사람과 자원하는 사람을 모두 불렀다. 그들은 성전을 짓는 일에 기술과 관심과 재미를 가진 사람들이었다. 성막이 차츰 모습을 드러내는 데 그것을 보고 사람들이 재미를 느끼기 시작한다. 그것을 보고 마음이 감동된 사람들이 성막에 필요한 것들과 제사장의 예복을 만들도록 자기들의 귀금속을 내놓는데 너무 많이 가져와서 모세가 그만 가져오라고 말할 정도였다. 사람들은 재미가 있는 곳에 돈은 쓴다.

좋은 리더는 어떤 환경에 처하든지 그것에서 재미를 찾는다. 어떤 일이든 그 일에서 재미를 찾는다. 리더는 재미를 찾되 보다 차원이 높은 재미를 찾는다. 당장에 즐기는 것이 아닌 장기적인 기쁨을 주는 보람을 찾는다. 리더는 어떤 일이든 차원이 높은 재미를 찾을만한 가치가 있다는 것을 안다. 재미있으면 스트레스가 줄어든다. 에너지가 솟아나와 일의 효과를 높인다. 리더는 삶과 일을 재미있게 한다. 세종대왕은 그 어려운 공부조차도 재미있게 하였다. 그것이 한글을 창제하는 원천이었다. 재미있으면 다른 이에게 더 많이 나눌 것을 생산한다. 재미있으면 어려운 일이라도 도전하는 용기가 생기고, 재미있으면 성공한다.

　　재미를 추구하여 성공한 사람들이 많다. 찰리 채플린은 희극 배우이자 감독이다. 그는 무성영화에서 익살스럽지만 애수를 담은 모습으로 세계적 명성을 얻었다. 그는 두 번째 영화를 찍을 때 중산모에 꽉 끼는 프록 코트, 헐렁한 바지, 커다란 신발 등 그의 독특한 의상을 처음으로 고안해냈다. 그의 의상은 그의 독특한 이미지를 형성하는 것이었다. 그리고 그는 「방랑자」라는 작품에서 애수를 띤 분위기를 가미하여 자신이 연기하는 키 작은 방랑자를 재미있을 뿐만 아니라 전 세계인들로부터 사랑을 받는 존재로 만들었다. 채플린은 독일에서 미국으로 망령하는 아픔을 겪었지만 재미를 추구하여 전 세계인으로부터 사랑을 받았다.

　　미국의 월트 디즈니는 애니메이션을 제작하여 어린이들에게 재미를 선사하였다. 디즈니는 테마 파크 디즈니랜드를 만들어 가족들에게 기쁨과 재미 그리고 행복을 선사하였다. 그는 단순하고 차원이 낮은 재미보다는 복합적이고 차원이 높은 재미를 선사하는 아이디어를 세웠다. 작가 토마스가 디즈니랜드를 이렇게 평가하였다.

　　"디즈니랜드의 아이디어는 매우 단순하다. 그것은 사람들이 행복과 지성을 찾는 공간이 될 것이다. 그것은 부모와 아이가 서

리더

로 서로 즐거운 시간을 보내는 곳이 될 것이다. 선생님과 학생들이 가르치고 깨달음으로 위대한 길을 발견하는 곳이 될 것이다. 여기에서 기성세대는 지나간 세월에 대한 향수를 떠올리고, 젊은 세대는 미래에 대한 도전을 맛볼 수 있을 것이다. 여기에서 보고 이해하는 모든 것들 때문에 자연과 사람에 대하여 놀라워 할 것이다. 디즈니랜드는 아이디어에 근거한 곳이고, 아이디어에 의해 제시된 곳이다. 꿈과 아이디어가 미국을 창조하는 견고한 자원이다. 디즈니랜드는 꿈과 현실을 동시에 꿈꾸는 독특한 설비가 될 것이다. 사람들에게 힘과 용기의 원천으로써 힘이 되고 모든 세상에 대한 영감을 불어넣을 것이다."

재미를 만들어내는 여러 가지 방법들이 있다. 상황을 긍정적으로 보는 것, 웃음과 미소를 유지하는 것, 유머를 구사하는 것, 자신의 보람과 배울 점을 찾는 것, 나누어주는 것, 미래의 아름다운 성취를 상상하는 것, 사람을 신뢰하는 것, 자신감을 갖는 것, 목표를 정하고 성취하는 것 등 여러 가지가 있다. 무엇보다도 하나님이 나와 함께 하신다는 믿음을 가져야 한다. 하나님이 나를 행복하게 하시고 다른 사람들에게 행복을 나누도록 이끄신다는 믿음을 가져야 한다.

좋은 리더는 재미를 만들어낸다. 당신이 리더라면 재미를 만들어내는 것은 순전히 당신의 몫이다. 남이 당신을 위해 만들어

주는 재미는 제한적이다. 당신 스스로 재미를 만들어야 하고, 다른 사람들을 재미있게 해 주어야 한다. 당신이 다른 사람들을 재미있게 하는 것 자체가 성공일 수 있다. 당신은 호감을 주는 사람, 다른 사람들을 편안하게 해 주고, 함께 하고 싶은 사람이며 동시에 다른 사람에게 용기와 도전정신을 주는 사람으로 살 수 있다. 좋은 리더는 인생의 재미를 느끼고 그 재미를 만들어 나누면서 사는 사람이다.

39. 리더는 분명한 이유를 제시한다

솔로몬은 지혜의 상징으로 유명하다. 역사상 가장 지혜로운 사람을 한 사람만 들어보라고 하면 사람들이 주저 없이 솔로몬을 말한다. 교회를 다니지 않는 사람이라 할지라도 상식적으로 솔로몬을 알고 있다. 솔로몬이 왕위에 올랐을 때 하나님께 재판을 공정하고 공평하게 해 달라는 지혜를 달라고 기도하였다. 그리고 아주 어려운 재판을 지혜롭게 해결하였다. 솔로몬은 지혜 있는 판결이나 행동뿐만 아니라 후대의 사람들을 위한 지혜의 말을 아주 많이 남겼다.

솔로몬이 지혜 있는 이유가 또 있다. 그는 지혜를 남긴 이유를 알려주는 지혜를 가졌다. 지혜를 왜 남기는지 그 이유를 분명하게 알려주면, 그 지혜를 듣는 사람이 더 잘 듣는다. 그러니까 이유를 분명하게 알려주는 것이 지혜 있는 행동이다. 솔로몬이 잠언을 쓰는 이유를 이렇게 말합니다. "이는 지혜와 훈계를 알게 하며, 명철의 말씀을 깨닫게 하며, 지혜롭게, 의롭게, 공평하게, 정직하게 행할 일에 대하여 훈계를 받게 하며, 어리석은 자로 슬기롭게 하며 젊은 자에게 지식과 근신함을 주기 위한 것이니!"

리더는 다른 사람보다 지혜로워야 한다. 리더는 공동체의 문제를 해결하는 지혜, 공동체에 방향을 제시하는 지혜를 가져야 한다. 그리고 리더는 공동체에 목표를 제시하고 공동체 구성원으로 하여금 목표에 집중하도록 격려해야 한다. 리더가 분명한 이유를 제시하면 공동체가 한 방향으로 하고, 제시된 목표를 위하여 한 마음이 된다. 그러므로 좋은 리더는 이유를 분명하게 제시할 줄 아는 사람이다. 그 이유는 공동체의 가치를 드러내는 일이어야 하며, 구성원 모두의 만족을 주는 것이어야 한다.

이유를 제시하면 사람들로부터 신뢰를 받는다. 이유를 알게 되면 사람들이 리더의 말을 잘 듣게 될 것이다. 이유를 정확하게 알면 의심하지 않는다. 이유를 알면 배반하지도 않는다. 그러므로 리더는 이유를 정확하게 제시할 줄 아는 지혜가 필요하다. 리더는 만약 사람들에게 무엇을 부탁할 일이 있다면 정확하게 이유를 제시한다. 자기를 위한 이유가 아니라 상대방을 위한 이유를 제시함으로 사람들과 협력한다. 좋은 리더는 이유를 제시할 줄 안다.

　부서에서 여러 가지 업무를 처리하는 여직원이 있었다. 여직원은 상사와 다른 남성 직원들의 업무를 돕는 역할을 하고 있었다. 어느 날 아침 부장이 한 시간 안에 자료를 정리해 달라고 부탁하였다. 10분 후에 과장이 여직원에게 복사물을 부탁한다. 과장은 이 복사물이 임원회에 배포될 것이므로 30분 이내에 반드시 해야 한다고 말하였다. 여직원은 부장과 과장의 부탁을 동시에 들어줄 수 없다. 그렇다면 여직원이 누구의 말을 들었겠는가? 일반적으로는 부장의 말을 우선으로 듣겠지만 그 날은 과장의 말을 들을 수밖에 없었다. 과장의 지시가 더 분명한 이유를 가졌기 때문이다.

　지도자는 이유를 분명하게 제시하는 사람이다. 지도자는 구성원들이 움직이고 행동해야 하는 이유를 분명하게 제시하는 역량을 갖추어야 한다. 그 이유가 자기보다 더 높은 권위에 의지하는 것이라면 곤란하다. 자기의 권위를 내세우기 위한 명령이어서도 곤란하다. 구성원들이 쉽게 말을 듣지 않을 것이다. 왜냐하면 오늘 우리 시대가 자기 생각과 마음에 들지 않으면 권위를 거스르는 경향이 강하기 때문이다. 이유를 제시하고 구성원들의 동의를 얻으려면 공동체의 가치를 제시하여야 한다. 모두가 수긍할 수 있고, 모두가 유익을 얻는 가치가 제시되면 구성원들 모두가 긍정적으로 활동하도록 동기를 부여한다.

윈스턴 처칠은 1940년 수상으로 임명된 후 하원에서 연설할 때 피와 땀과 눈물의 고난을 이야기하였다. 그리고 그 이유도 분명히 밝혔다. "나는 하원에서도 '피와 땀과 눈물' 밖에 바칠 것이 없다고 말씀드리는 바입니다. 우리 앞에는 기나긴 세월의 투쟁과 고난이 놓여 있습니다. 여러분은 우리의 정책이 무엇이냐고 묻습니다. … 어둡고 비참한 인류 범죄사(犯罪史)에서 일찍이 없었던 가공할 폭정(暴政)과 맞서 싸우는 것입니다. … 여러분은 우리의 목적이 무엇이냐고 묻습니다. 나는 한 마디로 대답할 수 있습니다. 그것은 승리입니다. … 승리 없이는 생존이 없기 때문입니다."

세종대왕도 훈민정음 서문에서 한글을 만드는 이유를 분명하게 제시하였다. 나라의 말이 중국과 달라서 백성들이 서로 소통하기 어려웠다. 새로 만드는 28자를 날마다 사용하면 의사소통이 훨씬 쉬울 것이다. 세종대왕은 한글의 창제 이유를 자신의 업적이나, 문화 창출에 두지 않았다. 세종대왕은 단지 백성들의 편안함에 이유를 두었다. 그는 백성들의 소통과 편안함이라는 가치를 이유로 제시하였다. 사대부들에게는 상당한 반발이 예상되는 이유였지만, 세종대왕의 이유 제시가 우리나라의 문화와 역사에 있어서 전환점이 되었다.

공동체 혹은 조직체에서 구성원들에게 이유를 제시하는 것 중에서 대표적인 것이 있는데 그것을 선언문이라고 한다. 대부

리더

분의 조직들을 비전 선언문(Vision Statement)과 사명 선언문(Mission Statement)을 갖고 있다. 비전 선언문은 조직의 미래를 예상하는 것이며, 사명 선언문은 조직이 핵심적으로 해야 할 일이다. 둘 사이의 관계는 조직의 구성원들이 공통된 비전이 비전 선언문에 담겨 있는데, 비전을 이루기 위해 한 마음으로 할 일을 제시하는 것이 사명 선언문에 담겨 있다. 비전 선언문과 사명 선언문은 조직의 구성원들에게 쉽고 명확하게 일과 방향의 이유를 제시한다.

이유가 분명하면 의사소통이 더 잘되고, 문제가 될 소지를 미리 제거한다. 이유를 분명하게 제시하면 목적이 명확하게 되어 구성원들의 행동이 빨라진다. 구성원들이 서로 협력하고 일을 원활하게 한다. 그 결과로 목표달성이 더 빨라진다. 무조건 하라고 명령하는 것보다는 왜 해야 하는지를 분명하게 제시하는 것이 구성원들에게 더 큰 동기를 부여한다. 좋은 리더는 어떤 제안을 하기 전에 왜 해야 하는지에 대한 이유를 분명하게 생각한다. 그리고 구성원들이 알아들을 수 있는 말로 제시할 준비를 한다. 분명하게 이유를 제시하는 리더가 좋은 리더이다.

40. 리더는 스스로 행복을 찾는다

언젠가 지인의 아기 돌잔치에 간 적이 있었다. 아기를 업은 어떤 젊은 여성이 내게 와서 "안녕하세요?"라고 인사를 한다. 오래 전 전도사 시절에 교회에서 뛰어놀던 아이가 그 새 엄마가 되어있었다. 나는 반갑다고 인사를 받고서는 "요즘 행복하니?"라고 질문했다. 젊은 엄마는 한참 생각하더니 "그러려고 하죠!"라고 대답한다. 행복하려고 한다는 대답을 듣고 보니 지금은 행복하지 않고 행복해지고 싶다는 마음을 가진 것이라는 생각이 들었다.

사람들은 누구나 행복하게 살고 싶어 한다. 인생의 목적이 행복이라고 말하는 사람까지 있다. 독자들도 요즘에 행복하다고 생각하는가? 그런데 사람들은 지금 행복하지 않다고 생각한다. 왜 행복하지 않을까? 세상이 내 마음대로 되지 않기 때문이라고 생각한다. 하고 싶은 일이 있는데 마음대로 되지 않기 때문에 행복하지 않다고 생각한다. 필요한 만큼 돈을 갖지 못해서 행복하지 않다고 생각한다. 건강하지 못하기 때문에 행복하지 못하다고 생각한다. 혹은 인간관계가 원만하지 못하기 때문이라고 생각한다. 행복하지 못한 이유가 수없이 많다. 그런데 대부분 행복하지 못한 이유는 주변에서 일어나는 일에 대해 내가 행복하지 않다고 반응하기 때문이다.

리더는 스스로 행복한 사람이다. 그리고 리더는 행복을 나누는 사람이다. 리더는 미래에 대한 꿈과 목표를 갖고 있기 때문에 행복하다. 리더는 자신이 꾼 꿈을 위해 열정을 갖고 일하기 때문에 행복하다. 리더는 자신의 꿈과 목표를 다른 사람과 나누기 때문에 행복하다. 리더는 다른 사람에게 꿈과 비전을 심어주는 일로 행복을 삼는다. 좋은 리더는 스스로 행복을 찾는 사람이다. 환경이나 여건에서 행복을 찾는 것이 아니라, 자신이 할 일과 미래에서 행복을 찾는다.

좋은 리더는 현재의 삶에서도 행복을 느낄 줄 안다. 좋은 리더는 비록 잘 안 되는 일이 있어도 지금 행복할만한 일을 찾을 줄 안다. 주변에서 자기를 괴롭히는 일 때문에 불행하다고 생각하는 것이 아니라, 자기를 위로해주는 가족이 있기에 행복하다고 생각

리더의 의식

한다. 돈이 부족하기 때문에 불행하다고 생각하지 않고, 적게 가졌어도 건강하기 때문에 행복하다고 생각한다. 리더는 불행한 이유가 생기면 행복한 이유도 함께 찾아내는 사람이다. 그리고 리더는 자기 마음속에서 가족 때문에 행복하다고, 건강 때문에 행복하다고 스스로 말한다.

예레미야는 하나님의 말씀을 전하다가 수많은 핍박과 고통을 당하였다. 바벨론 사람들이 침략하여 성전이 둘려 쌓였을 때, 예레미야는 시위대 뜰에 갇혀 있었다. 이 때 하나님이 예레미야에게 말씀하셨다. "너는 내게 부르짖으라 내가 네게 응답하겠고 네가 알지 못하는 크고 비밀한 일을 네게 보이리라"(렘 33:3). 예레미야는 비록 갇혀있는 몸이지만 하나님의 말씀을 들음으로 미래의 희망을 가지고 그 날의 고통을 이길 수 있었다. 예레미야는 환경적으로 행복하지 않았지만, 하나님을 믿는 믿음을 갖고, 미래를 바라볼 수 있었기 때문에 그 자체로 행복하였다.

호주의 '닉 부이치치'라는 청년이 있다. 그는 태어날 때부터 양팔과 다리가 없다. 한쪽 발만 엉덩이에 붙어 있을 뿐이다. 그런데 이 청년은 매우 밝고 긍정적이다. 유머가 넘친다. 부이치치는 대중강연을 통해 행복을 이야기한다. 수많은 젊은이들이 '부이치치'의 강연을 듣고 눈물을 흘린다. '부이치치'에 비하면 장애가 없는 자신들이 얼마나 행복한 사람인지를 알고 있다. '부이치치'는 자신의 삶을 행복하다고 생각한다. 비록 장애가 있어도 다른 사람에게 행복 바이러스를 나누면서 자신의 삶을 즐기고 있다. 행복은 조건이 아니라 마음가짐이다. 좋은 리더는 스스로 행복할 줄 알고 행복 바이러스를 창출하는 사람이다.

좋은 리더는 행복하기 위해 현실을 받아들인다. 바꿀 수 없는 현실을 받아들이되 자신의 태도와 마음을 바꿈으로 받아들인다. 스웨덴 출신의 '레나 마리아'는 "불가능은 없다"라는 말을 증명한 여성이다. 그녀는 1968년 스웨덴의 중서부에 위치한 "하보"라는 마을에서 평범한 부모 사이에 태어났다. 그녀는 태어날 때부터 두 팔이 없고 한 쪽 다리가 절반 밖에 되지 않는 기형아였다. 레나가 태어났을 때, 충격을 받은 부모와 가족들에게 주위 사람들이 특수 시설에 아이를 맡기라고 권유했지만, 레나의 부모는 아이를 포기하지 하지 않고 정상아로 키우기로 했다.

레나는 3살부터 수영을 시작했고 그녀는 세계장애자 올림픽의 수영 부문에서 4개의 금메달을 획득하였고 현재는 가수로 활동하고 있다. 그녀는 결혼을 하여 자신처럼 아름다운 자녀를 둔 어머니가 되었다. 요리도, 자동차 운전도, 그녀는 뭐든지 혼자서 해낸다. 그녀는 세계 각국을 다니며 이런 말을 남긴다. "무엇이든지 혼자서 할 수 있다면 그는 이미 정상인입니다."

불행할 수밖에 없었던 그녀가 어떻게 이처럼 성공할 수 있었을까? 그녀는 자신의 책「발로 쓴 내 인생의 악보」에서 부모에 대한 고마움을 표현한다. 그녀의 부모는 딸의 기형아 상태를 현실로 당당하게 받아들였다. 부모는 딸에게 장애를 있는 그대로 받아들이는 것을 연습시켰다. 한 다리, 한 발로 무엇이든지 할 수 있다는 것을 학습시켰다. 놀랍게도 수영을 통해 "할 수 있다"는 경험이 시작되었다. 레나는 물속에서는 무엇에도 장애를 받지 않는 자유를 누릴 수 있었다. 그녀는 수영을 계기로 스스로 어떤 장애도 극복하는 주도적인 삶을 살아가는 자세를 갖게 되었다고 한다.

리더는 어려움이 있을 때 "나는 할 수 없어"라고 한탄하고 염려하지 않는다. 좋은 리더는 미래를 위해 "할 수 있다"는 생각을 갖는다. 레나 마리아는 이렇게 말했다. "당신이 돈이 없다는 것, 배운 게 없다는 것 또한 온전한 신체를 지니지 않았다는 것은 중요하지 않다. 중요한 것은 지금 처해진 나의 현실이 하나님께서 나에게 주신 최선의 출발점이라는 깨달음이다." 좋은 리더는 현실에서 행복을 찾는다. 그리고 그 행복을 미래로 연결한다.

좋은 리더는 분명한 목표를 세움으로 행복을 찾는다. 좋은 리더는 걱정거리가 있어도 분명한 목표가 있기 때문에 행복하다고 생각한다. 걱정은 목표를 달성하지 못하게 하는 장애물이다. 좋은 리더는 미래를 걱정하는 것으로 오늘의 행복을 훼손시키지 않는

리더

다. 아직 오지 않는 미래에 대한 걱정 때문에 오늘 불행하게 살지 않는다. 예수님은 내일 일을 내일 걱정하라고 하셨다. 리더는 목표를 성취하는 것보다 성취과정에서 행복을 느낀다. 리더는 자신의 행복을 스스로 통제할 줄 안다. 리더는 스스로에게 행복할 자격이 있다고 말하는 사람이다. 리더가 오늘 행복하면 목표성취를 향해 전진할 수 있다. 좋은 리더는 오늘 살아 있다는 것에 감사하고 행복해 한다. 그 행복은 리더의 몸과 마음을 건강하게 하고 리더의 삶을 향상시킬 것이다.

41. 리더는 다른 사람을 존중한다

아이의 변화를 촬영한 텔레비전 프로그램을 보았는가? 가정에서 말썽을 피우는 아이가 있다. 얼마나 말썽을 피우고 엄마 아빠를 속상하게 하는지 엄마 아빠에게 매일 꾸중을 듣는다. 엄마 아빠는 아이를 어떻게 양육해야 해야 하는지 몰라 방송국에 문의한다. 방송국에서는 아이의 생활, 엄마 아빠의 아이에 대한 태도를 자세히 살펴보는데, 문제는 아이에게 있는 것이 아니라, 엄마 아빠에게 있었다. 엄마와 아빠는 아이의 마음을 잘 알아주지 않고, 아이에게 하지 말라는 말만 자주 한다. 아이에게 아주 작은 실수가 있어도 부모가 아이를 꾸중한다. 아이는 엄마 아빠로부터 사랑을 받고자 하는데 엄마와 아빠는 아이에게 사랑을 느끼게 하는 방법을 잘 모른다.

리더

엄마와 아빠는 방송국에서 소개해 준 전문가로부터 아이를 존중하는 방법을 배웠다. 그리고 그대로 실천해 본다. 아이가 떼를 쓸 때, 전에는 꾸중하였지만 이제는 아이와 눈을 마주치고 대화를 한다. 엄마와 아빠가 아이에게 존댓말을 사용한다. 아이가 말을 조금이라도 잘 들으면 칭찬을 크게 해 준다. 그런데 이상한 일이 생겼다. 아이가 자기 감정을 스스로 조절한다. 이전 같으면 떼를 쓸 상황이었는데, 그렇지 않다. 이전 같으면 무엇인가를 던질 수 있었는데, 이제는 참는다. 엄마와 아빠도 아이가 이렇게 변한 것이 신기하기만 하다. 아이가 왜 이렇게 변하였을까? 그것은 엄마와 아빠가 아이를 존중해 주었기 때문이다.

아이는 엄마와 아빠로부터 존중을 받았을 때, 사랑을 받는다는 느낌을 갖는다. 그리고 자기를 존중해주고, 사랑해주는 소중한 분의 마음을 다치게 하고 싶지 않아 자기를 조절한다. 아이도 마음속에서 부모를 향한 존중감이 우러나올 때 엄마와 아빠의 말을 잘 따르고 순종한다. 좋은 리더는 사람을 존중한다. 이렇게 존중해주면 사람이 변한다. 특히 아이일수록 존중해주면 성격이 좋아진다. 그리고 아이가 다른 사람을 존중하고 배려해주는 방법을 배운다.

자유민주주의 사회는 경쟁사회이다. 경쟁사회에서는 남보다 더 뛰어나야 성공한다. 그런데 이상한 것은 남보다 뛰어난 능력을 가졌어도 다른 사람을 존중하지 못하면 성공하지 못한다. 아무리 뛰어난 능력을 가졌어도 다른 사람들로부터 지지를 받지 못하면 성공할 수 없다. 다른 사람의 지지를 받기 위해서는 먼저 다른 사람을 존중해야 한다. 그러니까 존중하는 사람이 성공한다. 좋은 리더는 남을 존중하는 사람이다. 경쟁사회에서 남을 이겨야 성공하는 데, 남을 존중해주고 성공한다는 것이 쉽게 이해되지 않는다. 결과는 남을 존중해주는 사람이 성공한다. 나를 존중해주는 사람이 있다면 그와 함께 하고 싶고, 그의 일을 도와주고 싶어하는 것이 사람의 본성이기 때문이다. 그러니까 다른 사람을 존중하면 성공한다.

영화제에서 상을 받은 배우들이 수상소감을 하는 것을 들어보았는가? 그들은 부모님께 감사하는 것은 물론이고, 한결같이 감독, 스태프, 매니저와 코디 등의 이름을 불러가며 감사를 표시한다. 그들은 상을 받을 것이라는 소문이 돌면 수상 소감을 미리 적어 연습을 하고, 한 사람이라도 빼놓지 않으려고 한다. 혹여 한 사람의 이름을 잊었을 때는 매우 미안해하며 다음에라도 꼭 이름을 말하여 서운함을 달래준다. 주변 사람들을 살뜰하게 챙기는 것이다. 수상하는 배우들은 수상 소감 때 주변에서 수고한 한 사람 한 사람 모두에게 존중하는 마음을 보여준다.

성공하는 지도자들 중에는 따르는 사람들의 이름을 일일이

불러가며 친밀함을 표시하는 경우가 많다고 한다. 「백만불짜리
열성」을 저술한 이채욱씨는 점심시간에는 직원들을 불러 함께
점심식사를 하며 그들의 이름을 불러주고 그들의 어려운 점을 경
청하였다고 한다. 이것 자체가 부하직원을 존중하는 것이다. 한
사람, 한 사람을 소중히 여기고 존중하는 마음 때문에 그는 직원
들로부터 존경을 받고 인기 있는 상사가 되었다.

　누구든지 존중하고 싶으나 막상 방법을 모르거나, 방법을 알
고 있어도 지속적으로 실행하지 못하는 경우가 많다. 혹은 실천
중에 걸림돌에 막혀 중단하는 경우도 있다. 다른 일도 그렇지만
존중하는 일은 마음만큼 만족한 결과를 얻기 어렵다. 다른 사람
을 존중하는 것 중에 가장 좋은 방법은 칭찬하는 것이다. 칭찬을
하되 두루뭉술하게 하지 않는다. 다른 사람의 장점과 특성에 맞
추어서 칭찬한다. 잘한 행동을 칭찬하고 행동과 사람의 인격을
관련지어 인격까지 칭찬한다. 인격을 칭찬받는 사람은 자신이 존
중받는다고 느낀다.

　다른 사람의 의견을 경청하고 공감해주는 것도 존중하는 방
법 중 하나이다. 리더가 자신의 의견이 있어도 결정하기 전에 다
른 사람의 견해를 먼저 들어주는 것 자체가 함께 하는 사람을 존
중하는 것이다. 좋은 리더는 사람들을 존중한다. 몽골제국을 세
운 징기스칸은 주변에 있는 지혜자의 말을 잘 들었다고 한다. 징

기스칸은 자기가 일자무식으로 글을 읽을 줄 모르므로 학자들의 말에 귀를 기울인 후에 결정했다고 한다. 수많은 지식인, 지혜를 가진 사람이 징기스칸을 도운 이유는 무엇이겠는가? 바로 징기스칸으로부터 존중을 받았기 때문이다.

다른 사람을 존중하는 것은 타인의 가치를 인정하는 것이다. 그런데 지나고 보면 자신의 가치를 인정받게 된다. 존중하는 것은 자신이 존중받을 만큼의 인격을 갖추고 있기 때문이다. 아직까지 존중한 만큼의 인격이 안 되었다고 생각하면, 타인을 존중하는 행동을 실천함으로 존중받을 만한 인격으로 성숙하면 된다. 존중은 남이 나에게 해 주기 전에 내가 먼저 하는 것이어야 한다. 좋은 리더는 다른 사람을 존중한다.

존중하는 일에는 일관성을 유지하여야 한다. 일관성이란 상황에 따라서 대응하는 것이 아니라 어떤 상황과 환경에서든지 변하지 않는 것이다. 일관성은 단기간에 증명되지 않고 오랜 기간에 걸쳐 증명된다. 시간이 지난 후에 어떤 지표에 의해 증명될 수도 있고, 주변 사람들의 칭찬에 의해 증명될 수 있다. 특히 일관성은 어려움이 닥칠 때 증명된다. 자기 욕심이나 잘못된 의도를 갖고 존중하는 사람은 어려울 때 평정심을 잃고 남을 무시하거나, 어려움의 이유를 타인에게 떠넘긴다. 어려움은 타인을 더 존중할 수 있는 기회, 자신의 일관성을 보이는 기회이다. 좋은 리더는 어려울

리더

때에도 자신의 가치를 잃지 않는다.

  존중은 배려하는 마음과 직접적인 연관을 갖는다. 배려하는 마음은 사소한 일에서 양보하는 것으로 보일 수 있다. 작은 것에서 이기려고 한다면 존중하는 마음을 보일 수 없다. 사소한 것을 양보하며 배려하는 방법은 타인에게 존중감을 느끼게 한다. 부하 직원에게 개인적으로 점심을 사주며 이야기를 들어주는 것, 엘리베이터를 이용하도록 버튼을 눌러주는 것, 식당에서 수저를 놓아주는 것, 작은 일에 칭찬을 하는 것 등 배려하는 방법들이 무수히 많다. 작은 일이지만 상대를 편안하게 해주는 민감성이 배려하는 행동으로 표현된다. 좋은 리더는 존중의 일관성을 갖는다. 좋은 리더는 지속적으로 배려한다.

예수님 배우기

미국 오하이오 주에 농장을 경영하는 테일러라는 사람이 있었다.
어느 날 한 청년이 찾아와 일거리를 달라고 간청을 하였다. 너무나 간절하게 원하기에
주인이 청년에게 일거리를 주었다. 청년의 이름은 제임스였다.
청년은 건초 저장 창고에서 잠을 자고 밥을 먹으면서 아주 열심히 일을 하였다.
사람이 건강하고 인품이 있고 정직하였다. 그런데 문제가 생겼다.
주인집 딸이 그 청년을 사랑하기 시작했다. 둘은 사랑하는 사이가 되어 버렸다.
어느 날 농장 주인인 아버지가 이 사실을 알게 되었다.
아버지가 딸을 설득했지만 딸은 아버지의 말을 듣지 않았다.
"불쌍해서 도와주었더니 연애하다니."
"아니 어떤 녀석인지도 잘 모르는 놈하고 연애를 하다니."
결국 주인은 그 청년을 쫓아 내버렸다. 그 후 30년 세월이 흘러서 테일러 씨는
옛날 그 청년이 일하던 건초 창고를 정리하려고 청소를 하는데,
기둥을 보니까 아주 오래 전에 새긴 글이 보였다.
'제임스 카필드' 바로 건초 더미에서 일하던 청년의 이름이었다.
그리고 그 청년은 당시 미국의 대통령이 되어 있었다.
테일러 씨는 대통령이 될 사람을 사위로 맞을 수 있는 기회를 놓친 것이다.

최고의 리더는 예수님이시다.

42. 리더는 해결 중심으로 생각한다

예수님이 병자들을 고친다는 소문이 돌았다. 네 사람이 중풍병으로 고생하는 한 사람을 예수님께로 데려와 고침을 받게 하려 한다. 예수님이 계신 집에 사람들이 많이 모였으므로 예수님 앞에까지 데리고 올 수 없었다. 이 때 네 사람이 지붕으로 올라가 지붕을 뜯고 중풍병자가 누운 침상 네 귀퉁이에 끈을 매달아 열린 지붕 사이로 내려놓았다. 중풍병자와 예수님을 만나게 한 것이다. 예수님은 중풍병자를 보시고 죄가 용서받았다고 말씀하신다. 사람들은 예수님이 죄 용서를 말하는 것 때문에 수군댔다. 예수님이 신성모독을 하는 것이라고 생각했기 때문이다. 그러나 예수님은 사람들의 수군거림에 대하여 반박하지 않으시고, 병자에게 상을 들고 걸어가라 말씀하셨다. 말씀을 들은 병자는 일어나 상을 들고 걸어갔다(막 2:1-12).

환자를 예수님 앞에 내려놓은 네 사람은 어려운 문제 상황을 생각하기보다는, 해결 중심으로 생각하였다. 수군대는 사람들은 문제 상황을 만들어냈지만, 예수님은 해결 중심으로 생각하고 행동하셨다. 예수님은 만나는 문제마다 모두 해결하셨다. 하나님 아버지로부터 받은 능력이 예수님에게서 해결하는 능력으로 나타났다. 예수님에게 문제는 언제나 하나님의 능력을 드러내며 하나님께 영광을 돌리는 기회였다. 리더는 문제 상황을 만났을 때 해결 중심으로 생각한다. 즉 해결에 초점을 맞추는 것이다. 우리가 예수님을 닮아가는 리더라면 예수님에게서 해결 중심의 생각을 배울 수 있다. 모두를 해결할 수 없지만 해결 중심으로 생각할 수는 있다.

해결에 초점을 맞춘 사람은 문제 상황이 생겨도 당황하거나 낙담하지 않는다. 리더로서 성공하는 사람은 해결 방법을 찾는 반면에 실패하는 사람은 문제에 자신을 파묻어버린다. 좋은 리더는 한다는 생각, 된다는 생각을 갖는다. 반면에 실패하는 사람은 못한다는 생각, 안한다는 생각, 안 된다는 생각을 갖고 산다. 성공하는 좋은 리더는 되어야 할 이유와 될 이유를 찾지만 실패하는 사람은 안 될 이유를 찾는다. 성공하는 사람은 잘 되는 것을 상상하지만, 실패하는 사람은 안 되는 것을 상상한다. 성공하는 크리스천은 예수님 때문에 될 것이라고 생각하지만, 실패하는 사람은 예수님이 도우셔도 안 되는 일은 안 될 것이라고 단정한다.

어느 신발 회사에서 아프리카로 두 사람의 영업사원을 보내 시장 조사를 하게 하였다. 한 사람은 아프리카에 신발 장사가 안 될 것이라고 보고했다. 이유인 즉은 아프리카 사람들은 모두 맨발로 다니고 한 사람도 신발을 신지 않기 때문이란다. 한편 다른 사람은 흥분하여서 신발 장사가 엄청 잘 될 것이라고 보고했다. 한 명도 신발을 신지 않은 것을 보니 신발 시장이 무궁무진하다는 것이다. 되는 방향이든 안 되는 방향이든 어느 의견이라도 타당한 이유를 갖고 있다. 아무리 타당한 의견이라도 실패를 가정하는 의견이 있고, 성공을 가정하는 의견이 있다. 어느 의견이 미래 지향적이고, 지도력을 함양하는 의견일까? 어느 쪽이 좋은 리더의 생각인가?

세종대왕이 훈민정음을 창제할 때 반대하는 의견이 있었다. 최만리는 1443년에 훈민정음이 창제되자 다음해인 1444년에 여섯 가지 조목의 이유를 들어 이를 반대하였다. 그 내용을 요약하면 다음과 같다. 첫째, 한자와 다른 글자를 만드는 것은 부끄러운 일이다. 둘째, 새로운 글자를 만드는 것은 오랑캐가 되는 것이다. 셋째, 새 글은 비속한 글자이므로 우리 문화 수준이 떨어진다. 넷째, 한자가 어렵다고 해도 중국도 쓰지 않는가? 굳이 새 글을 만들 필요가 없다. 다섯째, 온 국민의 뜻을 묻지 않고, 졸속으로 만들고 있다. 여섯째, 동궁이 쓸 데 없는 일에 시간을 뺏기고 있다.

그러나 세종은 훈민정음을 만들어야 할 이유를 갖고 있었고, 해결 중심으로 일을 풀어나갔다. 세종이 쉬운 문자를 만들고자 했던 것은 훈민정음 창제 동기에서도 잘 드러나듯 "어리석은 백성이 이르고자 할 바 있어도 이르지 못하는 경우가 많아" 그런 "백성들을 편안하게 하기 위함"이었다. 세종은 양반사회의 반대를 감안하여 비밀리에 창제 작업을 지휘하였다. 훈민정음을 창제하기 위해 조직을 개편하고, 세자에게 결재권을 맡겼다. 세종은 최만리의 훈민정음 반대에 대해 "네가 운서를 아느냐? 사성칠음에 자모가 몇이나 되느냐?"며 최만리의 문학에 대한 무식함을 꼬집었다. 또 최만리의 언어 가치관에 대한 논리적 결함을 조목조목 반박하고 설총이 만든 이두의 한계를 정확하게 지적하였다. 또 최만리에게 "내가 운서를 바로잡지 않으면 누가 이를 바로잡을 것이냐?"는 말에서도 자신이 해결해야 할 명분을 제시하였다.

문제 중심으로 생각하면 해결이 어렵지만, 해결 중심으로 생각하면 해결할 수 있다. 좋은 리더는 문제를 정확히 분석하는 능력과 함께 해결해야 하는 타당한 이유를 생각하고, 해결할 방법도 함께 생각해 낸다. 믿음의 지도자는 해결해야 할 이유가 하나님의 능력을 드러내야 하고 예수님의 이름을 높이며, 하나님의 영광이어야 한다. 믿음의 지도자가 해결하는 방법으로 하나님을 의지하며, 예수님의 능력을 사용하며, 성령님이 주시는 지혜를 사용한다. 해결 중심의 생각이 당신을 지도자로 세워갈 것이다.

43. 리더는 기회를 잡아 활용한다

　　예수님은 어떤 일이든지 말씀을 가르치고 당신을 드러내는 기회로 삼았다. 나사로가 병들었다는 소식을 들은 예수님이 나사로가 사는 베다니로 향하는 도중에 말씀하셨다. 나사로의 병이 죽을 병이 아니라 하나님의 영광을 위한 병이라고 말씀하셨다(요 11:4). 예수님은 병을 볼 때도 하나님의 영광을 드러낼 기회로 보셨다. 예수님이 도착하셨을 때 이미 나사로가 죽었다. 예수님은 나사로의 누이 마르다와 대화하는 과정에서 스스로를 부활이요, 생명이라고 말씀하셨다(요 11:25). 그리고 예수님은 무덤에 누여진 나사로를 살리심으로 스스로를 생명의 주님으로 증명하셨다. 예수님은 나사로의 죽음조차도 당신의 본성을 말씀하시고 사역을 증명하는 기회로 보셨다.

기회는 자주 오지 않는다고 한다. 아니다. 기회는 너무 많다. 다만 우리는 기회를 인지하지 못할 뿐이다. 사람에게 오는 기회가 너무 많기 때문에 중요하게 생각하지 못하며 자기 것으로 사용하려 들지 않는다. 좋은 리더는 민감성을 가지고 작은 기회라도 인지한다. 너무 작은 기회, 사소한 기회라도 자기 것으로 만들 줄 안다. 사소한 기회를 인지할 줄 아는 사람은 큰 기회도 인지한다. 작은 것에 성실한 사람이 큰 것에도 성실한 것처럼 작은 기회를 잘 사용하는 사람에게 큰 기회가 온다. 평소에 기회를 노리는 사람은 큰 기회가 찾아왔을 때 절대 놓치지 않는다. 좋은 리더는 마음을 열고 기회를 보는 눈을 가진다. 기회를 볼 줄 아는 것만도 잠재력을 가진 것이고 새로운 가능성으로 향하는 것이다.

반기문 유엔 사무총장은 작은 기회라도 소홀히 하지 않았다. 그는 중학생 시절 영어를 공부할 때 외국인을 만나기 위해 집 주위 비료 공장의 미국인 엔지니어들을 찾아다녔다. 처음엔 더듬더듬 했지만 엔지니어의 부인들과 얼굴을 트면서 영어공부를 시작했고 마침내는 전국 영어 웅변대회에서 2등과 10점 이상 차이가 나는 1등을 차지하여 한국 대표로 미국에 갈 수 있었다. 미국에서 케네디 대통령을 만나 "저의 꿈은 외교관입니다"라고 말했다. 유엔 사무총장을 향한 그의 꿈이 시작된 첫날이었다.

반 총장은 정리 왕이라고 불린다. 외교관의 필수 덕목 중 하나

리더

가 바로 정리다. 어와 아의 어감 차이 하나가 국가 이익을 좌지우지 하는 외교현장에서 메모 정리는 무엇보다 필수다. 반 총장의 메모는 외교부내 '최고'라는 평가를 받는다. 정리하는 것 자체가 업무에 연결되는 역량을 향상시키는 기회를 제대로 활용하는 것이다.

반 총장에게 위기도 있었다. 외교부 차관을 지낼 당시 한 러 정상회담 공동성명 중에서 미국의 오해를 살 만한 일이 있었다. 대통령이 미국에 강도 높은 사과를 해야 할 정도로 일이 불거졌다. 반기문은 그에 대한 책임을 지고 30년간 지켜온 외교부를 물러나야 했다. 이것은 크나큰 시련이었지만 받아들일 수밖에 없었다. 4개월 후 한승수 총리가 유엔 총회 의장으로 가면서 그를 비서실장으로 불렀다. 차관까지 지낸 그가 국장급인 직위였지만 새로 시작하였다. 이것이 그에게 기회였다. 그는 유엔에서 콘돌리자 라이스 미 국무부 장관 등을 만나 그가 얼마나 성실한 사람인지를 보여줬고, 이때 닦은 그의 인맥은 그가 유엔 사무총장이 되는데 큰 버팀목이 됐다.

예수님이 나귀를 타고 예루살렘 성으로 올라가셨다. 예수님이 나귀를 타셨는데, 이 나귀는 한 번도 사람들이 탄 적이 없는 어린 나귀였다. 예수님이 이 나귀를 타고 올라가실 때 사람들이 겉옷을 벗어 나뭇가지와 함께 길에 펴고 앞뒤로 따르며 호산나를 부르며 환영하였다(막 11:8-9). 그러나 예수님은 예루살렘으로 가는 것이 고난을 받는 것임을 아셨다. 비록 고난의 길이지만 예수님이 담대하게 예루살렘으로 가셨다. 예수님은 당신이 고난을 받지만 그것이 곧 하나님께 영광이 되는 기회임을 알고 계셨고(요 17:1), 예수님은 그 기회를 놓치지 않으셨다.

내가 이런 사람이라고 자랑하고 권위를 드러내어도 자신에게 오는 기회를 놓치면 아무 것도 아니다. 기회는 잡는 사람의 몫이다. 좌절과 실패도 새로운 도전과 성공을 위한 기회이다. 미국에서는 '실패로부터 배우기'라는 모토가 생겨났다. 실패는 실패로 끝나지 않고 배움을 위한 소재로 사용될 수 있다. 그러면 동일한 실수를 하지 않게 될 것이고, 실패를 성공의 밑거름으로 삼을 수 있다. 이것이 곧 실패에서 기회를 찾는 것이다.

실패도 기회이다. 실패를 거울삼아 다시 일어나는 사람이 얼마든지 있다. 아무리 해도 안 되는 것은 일찌감치 포기하여 실패라고 선언하고는 다시 시작했는데, 엄청나게 크게 성공하는 경우도 있다. 실패 선언이 오히려 새로운 성공의 기회가 되는 것이다. 실패를 선언하되 포기하는 사람은 기회를 잡지 못한다. 포기하지 않는 사람은 실패 속에서도 새로운 성공을 본다. 포기하지 않는 사람은 위기와 역경 속에서도 새로운 기회를 탐색한다.

리더

구창모 씨는 가수활동을 하다 은퇴한 이후 자동차 딜러로 큰 돈을 벌었다. 그러나 새로운 사업에 투자하였다가 몽땅 날렸다. 중국에 연예 프로그램을 수출하는 사업에도 실패하고 국내 부동산 개발 사업에도 실패를 하였다. 그는 카자흐스탄 부동산 개발을 제안하는 사람의 이야기를 듣고 눈을 돌려 키르기스스탄 부동산 사업에 투자하였다. 결과는 엄청난 성공이었다. 그는 조직이나 자금 관리에 미숙하여 여러 번 실패했다. 그러나 새로운 기회를 보았고 기회를 잡았을 때 그의 실패 경험은 자산 역할을 하였다.

　사도 바울은 세월을 아끼라고 강조한다. "세월을 아끼라 때가 악하니라"(엡 5:16). "외인을 향하여서는 지혜로 행하여 세월을 아끼라"(골 4:5). 여기 세월은 영어로 opportunity 곧 기회를 의미한다. 세월을 아끼라는 말씀의 영어 본문을 직역하면 모든 기회에서 최선을 다하라는 의미이다. 최선을 다하면 작은 일이라도 기회를 발견할 수 있다. 어떤 일에서든지 자신을 향한 기회가 열려있다. 기회는 구하고 찾고 두드리는 사람에게 더 잘 찾아온다.

　기회는 주변에 얼마든지 있다. 다만 기회를 잡을만한 자원이나 실행능력이 부족할 뿐이다. 좋은 리더는 자신이 갖고 있는 자원을 활용하고, 자신이 실행할만한 것을 찾아서 기회를 활용한다. 학습과 배움, 취업, 투자, 재테크, 인간관계, 투자, 창업, 성공, 결혼 등 여러 가지 일에 기회가 있을 것이다. 가정 일, 교회 일, 직장 일, 동호회나 친목회 일, 학교와 지역 사회 일 등등 모든 일에 기회들이 열려 있다. 자신감이 없거나 어색하여 나서지 못할 수 있으나 기회를 찾는 사람은 스스로 자신을 기회 속으로 몰아넣는다. 그에게는 기회가 더 잘 발견될 것이다. 좋은 리더는 모든 일에서 기회를 찾는다.

44. 리더는 비전을 상상한다

예수님이 제자를 부르실 때 비전을 주셨다. 베드로를 부르실 때 "나를 따라 오너라 내가 너희로 사람을 낚는 어부가 되게 하리라"고 말씀하셨다(마 4:19). 예수님은 베드로가 가장 이해할 수 있는 말로 미래의 모습을 말씀하셨다. 이 말을 들은 베드로는 거의 흥분하다시피 되어 배와 그물을 버려두고 예수님을 따랐다.

역사에 족적을 남긴 사람들은 모두 비전의 사람이었다. 그들은 비전 중심으로 살았다. 예수님은 세상 구원의 비전을 가지셨다. 미탄 루터와 칼빈은 종교개혁과 자유로운 신앙의 비전을 가졌다. 청교도들도 자유로운 신앙 생활의 비전을 가지고 신대륙을 향하여 갔다. 지금도 비전을 가진 사람들이 많다. 아메리칸 드림이라고 미국에 가서 꿈을 이루기 원하는 사람, 코리안 드림이라고 한국에 와서 꿈을 이루기 원하는 사람이 많다. 그들 대부분은 경제적인 문제와 관련되어 있다.

그보다 더 큰 비전, 가치 있는 비전을 가져야 한다. 그것은 하나님 나라와 관련된 비전이다. 예수님이 세상에 오셔서 하나님 나라를 전하셨다. 그리고 사도 바울이 하나님 나라와 관련된 비전을 받았다. 이방인의 빛, 이방인의 사도가 되는 비전이었다. 그래서 바울은 일루리곤까지 복음을 편만하게 전하였고, 서바나로 가서 전하고 싶었다. 하나님 나라의 비전은 동시에 사람을 위한 비전이기도 하다. 사람들에게 복음이 전해지고 사람들이 변화됨으로 하나님 나라가 성장하기 때문이다. 좋은 리더는 하나님 나라와 관련된 비전을 갖는다.

중국 내 깊은 곳까지 복음을 전한 허드슨 테일러는 하나님 나라와 사람을 위한 비전을 동시에 갖추었다. 그는 17살 때 「중국」이라는 소책자를 읽은 뒤 중국 선교의 꿈을 갖게 되었다. 개인적으로 중국어 성경을 읽으며 중국어를 공부하였고, 중국어 성경 번역을 하였으며 중국 선교를 위한 독특한 방법들을 사용하였다. 그는 다른 선교사들이 중국의 발전 지역이나 외국인 밀집 지역에서 편안하게 활동하는 것과는 달리 중국 내부 선교에 진력하였다. 중국 내지 선교회를 창립하여 1911년에는 내지 선교회의 선교사가 968명

리더

에 이른 적까지 있었다. 지금까지 중국 선교를 이야기하려면 허드슨 테일러를 빠뜨릴 수 없다.

좋은 리더는 비전을 갖는다. 비전을 가진 사람은 용기가 있다. 비전을 가진 사람은 지치지 않는다. 비전을 가진 사람은 포기하지 않는다. 비전을 가진 사람은 남과 다르다. 비전을 가진 사람은 다른 사람에게 영향을 끼치고 다른 사람을 이끌어간다. 비전을 가진 사람이 일을 이룬다. 비전을 가진 사람이 아름답고 멋진 미래를 열어간다.

비전은 우선적으로 상상 속에서 존재한다. 예수님이 나다나엘을 처음 만났을 때 참 이스라엘 사람이라고 칭찬하시며 크고 아름다운 일을 볼 것이라고 말씀하셨다. "진실로 진실로 너희에게 이르노니 하늘이 열리고 하나님의 사자들이 인자 위에 오르락 내리락하는 것을 보리라"(요 1:51). 예수님은 마치 그림을 보는 것처럼 말씀하심으로 나다나엘에게 미래에 하나님이 주시는 비전과 축복을 상상하게 하셨다.

우리는 상상력이라는 복을 받았다. 좋은 리더는 상상력을 비전을 만드는 데 사용한다. 좋은 리더는 좋은 것을 상상하여 더 좋은 일이 일어나게 한다. 아름다운 것을 상상하여 사람들에게 더 아름다운 미래가 열리게 한다. 리더는 더 많은 꿈을 꾸고 하나님이 이루어질 것을 상상하고 믿는다. 좋은 리더는 상상력을 활용한다.

마르쿠스 아우렐리우스는 "인생은 우리의 생각으로 만드는 것이다"라고 말하였다. 존 스터트는 이렇게 설명한다. "상상은 선한 것이나 악한 것에나 모두 사용된다. 아인슈타인은 "상상이 지식보다 더 중요하다"고 말했다. 영화감독 샘 루퍼스는 "상상은 인간적 노력의 기초이다. 문명의 역사는 근본적으로 사람들의 상상의 기록이다"라고 말했다.

영화감독 샘 루퍼스는 'IMAGINE'(상상하다)의 각 글자를 사용하여 상상하는 방법을 제안하였다.

Idea - 아이디어를 격려하고 나눈다.

Make - 초점을 만들어 질문한다.

　　"나는 어떤 점에서 변화해야 하는가?"

All - 모든 사람들은 창의적인 생각을 가졌다.

Good - 좋은 아이디어가 나쁜 아이디어를 몰아낸다.

Innovative - 혁신적인 생각은 위험이 따르지만

　　　　　혁신 변화는 용기와 믿음이 필요하다.

Never - 우연히 발견한 첫 번째 멋진 생각에

　　　　결코 자만하지 말라.

Enrich - 창의성과 격려하여 사람들을 칭찬하라.

헨리 포드는 미국 자동차 산업의 전설적인 인물이다. 그는 자동차 제조업에 관한 그의 꿈을 생생하게 시각화하였다. 그는 1903년도에 그의 상상을 이렇게 말하였다. "나는 대중을 위한 자동차를 만들 것이다. 가족을 위한 충분한 크기이지만 개인적으로 안전하게 달리는 데 충분할 만큼 작을 것이다. 최고의 부품으로 최고의 근로자들에 의해 생산될 것이다. 현대 기술자들이 고안한 단순한 디자인일 것이다. 봉급생활자들도 탈 수 있을 만큼 매우 낮은 가격이 제시될 것이고, 자신의 자동차 안에서 가족들과 함께 즐기며 하나님의 위대하고 개방된 공간에서 복되고 즐거운 시간을 보낼 것이다."

오늘날 미국은 포드의 상상대로 자동차가 넘쳐난다. 천차만별의 자동차들이 미국 거리를 달린다. 자동차 없는 생활을 생각조차 못할 정도가 되었다. 상상력이 비전을 만들어낸다. 그리고 비전을 달성되는 것을 상상하면 비전 성취를 위해 몸과 마음이 움직이고 말하게 된다. 사람의 생각과 말과 행동이 비전과 상상에 의해 이끌리는 것이다. 멋진 일을 상상하고 그대로 실현한 사람이 수없이 많다. 디즈니랜드를 만든 월트 디즈니, 흑인과 백인의 평등을 외친 마틴 루터 킹, 컴퓨터 소프트웨어의 제왕이라 불리는 빌 게이츠, 한국 정원의 아름다움을 상상한 아침고요수목원의 한상경 등 그들의 상상력이 인류문화를 발전시켜 왔다.

상상력은 하나님이 사람에게 주신 선물이다. 하나님은 당신의 형상대로 사람을 창조하셨다. 하나님께서는 상상과 창조의 능력을 가진 사람을 사용하신다. 좋은 리더는 하나님이 자기에게 주신 선물을 마음껏 사용하되 아름답고 선한 상상을 한다. 혹시 어려움이 생기면 안 좋은 상상을 할 수도 있으나 좋은 리더는 그럴수록 더 좋은 것을 상상한다. 어려움과 제약들이 리더의 상상력을 퇴색시키려 하지만 좋은 리더는 더 큰 상상력으로 극복한다.

리더

45. 리더는 다양한 방법으로 듣고 공감한다

　　로마의 백부장이 예수님께 찾아와 자기 하인을 고쳐달라고 부탁하였다. 예수님이 그 이야기를 듣고 백부장의 집으로 가서 고쳐주겠다고 대답하신다. 예수님이 백부장의 고민을 거절하지 않고 귀 담아 들으셨다. 그런데 백부장은 예수님이 자기 집에 오시는 것이 죄송하므로 말씀만 해 달라고 부탁한다. 백부장도 부하를 다스리고 다른 사람의 부하이므로 말 한마디로 움직이는데 예수님도 말 한마디면 하인이 치유될 것이라고 한다. 백부장의 말을 들은 예수님은 "이스라엘에서 이만한 믿음을 찾아볼 수 없었다"면서 백부장을 매우 칭찬하셨다(마 8:10). 예수님은 귀를 열어 백부장의 말을 들으셨고 공감하셨다.

다른 사람과의 좋은 관계를 원하는 리더는 자기 말만 하려고 들지 않는다. 좋은 리더는 상대의 말에 귀를 기울여 들으려 한다. 다른 사람의 진실한 말에 자신의 감정, 생각, 가정, 반응을 내려놓을 줄 안다. 열린 마음으로 상대의 말의 내용을 받아들일 줄 안다. 리더의 인내심이 나타나고, 리더는 다른 사람과 좋은 관계를 맺으며 신뢰를 받게 될 것이다. 좋은 리더는 귀를 열어 들을 줄 안다.

요즘 아이들에게서 듣는 능력이 약화되었다. 현장의 교사들은 아이들이 경청하지 못하는 것을 '요즘 세대'의 특성으로 꼽는다. 경청하는 연습할 수 있는 공간이었던 가정의 모습이 변화되었기 때문이다. 가족구성원이 많던 옛날에는 가족들 사이의 소통만으로도 듣기와 말하기 훈련이 가능했지만 핵가족이 보편화된 요즘은 그렇지 못하다. 함께 놀 형제나 자매가 없는 아이들은 대개 혼자 음악을 듣거나 컴퓨터 게임으로 소일한다. 인터넷 채팅이나 휴대전화 문자로 친구들과 끊임없이 소통한다지만 이는 '듣기'가 아닌 '읽기'만으로 가능한 일이다.

학교는 학생들에게 '듣기 교육'을 시키고 있다. 문제는 학습을 위한 듣기와 의사소통을 위한 듣기는 전혀 다른 기술을 요구한다는 점이다. 학생들이 학교에서 주로 하는 듣기는 분석적 듣기이다. 분석적 듣기는 내용을 정확히 이해하고자 따져 듣는 것을 말한다. 그러므로 요즘 아이들은 분석적 듣기에는 어려움이 없다. 학교는 학생들의 의사소통 능력을 향상시키기 위한 듣기 교육을 병행한다. 사실 학교에서의 듣기 교육보다 선행되는 것은 가정에서의 듣기 습관이다. 아이들에게 정말로 필요한 듣기 교육은 공감적 듣기다. 자녀들을 성공하는 사람으로 양육하려면 부모가 먼저 공감하는 마음으로 자녀들의 말을 들어야 한다.

직장이나 사업에서 성공하고 존경을 받는 사람들은 듣는 능력을 키우고 실제로 많이 듣고 공감하는 사람이라고 인정받아야 한다. 듣는 것만으로도 성공하는 사람이 많다. 국민과의 소통을 원하는 국가 지도자도 말하기보다는 먼저 들음으로써 소통해야 한다. 리더십을 발휘하고 싶다면 먼저 들어야 한다. 공감하며 듣는 훈련을 해야 하고 듣는 능력을 향상시켜야 한다. 좋은 리더는 공감하며 듣는다.

그리고 좋은 리더는 눈으로도 듣는다. 예수님이 제자 베드로의 집에 들어가셨다. 그런데 베드로의 장모가 열병으로 앓아 누워 있다. 예수님이 그 모습을 보시고 베드로의 장모 손을 잡아주셨다. 베드로의 장모가 즉시 열병에서 낫게 되어 일어났고 예수님에게 식사를 대접하였다(마 8:14-15). 예수님은 사람을 바라볼 때 그의 형편과 처지 그리고 소망을 아셨다. 예수님이 무엇을 해 주어야 할지 알고 계셨다. 예수님은 공중의 새가 먹는 것, 들의 백합화가 아름다운 옷을 입는 것 등 눈으로 보는 것에서 의미를 찾으셨고, 제

예수님 배우기

자들에게도 그 의미를 새기라고 가르쳐 주셨다(마 6:25-33). 예수님은 눈으로 들을 줄 아셨다.

좋은 리더는 다른 사람의 행동을 눈으로 듣는다. 귀로만 듣지 않고 상대의 눈빛, 제스처, 행동, 포즈를 눈으로 듣는다. 세상의 사물을 눈으로 들을 수 있다. 눈으로 들으면 커뮤니케이션 능력, 진실성을 판단하는 능력이 향상된다. 눈으로 듣는 것은 진실을 쉽게 판단하기 어려울 때 효과가 있다. 말하는 사람의 표정과 자세, 낯빛, 눈빛, 눈의 위치 등의 미세한 차이에서 상대의 자신감이나 진실성이 엿보이기 때문이다. 눈으로 들으면 귀로 듣는 것과는 또 다른 차원의 내용을 들을 수 있다.

눈으로 들으려면 우선 시선을 처리할 줄 알아야 한다. 말하는 사람을 바라볼 때 부드럽고 온화한 눈빛으로 바라보는 것이 좋다. 눈으로 듣는 사람은 시선 처리에서도 상대를 압박하지 않는다. 상대를 뚫어져라 쳐다보는 것이 아니라 약간 아래로 보면서 상대에게 부담감을 덜어준다. 턱이나 목을 봄으로 상대에게 시선을 고정시키되 동시에 안정감까지 갖게 하는 것이다. 좋은 리더는 눈으로 들을 줄 안다.

매서운 눈빛을 가진 사람은 나름대로의 매력이 있으나 말하는 사람에게 위압감을 줄 수 있다. 상대로 하여금 솔직하고 자연

리더

스럽게 말하게 하려면 은은하면서도 약간의 미소를 띤 눈빛을 유지한다. 손자의 재롱을 한 발자국 떨어져서 지켜보는 할아버지의 눈빛이라고 생각하면 이해하기 쉽다. 단 도덕적으로 잘못된 일을 볼 때는 매서운 눈빛을 띨 수도 있다. 이것은 상대로 하여금 스스로 잘못한 것을 깨닫게 하는 효과가 있다.

눈으로 들으려면 상대의 표정과 자세, 눈빛과 낯빛, 제스처 등을 유심히 관찰하고 공감하는 능력을 가져야 한다. 예를 들어 어깨가 처져 있으면 무엇인가 피곤하다는 것이므로 상대를 압박하거나 채근하지 않는다. 사람은 누구나 상대를 관찰하는 능력을 일정부분 갖추고 있다. 문제는 관찰하되 꼬투리를 잡고 마음에 불편함을 품는 성향을 보이는 사람이 있다. 눈으로 듣는 것은 기본적으로 상대의 불편함을 알아차려서 해소하기 위한 관찰이어야 한다. 직관력을 갖추면 말하는 상대의 진실성을 감지할 수 있다. 사람을 겉모습으로만 보는 것이 아니라 내면의 세계를 이해하고 내면 세계의 풍성함에 대하여 관심을 갖는다.

눈으로 듣는다는 것은 상대의 입장에서 상대의 눈으로 사물과 상황을 바라보는 것이다. 같은 관점을 갖고 바라보면 상대의 말에 대하여 긍정하고 수긍할 수 있다. 감정을 이해하고 일정부분 동의할 수 있다. 이것을 공감이라고 한다. 좋은 리더는 눈으로 공감한다. 눈으로 들을 때 감정이입의 상태까지 갈 수 있다. 상대가 눈물을 흘릴 때 같이 울고, 상대가 웃을 때 같이 우는 것이다. 우리 예수님은 직관적으로 사물을 보되 감정이입을 잘 하셨다. 죽은 나사로가 누운 무덤 앞에서는 눈물을 흘리심으로 감정이입을 하셨다. 감정이입이 되려면 눈으로 보되 긍휼의 관점에서 보아야 한다. 긍휼로 본다면 비로소 눈으로 듣는 것이라 말할 수 있다. 좋은 리더는 눈으로 듣고 공감하고 감정을 이입한다. 좋은 리더는 다양한 방법으로 들을 줄 알고 공감한다. 그것이 리더의 지도력과 인격을 한층 높인다.

46. 리더는 100% 책임감을 갖는다

예수님이 여러 곳에 다니시며 전도하시고, 병자들을 고쳐주셨다. 예수님의 소문을 들은 사람들이 예수님을 만나려고 구름떼처럼 모여들었다. 우리 같으면 이렇게 많은 사람들이 모인 것을 보고 감정적으로 동요하고 흥분하였을 것이다. 그런데 예수님은 수많은 사람들을 보고 민망히 여기셨다. 그 이유는 군중들이 목자 없는 양처럼 어두운 삶에서 헤매고 있는 것으로 보였기 때문이다. 예수님이 제자들에게 추수할 것은 많되 일군이 적으니 하나님께 추수할 일꾼을 보내달라고 기도할 것을 주문하셨다(마 9:35-38).

예수님이 광야에 모여든 사람들의 먹을 것을 걱정하셨다. 그래서 제자들에게 먹을 것을 주라고 하셨다. 예수님이 당신의 책임을 제자들에게 떠넘긴 것인가? 아니다. 이때는 제자들의 믿음을 시험하고자 하셨을 뿐이다. 예수님은 어떤 상황에서라도 제자들의 믿음에 대한 책임을 가지셨다. 그리고 어린아이의 보리떡 다섯 개와 물고기 두 마리를 가지고 하나님께 기도한 후 오천 명을 먹이셨다. 예수님은 오천 명의 양식에 대하여서도 완전한 책임감을 가지셨다.

예수님은 사람들을 바로 이끌 책임감, 행복을 안겨주고 싶은 책임감을 가지셨다. 그래서 어떤 일이든지 당신이 책임져야 할 일이라면 회피하지 않으셨다. 예수님이 회피하시는 것은 죄에 관한 것, 사탄의 시험 뿐이다. 이것은 예수님이 당신의 믿음에 대한 책임감이다. 예수님은 병자들을 만나면 고쳐주셨다. 그들을 사랑하고 치유해야 할 책임을 감당하셨다. 제자들에게는 가르치셨다. 예수님은 제자들의 믿음에 대한 책임감을 가지셨다.

링컨은 노예 해방을 위해 싸웠다. 마틴 루터 킹은 흑인의 인권을 위해 투쟁하였다. 그들은 사람에 대한 책임감, 사람의 권리에 대한 책임감을 가진 것이다. 그들은 책임감 때문에 다른 사람의 비난 앞에서도 당당하였고, 겸손히 사람들을 대할 수 있었다. 마하트마 간디는 인도의 해방을 위한 책임감을 가졌다. 이순신 장군은 나라를 구해야 하겠다는 책임감을 가졌기 때문에 왕과 조정의 모략에도 백의종군을 하였고, 군대와 백성들을 다독여 연전연

승을 이끌어 냈다. 세종대왕은 백성의 눈을 띄워야 하겠다는 책임감 때문에 훈민정음을 창제할 수 있었다.

좋은 리더, 위대한 지도자들은 모두 자기 책임을 감당하는 사람들이다. 그들은 자기 책임을 다른 사람에게 떠넘기지 않았다. 예수님을 닮은 좋은 리더는 현실 상황에서 스스로 책임져야 할 것을 찾아낸다. 일이 꼬이더라도 비난하는 것보다 모세처럼, 사무엘처럼 스스로의 책임감을 찾아낸다. 좋은 리더는 자기 일을 100% 책임지려고 하며 해결책을 본다.

예수님이 양을 잃어버린 목자에 대해 이야기하셨다. 한 사람이 100명의 양을 가지고 있었는데 어느 날 양 한 마리를 잃어버렸다. 목자는 양을 찾으려고 낮에 다니던 길을 거슬러 다녔다. 양이 있을만한 곳으로 다니며 유심히 살피며 귀를 기울여 양의 울음소리를 듣는다. 결국 양을 찾은 목자가 양을 어깨에 메고 돌아와서 이웃과 친구들을 불러 모으고 잔치를 벌이며 즐거워한다(눅 15:4-6).

예수님이 사람들을 찾는 것이 마치 목자가 양을 찾는 것과 같다. 목자가 양에 대한 책임감과 주인 의식을 가졌듯이 예수님도 사람들에 대한 책임감과 주인 의식을 가지셨다. 예수님은 70명의 제자들을 보낼 때 양을 이리 떼 가운데로 보냄과 같다고 말씀하셨다. 이 말씀에서 우리는 예수님이 제자들의 삶과 사역에 관해 주인 의식을 가지셨음을 볼 수 있다. 그 주인 의식은 우리를 향해서도 적용된다. 책임감은 주인 의식이고, 주인 의식은 곧 책임감이다. 좋은 리더는 주인 의식과 책임감을 동시에 갖는다.

우리가 주인 의식을 가지는 것이 무엇인가? 어떤 결정이든지 내 마음대로 되어야 하는 것인가? 그렇지 않다. 구석구석 남의 손이 닿지 못하는 곳을 찾아 내 손으로 해결하는 것이다. 그것도 오른손이 한 것을 왼손이 모르도록 해야 한다. 직장에서 주인 의식이 무엇인가? 휴지를 줍는 것, 쓰레기를 버리는 것처럼 작은 일이라도 하는 것이다. 역시 남이 모르도록 해야 한다. 직장 동료에 대한 주인 의식이 무엇인가? 그들을 향한 책임감이다. 그들을 위해 기도하는 것이 주인 의식이다.

미국 사람들은 하루에 5시간씩 TV를 본다고 한다. 만약 시간에 대한 주인 의식, 인생에 대한 주인 의식이 있다면 과연 5시간 이상 TV를 볼 수 있을까? TV 모니터링을 직업으로 하는 사람, TV 프로그램과 관련된 직업을 가진 사람이 아닌 이상에야 TV 시청으로 얻을 수 있는 것이 잠깐의 즐거움 외에는 없다. TV에 빠져서는 자기 인생의 주인 노릇을 할 수 없다.

농부들이 논과 밭에서 땀을 흘릴 때 어떤 심정이겠는가? 그들은 농산물에 대한 주인 의식을 가져야 한다. 만약 주인 의식을 가

지지 못하면 농약과 비료로 범벅된 작물을 생산할 것이다. 주인의
식을 제대로 가진 사람은 환경과 건강을 생각하는 작물을 생산
한다. 처음에는 힘들고 고통스럽지만 나중에는 엄청난 소득과 웃
음이 찾아올 것이다. 좋은 리더는 자기 일에 대하여 주인 의식을
갖는 것뿐만 아니라 환경과 다른 사람의 삶에 대하여도 책임감을
갖는다.

47. 리더는 파트너십을 갖는다

　　예수님이 제자들을 전 세계로 파송시키셨다. 예수님은 제자들에게 각 민족들을 제자로 삼으라고 하셨다. 예수님은 제자들이 가는 곳에 함께 계실 것이고, 제자들이 하는 일에 함께 하실 것이다. "너희는 가서 모든 족속으로 제자를 삼아 아버지와 아들과 성령의 이름으로 세례를 주고 내가 너희에게 분부한 모든 것을 가르쳐 지키게 하라 볼지어다 내가 세상 끝 날까지 너희와 항상 함께 있으리라"(마 28:19-20).

　　예수님은 제자들을 가르치셨지만 사실은 파트너로 키우신 것이다. 예수님이 승천하신 후 제자들이 예수님의 일을 계승해야 한다. 예수님은 제자들과 늘 함께 함으로 그들과 파트너십을 유지하신다. 예수님이 성령을 보내심으로 제자들을 혼자 있게 두지 않으신다(요 14:16). 보혜사 성령은 제자들에게 예수님의 말씀을 기억나게 하실 것이다(요 14:26). 예수님과 보혜사 성령이 제자들의 인도자이자 파트너였다.

좋은 리더는 파트너십의 장점을 알고 있다. 좋은 리더는 파트너십을 맺는 사람이다. 파트너십은 시너지 효과를 가져 온다. 파트너의 약점과 실수를 다른 파트너가 보완해주고, 파트너 사이에 보완관계가 형성됨으로 시너지 효과를 낸다. 파트너 사이의 역할이 명확하게 나뉘어있지만 각각의 역할이 모여서 한 목적을 이루며 서로를 만족시킴으로 윈-윈 효과를 창출한다. 예수님이 지상에 계시지 않지만, 제자들이 예수님의 일을 계승할 수 있었던 것은 제자들이 예수님의 파트너로 성장했기 때문이다.

역사를 보면 강력하고 장기적인 파트너십을 형성함으로 시대를 개혁하고 사람을 계몽시키며 역사에 발자취를 남긴 사람들이 많다. 종교개혁자 존 칼빈은 제네바에서의 개혁운동을 주도하던 파렐의 요청에 의해 개혁에 합류하였다. 칼빈과 파렐은 개혁운동의 파트너였다. 존 웨슬레의 부흥운동에는 그의 동생 찰스의 음악적 재능과 도움이 있었다. 존과 찰스는 부흥운동의 파트너였다.

헬렌 켈러의 삶에는 설리반 선생이 있었다. 헬렌은 세상에 태어난 지 9개월 만에 큰 병을 앓아 시력을 잃었고, 귀로는 들을 수 없게 되었으며, 입으로는 말도 할 수 없는 '삼중고'의 장애인이 되었다. 7세가 될 때까지 제멋대로 행동하던 헬렌 앞에 나타난 설리번 선생은, 사랑과 인내로써 어둠 속을 헤매던 헬렌에게 말과 글은 물론 인생의 참 의미를 깨우쳐 주었다. 헬렌은 설리번 선생의 도움을 받으며 열심히 노력한 끝에 20세 때 하버드 대학에 입학하였다. 설리반 선생은 헬렌 켈러에게 늘 다음과 같은 말을 되풀이했다. "시작하고 실패하는 것을 계속하라. 실패할 때마다 무엇인가 성취할 것이다. 네가 원하는 것은 성취하지 못할지라도 무엇인가 가치 있는 것을 얻게 되리라. 시작하는 것과 실패하는 것을 계속하라."

중국 사기에는 춘구전국시대에 관중과 포숙아의 돈독한 우정이 기록되어 있으므로 '관포지교(管鮑之交)'라는 말이 생겨났다. 포숙아는 몇 번이나 배신한 관중을 끝까지 믿어 주었다. 한편 관중도 일찍이 포숙아를 가리켜 "나를 낳은 것은 부모이지만 나를 아는 것은 오직 포숙아 뿐이다(生我者父母 知我者鮑子也)"라고 말하였다. 한편 우리나라에는 조선시대 오성과 한음의 우정이 전해진다. 이들의 우정은 강력하고 장기적인 파트너십이라고 표현할 수 있다.

이 시대에도 강력하고 장기적인 파트너십으로 인하여 사회적

리더

영향력을 끼치는 기업으로 성장한 사례들이 있다. 전자 통신 기업 휴렛 팩커드는 1934년 스탠퍼드 대학교를 졸업한 빌 휴렛과 데이비드 팩커드가 미국의 대공황기에 캘리포니아의 팰러앨토의 한 차고에서 시작한 사업체이다. 마이크로소프트 역시 "모든 책상과 가정에 컴퓨터를"이라는 비전 아래 윌리엄 H. 게이츠 3세(빌게이츠)와 폴 G. 앨런(Paul G. Allen)에 의해 공동 설립되었다. 우리가 잘 알다시피 마이크로소프트는 세계에서 가장 강력한 컴퓨터 운영체제인 윈도우를 생산하며 빌 게이츠는 세계에서 가장 부자가 되었다. 한편 구글은 1998년 9월 미국 스탠퍼드대학교의 대학원생 페이지(Larry Page)와 브린(Sergey Brin)이 공동으로 설립한 기업으로서 현존하는 세계 최대의 검색 업체이다. 마이크로소프트와 구글은 공동 설립자의 파트너십은 물론이고 종업원을 파트너로 여기고 종업원의 역량 향상과 복지에도 엄청난 관심을 쏟고 있다. 이러한 사례는 우리나라 기업에도 있다. LG는 창업주 구인회 회장이 사업을 일으킬 때 사돈간이었던 허만정 공의 아들인 허준구 상무와 동업 경영을 시작하였다.

파트너십을 형성하려면 많은 노력을 요구한다. 파트너십은 신뢰를 기초로 한다. 기본적으로 서로를 믿어주어야 하며, 성격이 다르다 할지라도 목적과 가치가 같아야 하며, 서로의 다른 역할을 인정하여야 한다. 다른 파트너의 작은 일을 기억하고 배려하며 서로를 격려하고 칭찬함으로 신뢰가 깊어진다. 파트너십은 동료의 목표까지도 고려한다. 강하고 장기적인 파트너십은 비전을 성취하는 에너지가 될 수 있다.

예수님이 고난을 앞에 두시고 겟세마네 동산에서 기도하실 때, 제자들의 하나됨을 위해 기도하셨다. 제자들이 하나가 되는 것은 하나님 아버지와 아들이신 예수님이 하나이기 때문이다(요 17:22). 예수님이 떠나신 후 만약 제자들이 마음과 생각이 서로 어긋나 있다면 예수님의 사역을 계승할 수 없을 것이며 하나님께 영광을 돌릴 수도 없을 것이다. 제자들이 하나가 되면 복음을 훨씬 더 전할 것이다. 제자들이 하나님 아버지께 속한 사람이며 진리로 거룩하게 된 사람임이 증명하려면 반드시 하나가 되어야 한다. 제자들은 목표가 하나이고, 목표를 이루기 위해 서로 돕고 지원하는 데 있어서 하나여야 한다.

혼자서 할 수 없는 일이 있어도 파트너십을 이루면 할 수 있다. 혼자의 힘은 적어도 여럿이 모이면 힘을 결집할 수 있다. 지혜는 혼자서만 일하는 것이 아니라 파트너와 함께 할 수 있는 일을 만들어내는 것이다. 좋은 리더는 파트너와 함께 하는 것의 강력함을 인지한다. 실제로 함께 하면 없던 힘도 생겨난다. 전도서에는 이런 말씀이 있다. "한 사람이면 패하겠거니와 두 사람이면 능히 당하나니 삼겹 줄은 쉽게 끊어지지 아니하느니라"(전 4:12). 함께 하려는 생각과 자세를 갖추고, 실제로 함께 하는 일을 만들고 수행하는

리더

사람이 지혜로운 사람이다.

파트너와 함께 하려면 파트너를 배려해야 한다. 파트너에게 동기를 부여할 수 있어야 한다. 파트너에게 함께 하는 것의 좋은 점이 무엇인지 설명하고, 함께 할 수 있는 일과 목표를 설정해야 한다. 목표에 따른 계획이나 역할 분담 그리고 협력할 수 있는 시스템 등을 갖추어야 한다. 파트너와 함께 하는 것에 대한 고마움이나 보상 혹은 보람도 염두에 두어야 한다. 머릿속으로만 생각하는 것이 아니라 실제로 입으로 표현하고 행동으로 드러나며 다른 사람들에게 인지시키면 파트너십을 향상시킬 수 있다. 좋은 리더는 파트너십을 향상시키는 사람이다.

파트너십을 세우려면 파트너에 대한 신뢰, 파트너십을 강화하기 위한 자기 다짐, 파트너십을 강화를 위한 방법을 익히고 실행하는 것, 파트너의 실수도 용납하는 마음, 목표를 향한 자기 희생 등 다양한 영역과 방법이 존재한다. 파트너십을 이루기 위한 다양한 요소들이 자기 내면에서 먼저 수용되어야 한다. 파트너십의 결과는 공동의 만족과 성장이다. 파트너십은 남을 먼저 세우는 것이며 그 결과로 자신과 공동체가 함께 세워지는 기쁨을 맛보게 된다. 좋은 리더는 파트너십을 갖는다.

48. 리더는 멘토로부터 배우고, 멘토의 역할을 한다

　　예수님이 공생애 사역을 하시는 동안 제자들과 함께 3년을 지내셨다. 예수님은 가르치는 선생님이셨고, 제자들의 삶을 안내하는 안내자셨다. 예수님은 제자들의 생각과 감정, 말과 행동의 모델이셨다. 예수님이 잡히시기 전에 제자들의 발을 씻겨 주심으로 제자들에게 섬김의 모범을 보여 주셨다. "내가 주와 또는 선생이 되어 너희 발을 씻겼으니 너희도 서로 발을 씻기는 것이 옳으니라 내가 너희에게 행한 것 같이 너희도 행하게 하려 하여 본을 보였노라"(요 13:14-15). 예수님은 제자들의 멘토셨다.

　　예수님은 하나님 아버지의 뜻대로 행하였다. 예수님은 하나님 아버지를 기억하고 아버지의 뜻대로 행하셨다(요 14:31). 아버지가

리더

말씀하시므로 당신도 말씀하셨다. 아버지가 당신을 세상에 보내셨으므로 당신도 사람들을 세상에 보내셨다. 아버지가 당신을 사랑하므로 당신도 제자들을 사랑하셨다. 예수님은 하나님 아버지의 뜻을 모두 행하시되, 아버지의 행하심을 따라 행하셨다. 하나님은 예수님의 아버지이되, 삶과 사역을 이끌어가는 멘토의 역할을 하셨다. 예수님은 하나님 아버지를 멘토로 기억하시고 행하셨다.

좋은 리더는 지속적으로 성장하는 사람이다. 좋은 리더는 지속적 성장을 위해 멘토를 모신다. 리더는 자신의 성장을 위한 모델을 찾는다. 가까이서 찾기도 하고, 멀리서도 찾는다. 역사 속에서 찾기도 한다. 좋은 리더는 지속적으로 배우는 사람이다. 리더는 멘토에게서 배운다. 직접 만나서 배우기도 하고, 온라인을 통해 배우기도 한다. 역사속에서 책을 통해 배우기도 한다. 좋은 리더는 마음속에 멘토를 많이 둔 사람이다. 리더는 멘토의 성공 경험을 듣기 위해 멘토와 만날 계획을 세운다. 직접 만나기 어려운 멘토라면 책이나 신문 기사 등을 통해 간접적으로 만난다. 누군가를 멘토로 모셨다면 그는 이미 성공을 향해 달려가는 사람이다.

멘토의 자격은 자기보다 앞선 사람이다. 오프라인에서 만나는 멘토는 리더를 지지해주는 사람이어야 한다. 리더를 위해 조언을 아끼지 않으면 더욱 좋다. 리더가 찾는 분야에 전문적인 지식을 갖춘 분일 수도 있다. 멘토는 시시비비를 가리도록 도울 수도 있지만 리더를 인격적으로 대하는 사람이어야 한다. 리더를 책망하는 경우가 있어도 미움이나 감정에 치우치지 않고 인격적 감싸주는 분이어야 한다. 좋은 리더는 멘토를 모시고 있는 사람이다.

멘토는 우리 인생의 다양한 분야에서 찾을 수 있다. 직장인은 직장 생활의 성공을 위해, 결혼한 사람은 결혼 생활의 편안함을 위해, 자녀를 양육하는 사람은 자녀 양육을 위해 그리고 비즈니스를 하는 사람은 비즈니스의 어려운 문제 해결을 위해 멘토를 모실 수 있다. 신앙 생활을 하는 분들은 교회의 직분자나 목사님을 멘토로 모실 수 있다.

최근에 외국인 신부들이 한국 남성과 결혼하는 사례가 많아졌다. 그들은 말과 문화에 낯설기 때문에 적응이 쉽지 않고, 그 결과 가정 생활과 자녀 양육에 있어서 어려움을 겪고 있다. 지방자치단체나 교회 혹은 민간 사회단체 등에서 그들을 위한 프로그램을 운영하는데, 어떤 곳은 친정 엄마 역할을 하는 분들을 만나게 해 주어서 외국인 신부들을 위해 일대일의 도움을 준다. 이런 방식의 서비스를 멘토링 서비스라고 말할 수 있다.

멘토링 제도는 기업에서도 시행된다. 기업들은 신입사원들이 회사에 정착하고 업무를 빨리 익히도록 선배사원들을 멘토로 정

리더

하여 신입사원들을 지원한다. 그 결과 신입사원들이 기업문화에 익숙해지고 그 결과 조기에 회사를 그만두는 사례가 현저하게 줄었다. 신입사원들은 회사에서의 성공에 도움이 되었고, 업무에 최선을 다하게 되었다는 응답을 하였다.

좋은 리더는 멘토링의 장점을 알고 있다. 그래서 자신을 위한 멘토를 모시기도 하고, 다른 이를 위한 멘토가 되어주기도 한다. 그리고 사람들 사이에 서로 지지하고 지원하도록 멘토링 관계를 맺게 하기도 한다. 우리 예수님이 제자들의 멘토가 되셨지만, 보혜사 성령을 약속하심으로 성령과 제자들 사이에 멘토링 관계를 맺어 놓으셨다. "내가 아버지께 구하겠으니 그가 또 다른 보혜사를 너희에게 주사 영원토록 너희와 함께 있게 하시리니"(요 14:16). "보혜사 곧 아버지께서 내 이름으로 보내실 성령 그가 너희에게 모든 것을 가르치시고 내가 너희에게 말한 모든 것을 생각나게 하시리라"(요 14:26).

멘토를 모시려면 멘토에게 자신을 열어 보일 수 있어야 한다. 고민을 털어놓지 않고서는 멘토의 조언을 들을 수 없기 때문이다. 그리고 멘토의 조언에 귀를 기울여야 한다. 자기 마음대로 하는 사람은 멘토의 조언을 형식적인 수단으로만 삼고 만다. 무엇보다도 멘토를 신뢰하여야 한다. 멘토에 대한 존경과 신뢰가 멘토에게 전달될 것이고, 그로부터 진심어린 조언을 들을 수 있는 원천이 된다. 좋은 리더는 지속적으로 성장하고 배우기 위하여 멘토로부터 지원을 받는 일에 주저하지 않는다.

　멘토를 찾았다면 적극적으로 멘토가 되어 줄 것을 요청해야 한다. 정기적인 만남을 요청하거나 다양한 방법으로 조언을 요청해야 한다. 정중히 요청을 하고, 또 조언을 들었다면 감사를 표시해야 한다. 돈이나 선물보다 마음이 담긴 인사말이 더 좋을 수 있다. 멘토에게서 기쁨은 눈에 보이는 물질보다 멘토링를 받는 사람의 수용하는 자세와 긍정적인 태도이기 때문이다. 실제로 인생에서 멘토를 모신 사람들은 삶의 방식이 전진하는 경우가 많다. 인생을 혼자 살지 않고 혼자만의 생각을 갖고 사는 것도 아닌 더불어 살며 현명한 사람들의 의견이나 아이디어에 귀를 기울여 살기 때문이다. 멘토의 조언과 지지를 받아 적극적인 삶의 자세를 가졌기 때문이다. 좋은 리더는 멘토로부터 배우고, 또 멘토의 역할을 한다.

PART NINE

리더의 신앙실천

네델란드가 자랑하는 의사이자 화학자였던 부르하페는
체온계와 현미경을 응용해서 근대 임상 병리학을 처음으로 개척한 분이었다.
1738년 그가 죽자 그가 가장 아끼던 유품 하나가 경매에 부쳐졌다.
표지에는 "의학의 가장 심오한 비밀"이라고 쓰여 있었다.
공책은 그 누구도 볼 수 없게 잘 봉해진 상태였다.
평소 의학의 새로운 이론과 임상 실험으로 큰 업적을 남겼기 때문에
분명 그 공책에는 의학계를 발칵 뒤집어 놓을 만큼 놀라운 의학 비결이
담겨 있을 것이라고 생각했다.
경매가 시작되자 수많은 부자들과 의학자와 의사들이 앞 다투어 값을 올렸다.
당시 최고의 갑부 한 사람이 상상할 수 없을 만큼 큰 돈을 내고
공책을 낙찰 받아 집으로 왔다. 떨리는 손으로 봉인을 떼어 내고 공책을 폈다.
공책에는 아주 짧은 글 한 마디가 적혀 있었다.
"머리를 차게 발은 따스하게 하라. 그러면 모든 의사를 비웃을 수 있노라"
그렇다. 건강의 비결은 아주 간단했다.
신앙도 그렇다. 리더가 되기를 바란다면 아주 작은 신앙 실천이 우선이다.

리더는 작은 것에 충실한다.

49. 리더는 신앙을 갖는다

　　어느 시골 마을에 약국이 있었다. 약국의 약사가 하루는 갑자기 바쁜 일이 생겨 잠깐 약국에 놀러 온 친구에게 약방을 잠시 봐 달라 하고 외출했다. 약사가 나간 후 얼마 되지 않아 젊어 보이는 부인 한 분이 약국 문을 열고 들어왔다. 약방을 지키고 있던 친구는 부인의 병이 상식 밖의 아픈 증세가 아니기를 바라는 마음으로 물었다. 다급하다면 시내에 나간 친구에게 전화로 부탁하면 된다고 판단했기 때문이다. "부인께서는 어디가 편찮으셔서 오셨습니까?", "사실은 애가 일곱이나 있는데 또 임신을 했어요. 그래서 낙태를 시키려고 왔습니다.", " 지금 몇 달째인가요?", "석 달 됐어요.", "그러면 소변도 자주 보시겠습니다.", "하루에 열 댓 번…" 친구는 낙태약이 어디 있는지 몰랐지만, 제법 진지한 모습으로 한

참을 생각한 후 이렇게 말했다. "그러시다면 굳이 돈을 내시고 낙태약을 드실 필요가 없을 것 같습니다. 제 소견으로는 낙태시키는 것은 어렵지 않겠습니다." 이 말을 들은 부인은 반가운 기색을 하면서 물었다. "그럼 약사님께서 처방해 주시는 대로 하겠습니다. 어서 말씀해 보시지요! 가짜 약사는 자신 있게 말했다. "제가 말씀 드리는 획기적인 방법은 아무나 할 수 있는 방법은 아닙니다. 부인께서는 열흘 정도만 소변을 꾹 참으십시오. 뱃속에 있는 태아는 이제 겨우 석 달째이므로 아직 헤엄을 칠 줄 모를 테니까 자연스럽게 물속에 빠져 죽을 것입니다."

리더가 자신이 열심히 생활하는 신앙에 대한 기초 지식이 없이 자기 맘대로 생각하고 말하고 행동하는 리더는 가짜 약사와 다를 바 없다. 어떤 신앙을 가진 사람들이든 꼭 알아야 할 것이 있으니 그것이 바로 "믿음"이다. 기독교 신자에게 있어서 믿음이란 "하나님께서 예수 그리스도를 통하여 나를 위하여 행하신 일을 아는 지식"이다. 예수에 대해서 알면 알수록 믿음이 좋아진다는 말이다.

다른 종교를 가진 사람들에게도 이 원칙은 동일하게 적용된다. 어떤 종교든지 열심히 신앙생활을 하는 분들에게는 마땅히 알고 실천해야 할 기준들이 있기 마련이다. 물론 그 기준은 율법이라든가, 신앙생활 가이드라는 모습으로 신자들에게 주어진다. 그

리더의 신앙실천

것을 보면 그 종교가 추구하는 궁극적인 목적이 무엇인가를 대충 알게 된다. 그 안에는 종교가 요구하는 형식이나 의식과 그 의미가 잘 설명되어 있기 때문이다. 그것을 모르거나 소홀히 하고 신앙생활을 하는 사람들은 내용이 없이 그릇만 들고 다니는 허수아비 같은 신자가 될 수밖에 없다. 하지만 한 가지 분명한 것은 그릇이 없으면 내용도 없다는 사실이다.

코란을 열심히 믿는 회교도라면 기도와 금식에 대한 규칙을 준수한다. 유대인은 절기와 안식일과 율법을 지킨다. 불교 신자는 절에 가서 불공을 드린다. 천주교 신자들은 성당에 가서 미사에 참예하고 규정된 모든 의식을 준수하는 것으로 신앙을 나타낸다. 세례를 받기 위해서 암송해야 할 것이 있고, 기독교의 성만찬과 같은 성체를 받고 교리를 배워야 하고, 고해성사와 같은 각종 성례전에 참여하는 것이 기본이다. 이 모두가 외형적으로 준수할 일이다.

그러나 이들에 비해서 개신교도들은 외형적인 준수 사항이 타종교에 비해 훨씬 불분명한 편이다. 그리고 교파나 교회에 따라서 요구하는 사항도 강조하는 점도 다르다. 그래도 일반적으로 준수해야 할 몇 가지 사항이 있다. 그리고 그것은 개신교의 신앙 원리에서부터 나온다. 이러한 준수 사항은 원리를 깨닫게 한다. 개신교의 신앙 원리를 간단히 말하자면 말씀을 믿는 것이다. 성경

리더

말씀이 신앙과 모든 다른 법칙의 기준이요, 또한 하나님의 모든 축복은 성경을 통해서 주신 복음의 말씀을 믿음으로써 누린다. 말씀을 믿는 것이 곧 신앙이다.

신앙생활 중에 가장 중요한 것은 주일 예배이다. 예배는 인간이 하나님을 만날 수 있는 만남의 광장이다. 예배 중에 기도와 찬송과 설교를 통해서 하나님과 대화가 이루어진다. 그래서 예배는 구원의 기쁜 소식인 하나님의 말씀이 배급되는 곳이기도 하다. 예배는 말씀과 믿음에서 시작한 모든 의식들이 집합되어 있다. 항상 하나님을 대하지만 예배는 그것을 더욱 명확하게 보여준다. 예배를 통해서 선포되는 말씀을 통해서 성도들은 말씀이신 하나님을 대면하게 된다. "태초에 말씀이 계시니라 이 말씀이 하나님과 함께 계셨으니 이 말씀은 곧 하나님이시라"(요 1:1) 그리고 그 말씀을 듣고, 입으로 시인하고 가슴으로 믿을 때 축복을 받는다. 그 믿음으로 기도하고 찬송하며 죄를 고백하고 헌금을 드린다. 그리고 교제를 한다. 그래서 예배는 개신교 신앙의 중심이다.

주일 예배로부터 시작하여 모든 신자의 행동이 세분화되어 나온다. 신자는 무엇보다도 예배에 충실히 참여해야 한다. 기도해야 한다. 성경을 읽어야 한다. 찬송해야 한다. 헌금을 드려야 한다. 봉사해야 한다. 전도해야 한다. 더 나아가서 여러 가지 신자의 행동을 해야 한다. 이러한 개인 삶의 방법을 원리로부터 훈련해야 한다.

이러한 훈련을 잘 하는 사람이 진실한 성도라고 절대적으로 말할 수는 없다. 원리를 모르고 행동만 할 수도 있다. 그럼에도 불구하고 훈련을 잘 따라서 하는 사람들은 대체로 진실한 신앙을 살아간다. 이렇게 안 하는 사람들 가운데서 참된 리더를 기대할 수 없다. 알고 실천하는 신앙을 살아가는 리더가 좋은 리더이기 때문이다.

50. 리더는 예배를 통해 신앙이 자란다

미국 할리우드에서 명성을 얻은 한 영화배우는 가수로도 활동하고 있었다. 어느 날, 월남전 참전 용사들을 위한 위문 공연에 출연해달라는 요청을 받았다. 그는 시간을 내기가 어려웠지만 차마 거절할 수 없어 단 몇 분만 출연한다는 단서를 붙이고 공연을 약속했다. 그 공연을 기획한 사람도 그 가수를 무대에 세우는 것만으로도 대성공이라 생각했다. 드디어 공연 날이 되었다. 참전 용사들을 위한 여러 연예인들의 공연이 끝난 뒤 젊은 가수의 순서가 되었다. 그런데 무대에 올라간 가수는 예정된 노래 한 곡을 끝내고도 무대에서 내려올 생각을 하지 않았다. 객석의 박수 소리는 점점 커졌고 그는 노래를 계속했다. 무대 뒤에 서 있던 공연 기획자는 고개를 갸웃거렸다.

마침내 공연을 완벽하게 마친 가수가 객석의 환호를 받으며 무대에서 내려오자 공연 기획자가 물었다. "난 당신이 몇 분만 무대에 설 줄 알았는데, 어떻게 된 일 입니까?" 그러자 가수가 미소를 지으며 대답했다. "처음엔 나도 그럴 계획이었지요. 하지만 내가 계속해서 노래를 부른 데는 이유가 있어요. 저기 무대 맨 앞줄에 앉은 사람들을 보세요." 가수가 가리키는 곳을 바라본 공연 기획자의 눈에 어느새 눈물이 맺혔다. 무대 맨 앞에는 두 명의 참전 용사가 앉아 있었는데, 둘 다 전쟁에서 한쪽 팔을 잃은 사람들이었다. 한 사람은 오른팔, 한 사람은 왼팔, 나란히 앉은 두 사람은 행복한 얼굴로 남은 한쪽 팔을 서로 부딪치며 박수를 치고 있었던 것이다. 그들에게 한 팔을 잃은 신체의 장애는 영원한 장애가 아니었다. 몸이 약간 불편한 것뿐이었다. 그 불편한 것을 다른 사람과 함께 한 손을 마주치면서 박수를 칠 수 있었다. 그들은 그렇게 박수를 치면서 잠시나마 한 손을 잃은 것을 잊는 기쁨을 맛보았다.

예수를 구주로 고백한 성도들이 모여서 예배를 드릴 때는 바로 그런 순간이 되어야 한다. 예배는 하나님과 사람이 인격적으로 만나 하나되는 만남의 장소이다. 고통이 변하여 기쁨이 되는 곳이다. 절망한 사람이 소망을 얻는 곳이다. 병든 사람이 치유되는 곳이다. 영원한 죽음이 새 생명으로 재창조되는 장소이다. 예배를 드리는 곳에서 인간은 하나님과 하나되어 기쁨을 나누고 고

리더

통을 나누면서 인간이 하나님을 닮을 수 있는 거룩한 곳이다. 예배는 하나님을 경배하는 것이다. 하지만 하나님을 경배하는 훈련도 필요하다. 그렇다고 예배가 하나님을 닮아가게 하는 훈련장이 되라는 것은 아니다. 그러나 훈련이 전혀 필요 없다는 것은 아니다. 왜냐하면 예배하는 사람이 다 훌륭한 신자는 아니기 때문이다. 그러나 예배하지 않는 사람은 절대로 리더가 아니다. 좋은 리더는 예배를 드리는 사람이다.

예배는 개신교 신앙에서 가장 중심 부분에 해당한다. 예배를 통해서 하나님께서는 말씀으로 다시 한 번 모든 과거를 현재화시켜 주신다. 엄청난 미래의 하늘 복을 지금 누리는 감격을 맛보게 하는 설렘이 있다. 과거의 한 역사적인 사건이 지금 나를 위해서 실제적 사건이 된다는 것을 말씀으로 확인시켜 주는 곳이다. 말씀을 믿기만 하면 마음에서 그 말씀대로 이루어지면, 그 믿음이 그대로 유효하게 우리를 통해서 역사된다. 이와 같은 놀라운 사실을 확인하고 감격하여 하나님께 드리는 감사의 축제가 예배이다.

"내 안에 거하라 나도 너희 안에 거하리라 가지가 포도나무에 붙어 있지 아니하면 절로 과실을 맺을 수 없음 같이 너희도 내 안에 있지 아니하면 그러하리라"(요 15:4). 여기에서 그의 안에 있는 것이 무엇을 의미하는가? 물론 그를 믿는 믿음 안에 있는 것이다. 그의 말씀을 믿고 그가 영으로 함께 하심을 믿는 것이다. 하지만 그것이 외형적으로 분명하게 보이는 게 바로 예배이다. 그리스도 의 몸이 모인 것이 교회이다. 교회된 표현 중 가장 분명한 것이 예 배이다. 예배에서 그리스도의 몸을 이룬 신자들은 그리스도의 몸 으로써 하나님을 만나 뵙는다. 그리고 그리스도에게 주어지는 모 든 은사를 다 받게 된다. 이것이 예배의 중요성이다.

예수님 안에 거하는 것의 외적 표현은 교회에 붙어 있는 것이 다. 그의 안에서 그리고 그의 앞에서의 삶을 위해서는 예배 참석 이 첫째이다. 그것이야말로 외형적으로 가장 집약하여, 예수님 안 에 거함을 표현한 것이다. 예배에 참석하지 않는 사람이 어떻게 그리스도 안에 있을 수 있겠는가? 그리스도 안에 있지 않으면 신 자의 열매도 없을 것이다. "하나님은 영이시니 예배하는 자가 신 령과 진정으로 예배할찌니라"(요 4:24). 마음으로 그를 보며 진심을 다해서 경배하라. 경배한 사람은 이제 예배하는 마음으로 삶을 살아야 한다. 찬송, 기도, 헌신, 말씀, 봉사, 축복을 삶 속에서 표현 하는 것이다. 그렇게 삶 전체가 예배가 되게 한다면 무엇을 더 바 랄 것인가?

삶 속에서 모든 일을 신령과 진정으로 하라. 하나님 앞에 예배 하고 있다는 생각으로 산다면 모든 것이 신령과 진정으로 될 것이 다. 대인관계나 자기의 일을 하거나 무엇을 하던 간에 신령과 진정 을 다해서 예배하듯 하는 것이다. 주부는 음식을 준비하는 식당

리더

에서, 학생들은 공부하는 책상 앞에서, 직장인은 근무하는 자리에서 얼마든지 자기 삶을 예배드리는 것처럼 살 수 있다. 마치 제단에서 살아 내려온 이삭처럼 지금 자기 삶을 산 제물로 살아보라. 이것이 거룩한 리더의 삶이다.

51. 리더는 기도를 통해 신앙이 자란다

    독일에 사는 한인교포 한 분이 차를 사기 위해서 차를 고르다가 애국심이 발동하여 국산 티코를 샀다. 새 차를 산 기념으로 무제한 속도로 달릴 수 있는 고속도로에 들어섰다. 얼마나 잘 달리는지 확인하고 싶어 마음껏 신나게 달렸다. 그러나 너무 빨리 달리는 바람에 차가 고장이 나서 고속도로에 서고 말았다. 고속도로를 달리는 차를 향해 도움의 손길을 구하자 마음씨 착한 독일 아저씨 한 분이 자기 차를 멈추고 물었다.

    "무슨 일이십니까?", "예, 차가 고장이 났습니다. 다음 휴게소까지 데려다 주었으면 합니다.", "그럴 필요 없습니다. 정비공장이 딸린 휴게소까지 제가 견인을 해 드리지요." 그 분이 탄 차는 독일에서 가장 빠르다는 BMW 745I였다. 교포의 차가 작으니 걱정 없다는 말을 하면서 고정식 견인체인을 묶은 후 차에 올라타기 전 이렇게 말했다. "혹시 뒤에서 타고 오시다가 무슨 일이 생기면 경음기를 누르시면 됩니다." 이렇게 출발하자마자 갑자기 이탈리아에서 제일 잘 나간다는 페라리 스포츠카 한 대가 추월하여 달리는 것이 아닌가? 평상시 자신의 차에 대한 자부심이 강한 BMW를 가진 분은 뒤에 작은 티코를 견인하고 있다는 것을 순간적으로 망각하고 페라리 스포츠카와 때 아닌 속도 경쟁을 하게 되었다.

그 다음 날부터 독일에서 한국산 티코의 판매가 엄청나게 급증하기 시작했다. 그 이유는 다음 날 아침 독일 신문에 대문짝만하게 BMW, 페라리 스포츠카, 티코가 달리는 사진과 함께 다음과 같은 신문의 해설 기사가 났기 때문이었다.

"어제 아우토반(고속도로)에서 독일의 자존심인 BMW와, 이태리의 자존심 페라리가 속도 경쟁을 벌렸다고 한다. 그런데 시속 200Km가 넘는 속도로 질주하는 두 차의 바로 뒤에 한국의 경차 티코가 바싹 따라붙어 달리고 있었다. 더 놀라운 것은 티코가 자신의 앞을 가로막고 달리는 BMW에게 길을 비켜달라는 뜻으로 연신 경음기를 눌러댔다" 엄청난 속도에 놀란 티코 운전사가 천천히 가 달라는 뜻으로 누른 경음기라는 것을 신문기자는 몰랐기 때문이다.

리더의 신앙실천

우리의 기도가 그렇다. 예수 이름으로 드리는 우리의 기도는 BMW의 뒤를 따르는 티코와 같다. 예수 이름으로 드리는 기도는 만사를 형통케 하는 힘이 있다. 그러나 많은 성도들은 기도를 부담스러워 한다. 무릎 꿇고 앉아서 오랜 시간을 보내야 한다는 생각 때문이다. 그것도 당장 아무런 응답이 없는 상대를 향해서 계속 말해야 하는 것을 부담스러워 한다. 기도의 응답은 "예스. 노. 기다려라."의 셋 중 하나이다. 이런 사고가 기도를 힘들게 만든다. 지루하다고 생각한다. 심지어 기도하는 것을 중노동처럼 생각하는 분들이 많다. 기도는 성도를 부담스럽게 하는 게 아니다.

기도는 인간이 하나님을 만나는 순간이다. 만난 순간이 부담되고 고생스럽다면 그 만남은 좋은 만남이 될 수 없다. 부담되는 만남은 가까운 사이가 아니라는 뜻이다. 하나님을 만나는 것은 절대로 부담스럽지 않아야 한다. 기도가 무엇인지 알면 기쁘고 재미있다. 그것이 어떤 모양이건 힘이 너무 들고 억지로 하는 것이라면 바른 기도가 아니다.

말씀대로 기도하면 기도는 즐겁다. 기도는 시간과 장소에 구애받을 필요가 없다. 언제 어디서나 가능한 것이 기도이다. 기도하는 사람은 반드시 이루어진다는 믿음이 필요하다. "내 이름으로 무엇이든지 내게 구하면 내가 시행하리라"(요 14:14). 아무런 조건도, 따짐도 필요 없다. 무엇을 구하든지 주께서는 시행하신다고 했다.

리더

얼마나 자신 있고 긍정적인 말씀인가! 우리가 이 말씀을 믿고 계속 마음을 유지한다면 무엇이든지 얻을 수 있다. 약속의 말씀을 붙들고 기도한다면 마음 역시 믿음으로 채워진다. 그렇다면 이미 응답은 따 놓은 당상이다. 주의 약속이 바로 응답이다. 그리고 그 응답은 눈에 보이도록 반드시 나타난다.

"여호와께서는 자기에게 간구하는 모든 자 곧 진실하게 간구하는 모든 자에게 가까이 하시는도다 저는 자기를 경외하는 자의 소원을 이루시며 또 저희 부르짖음을 들으사 구원하시리로다"(시 145:18-19). 하나님은 진실하게 간구하는 모든 자에게 가까이 하신다. 그들은 하나님의 말씀을 정말로 믿는 사람들이기 때문이다.

기도를 하면서 그분의 임재를 느끼면 된다. 그리고 문제를 다 맡기고 그분과 내가 하나 됨을 느끼기만 하면 만사가 형통할 것이다. 기도는 자기의 무능을 성토하는 "성토대회"를 벌이는 것이 아니다. 기도는 한풀이도 아니다. 기도는 하나님의 자비와 도우심으로 옷 입는 과정이다. 하나님은 기도하는 사람에게 능력을 부어주신다. 그래서 기도는 특권이다. 기도에 부담을 갖지 말아야 한다. 금식하고 철야를 하면서 기도해도 이런 믿음이 없는 기도는 자기의 공로만 내세우는 가짜 기도가 된다. 같은 내용을 오래 한다고 좋은 게 아니다. 주께 말씀드린 것을 믿으라. 쉬지 않고 그리스도와 대화하며 그의 생각으로 채우라. 좋은 리더는 바로 기도 하는 사람이다.

52. 리더는 찬양을 통해 신앙이 자란다

　　1870년 독일과 프랑스가 전쟁을 하고 있을 때였다. 전쟁은 끝나지 않았고 벌써 12월 추운 겨울이 다가왔다. 크리스마스 전날 밤에도 양군은 서로의 진지 속에서 한동안 총격전을 치른 후 휴식을 취하고 있었다. 병사들은 참호 속에 누워서 반짝이는 크리스마스의 별을 바라보며, 고향의 부모와 처자를 생각하면서 눈물을 흘렸다. "평화의 왕 예수께서 이 땅에 오신 성탄 전야에 우리는 왜 싸워야 하는가?" 병사들은 저마다 한 마디씩을 하면서 벙커 안에서 추위와 바람 속에서 긴장을 풀지 못한 채 크리스마스의 밤을 지새우고 있었다. 그 때 프랑스군의 참호에서 한 병사가 벌떡 일어섰다. 그는 아름다운 테너의 음성으로 "오 거룩한 밤"을 노래하는 것이었다.

리더의 신앙실천

"오 거룩한 밤, 별들 반짝일 때 거룩한 주 탄생한 밤일세. 오랫동안 죄악에 얽매여서 헤매던 죄인을 놓으시려 우리를 위해 속죄하시려는 영광의 아침 동이 터 온다. 경배하라! 천사의 기쁜 소리, 오! 거룩한 밤, 주님 탄생하신 밤, 그 밤, 주 예수 나신 밤일세."

아기 예수를 향한 찬송은 전선의 밤하늘을 은혜롭게 퍼져 나갔다. 독일 병사들은 깜짝 놀라 총을 겨누고 있었지만 어느 누구 하나 노래를 부르는 프랑스 병사를 향해서 총을 겨누는 사람은 없었다. 더 놀라운 것은 노래를 부르는 그 병사와 함께 프랑스 진영의 모든 병사들이 따라서 그 노래를 부르면서 프랑스 병사들의 합창이 되고 말았다. 프랑스 병사의 찬송이 끝나자, 이번에는 독일군 참호 속에서 바리톤의 굵은 음성이 들려 나왔다. 그가 부른 노래는 루터가 작사한 "하늘 위에서 땅으로 내가 왔노라(Form heaven above to I come)"라는 곡이었다. 이 노래에 양측 병사들은 일제히 참호에서 일어나 "고요한 밤 거룩한 밤 어둠에 묻힌 밤 주의 부모 앉아서 감사기도 드릴 때 아기 잘도 잔다 아기 잘도 잔다"는 찬송을 시작으로 늦은 밤까지 찬양을 부르면서 서로가 서로를 향하여 전쟁 중인 것을 잠시나마 잊고 한 마음이 되어, 찬송으로 주님 오신 성탄절을 보낼 수 있었다고 한다.

기도의 대상이 하나님이시듯, 찬송의 대상도 하나님이시다. 찬송이 사람들의 마음을 움직일 수 있다. 하나님이 찬송을 듣는 사람들의 마음을 움직이기 때문이다. 그러므로 찬송은 하나님과 사람을 움직이는 힘이 있다. 다윗이 수금을 탈 때 사울 왕의 귀신이 쫓겨 나갔다. 찬송이 있는 곳에서 기적이 시작된다. 찬송은 신앙이 노래를 통해 표현되는 것이다. 그래서 찬송은 하나님이 해주신 일에 대한 반응이다. 하나님이 자기에게 해주신 일이 너무 좋기 때문에 우리가 할 일은 그저 찬송할 뿐이다. 하나님이 그리스도를 통해 나를 위해서 행하신 일이 너무나 크고 놀랍고 그래서 내가 어떤 존재로 바뀌었는지 정말로 안다면 찬송은 저절로 흘러나올 수밖에 없다. 좋은 리더는 찬송하는 사람이다.

아무리 훌륭한 리더라도 낙심할 때가 있다. 어려운 일을 당하면 마음이 상한다. 결국 감사와 찬송이 중단된다. 찬송할 기분이 나지 않기 때문이다. 그러나 리더는 알고 있다. 그럴 때일수록 찬송을 하면서 우리의 감정은 찬송의 내용대로 바꾸려고 노력해야 함을 알고 있다. 그러면 하나님의 권능을 다시 느끼면서 신령과 진정으로 감사하고 찬양할 수 있는 믿음이 회복되는 것을 알고 있다. 좋은 리더는 찬송을 회복하는 사람이다.

"예수 그리스도로 말미암아 의의 열매가 가득하여 하나님의 영광과 찬송이 되게 하시기를 구하노라"(빌 1:11). "이는 그리스도 안에서 전부터 바라던 우리로 그의 영광의 찬송이 되게 하려 하심이라"(엡 1:12). 이 두 구절에서 바울은 우리가 하나님의 찬송이라고 말씀하고 있다. 좋은 리더는 하나님의 이름을 높이는 사람이다. 찬송은 하나님이 하신 일과 지금 나를 통해서 하시는 일 그리고 장차 하실 일을 노래하는 것이다. 곡조 없이 노래할 수도 있다. 많은 말보다 찬양을 생활화하면 된다. 입만 하는 것만 아니라 마음과 함께 합창하듯 찬양이 울려야 한다. 그렇게 하면 행동으로 박자를 맞추듯 우리 삶이 찬양이 된다. 좋은 리더는 찬양의 마음 상태를 항상 유지하려 한다.

리더가 잠재의식에까지 하나님을 찬양한다면 다윗처럼 형통하게 될 것이다. 사실, 다윗처럼 찬양을 많이 한 사람도 없을 것이다. 그의 모든 찬양은 그의 영혼에서 무의식까지 채워져 있었다. 운전을 하다보면 위험이 닥칠 때 무의식적으로 브레이크를 밟는다. 술을 좋아하는 사람도 무의식적으로 술을 찾는다. 때로는 무의식이 사람의 가는 길을 선택한다는 말이다. 우리의 무의식에까지 찬송의 마음이 채워진다면 언제나 그 힘이 넘쳐난다. 어떠한 상황에서도 감사하고 찬양하면 상황이 바뀐다고 믿으면 된다. 사망의 음침한 골짜기도 찬양의 골짜기가 된다. 사막에 강이 흐르고 광야에 길이 만들어진다. 절망 가운데서도 찬양할 때 절망이 변하여 소망이 된다. 그렇게 사는 리더가 가정과 교회와 세상을 변화시킬 수 있다.

요나는 물고기 뱃속에서 기도하며 찬양했다. 좋은 리더는 언제 어느 상황에서든지 하나님을 찬양한다. 찬양은 하나님을 높이는 것이다. 찬양을 통해서 우리의 마음은 하나님의 보좌 앞으로 이끌려 오른다. 이렇게 함으로 우리는 하나님의 임재와 권능을 경험하고 바다를 가르고 산을 옮긴다. 의의 열매가 가득해진다. 그런 삶을 살면 우리의 하루하루는 하나님께 영광이요, 찬송이 된다. 리더는 지금 이 순간부터 자신의 삶 전체가 계속적인 감사와 찬송이 되게 한다. 하나님이 이러한 리더에게 찬양대로 형통의 복을 주신다.

53. 리더는 감사를 통해 신앙이 자란다

　　평소 다니던 교회 곁에서 살다가 멀리 이사를 간 분들이 주일마다 거리가 멀어도 본래 섬기던 교회로 간다. 적어도 교회까지 2시간 정도 걸리기도 한다. 수요예배는 물론 금요일에 있는 심야 기도회에도 나오는 경우가 있다. 그래도 일 년 내내 주일 예배에 지각을 한 번도 한 적이 없다. 어찌 보면 바보같다. 교회는 다 같은데 그렇게 까지 먼 곳에서 꼭 와야만 하는가? 걸어서 갈 수 있는 교회가 지금 살고 있는 곳에도 얼마든지 많다. 그런데 왜 그 먼 길을 마다하지 않고 오는가? 그 분에게는 우리가 알지 못하는 절실한 그 무엇인가가 있다. 그 분에게는 예배가 너무 절실하기 때문이다. 무슨 설교를 듣던 그는 "아멘"이요, 눈물이다.

왜 그렇게 예배에서 은혜를 받는가? 밑천이 많이 들어갔기 때문이다. 본전 생각이 나기 때문이다. 그 먼 길을 달려와서 예배를 통해서 주시는 하늘 복을 받는 엄청난 자리에서 어찌 졸다가 가겠는가? 그러니 정신을 가다듬고 들어간 것만큼 뽑고 갈 수밖에 없지 않겠는가? 그런 사람을 어찌 하나님께서 외면하시겠는가? 누구보다 열심일 수밖에 없다. 찬송 부르는 것이 신나고 기도하는 것이 감격이다. 말씀을 들으면서 눈물 없이는 감당할 수 없는 하나님의 현존을 느낀다. 그렇게 하루를 거룩하게 지내다가 집으로 돌아간다. 피곤한 몸이지만, 감사할 뿐이다. 몸이 불편해서 잠깐 머리를 기대고 쉬면서도 기쁨이 넘친다. 바로 이것이다. 자기가 바친 만큼 얻어 누리는 축복을 받는다.

아브람이 아브라함으로 바뀌는 과정에서 100세에 얻은 귀한 아들을 하나님께 드렸다. 하나님께서 그가 바치나 안 바치나 보고 복을 주려 하셨는가? 그것은 아니다. 이미 아브람은 하나밖에 없는 외아들이라도 하나님의 뜻이라면 기쁜 마음으로 바칠 것이라는 그의 믿음을 알고 계셨다. 그래도 우리가 알아야 할 것이 하나 있다. 아브람이 아들을 바치는 경험을 통해서 하나님으로부터 받는다는 신앙의 경험이 있었다. 하나님이 이것을 아브람에게 알게 하셨다. 하나님을 위해 외아들이라도 바치는 아브람의 마음이 신앙이다. 자기에게 있는 모든 것이 나의 것이 아니라는 생각이 들어야 기쁘게 바칠 수 있는 믿음이 생긴다.

303

아브람은 아들을 바치면서 자기가 하나님을 얼마나 사랑하는지 알게 되었다. 그리고는 절대로 하나님을 떠나지 않는다. 아브람과 같은 과정을 통해서 인간은 하나님과 관계를 맺어간다. 리더도 마찬가지이다. 동업을 하면서 자기 자본이 적게 들어갔다면 그만큼 애착도 적어진다. 많은 자본을 투자한 사람은 생명을 걸고 열심을 낸다. 신앙도 그렇다. 자기 믿음의 밑천이 적게 들어간 사람은 하나님께 대한 사랑이 약할 수밖에 없다. 그리고 하나님으로부터 기대하는 것도 대단히 빈약한 상태이다. 그러니 무슨 신앙의 변화와 감동이 있겠는가?

물질은 저절로 생기는 것이 아니다. 땀과 피를 통해서 만들어지는 생명의 일부이다. 직장에 나가는 사람들의 일차적 목적은 돈을 벌기 위해서이다. 열심히 한 달을 일한 사람에게 월급이 주어진다. 결국 월급으로 주어진 돈은 한 달 간 회사를 위해서 바친 나의 생명의 일부이다. 그 돈 중에서 일부를 하나님께 드리는 것은 알고 보면 나의 생명의 일부를 드리는 것과 같다. 생명을 드릴 정도의 믿음을 가진 사람에게 두려움이 없다. 생명을 드릴 수 있는 각오를 하고 실천하는 사람에게는 시간을 드리는 것이 문제가 되지 않는다. 그런 신앙을 살아가는 사람은 하나님으로부터 축복을 많이 받게 된다. 하나님을 사랑하고 그의 말씀대로 죽도록 순종하기 때문이다. "각각 그 마음에 정한대로 할 것이요 인색함으로나 억지로 하지 말찌니 하나님은 즐겨 내는 자를 사랑하시느니라"(고후 9:7). 헌금에 대한 말씀이다.

이렇게 감사를 생활화하는 사람은 날마다 "감사로(路)"에서 하나님을 만나는 감격을 누린다. 물론 "근심로"에서도 하나님을 만날 수 있다. 어떤 사람은 "병로(病路)"에서 하나님을 만나기도 한다. 어떤 사람은 "실패로"에서 만나기도 한다. 그러나 차이가 있다. 실패와 병로에서는 일단 걸린 후에 부르짖어 하나님을 만나는 길이지만, 감사로 에서는 내게 주실 복을 준비하시고 먼저 와 계시는 하나님을 만나는 길이라는 것이 다른 점이다. 좋은 리더는 감사로에서 하나님을 만나는 사람이다.

이스라엘은 언제나 제사를 드리기 위해서 하나님 앞에 나갈 때마다 반드시 예물을 가지고 왔다. "빈손으로 보이지 말찌니라"(출 23:15)고 명령하셨기에 자기 형편과 처지에 맞게 예물을 드린다. 신앙인도 예수님께서 자기의 몸을 드린 것을 본받아 자신을 바치는 마음으로 예배를 드린다. 그리고 예물을 드린다. 예물이 없다면 은혜가 훨씬 적게 경험된다. 마음이 준비 안 되었기 때문이다. 그 예물이 우리가 하나님께 드리는 헌금이다. 십일조, 주일 헌금, 감사 헌금, 특별 헌금, 선교 헌금, 목회자를 위한 헌금, 건축 헌금 등이다. 신앙인은 스스로 기꺼이 드릴 수 있는 훈련을 해야 한다. 억지로 드리거나 인색하다고 생각해 보라. 그의 마음 속에서부터 축복이 존재하지 않는다. 그런데 축복이 현실로 나타날 수 있겠는가? 좋은 리더는 하나님께 기꺼이 드리는 사람이다. 좋은 리더는 하나님께 감사하는 사람이다. 감사할수록 신앙이 성장한다. 감사하면 할수록 하나님이 자기를 사랑하심을 깨닫는다. 그리고 하나님께 더 드릴 수 있는 물질의 복을 받는다. 좋은 리더는 하나님께 드리는 사람이다.

리더

54. 리더는 말씀을 통해 신앙이 자란다

　하루는 공자가 마차를 타고 이웃 나라로 가는 도중, 두 서너 명의 어린이들이 길 한 복판에서 진흙으로 성 쌓기 놀이를 하는 것을 보았다. "마차가 지나가니 길을 비켜라."하고 마부가 어린이들에게 말했다. 그때 놀던 어린이 하나가 일어서서 "마차가 성을 비켜가야지 어째서 성이 마차를 비킨다는 말이요?"하고 당당하게 대꾸했다. 마차 위에서 그것을 들은 공자는 그 어린이의 말이 옳고, 기특하게 생각되어 마차에서 내려와 물었다.

　"너는 아직 나이가 어린데, 어떻게 그런 이치를 다 아느냐?", "그런 것쯤은 비록 나이는 어리지만, 우리도 다 알고 있지요.", "그럼 너는 하늘의 이치도 아느냐?", "사람이 자기 눈앞의 일도 잘 모르는데 어떻게 하늘의 이치까지 알 수 있나요", "눈앞의 일이라면 누구나 다 알고 있지 않니", "그럼 어르신의 눈썹이 모두 몇 개인지 아시나요.", "하, 그건 나도 모르겠구나.", "그것 보세요. 자기 눈에서 가장 가까운 곳에 있는 눈썹도 잘 모르면서 어떻게 눈앞의 일이라고 다 안다고 할 수 있습니까" 그러자 공자는 하늘을 향해 이렇게 중얼거렸다. "오, 오늘은 내가 이 어린이에게서 큰 가르침을 배웠구나. 그래 맞는 말이다. 지식이 많다고 결코 자만하지 말아야지. 내게 배움을 주는 스승은 늘 우리 곁에 이렇게 많은 것을…"

공부를 하는 목적은 많은 것을 알기 위해서이다. 아는 것이 힘이기 때문이다. 신앙생활을 하는 사람은 성경을 공부한다. 성경 공부의 목적이 있다. 하나님께로부터 이 땅에 보냄을 받으신 예수님께서 나를 위해서 무엇을 행하셨는지 알기 위함이다. 이것을 아는 것이 곧 믿음이다. 그래서 예수님을 알면 알수록 믿음이 자란다. 그 믿음은 병을 낫게 하고, 바라는 것의 실상을 보게 하는 영적인 눈을 뜨게 한다. 신앙의 리더는 말씀을 공부하는 사람이다. 좋은 리더는 하나님을 아는 지식, 예수님을 아는 지식을 사모하는 사람이다.

그렇다면 어떻게 공부하여 하나님의 말씀이 내 안에 들어와 내 삶을 바꿀 수 있게 할 것인가? 어떤 방법으로 성경을 공부해야 하는가?

리더

1) 구속사적인 시각으로 말씀을 보아야 한다. 구속사적인 성경 공부는 대표적인 방법으로 많은 주제가 나온다. 창세기부터 계시록까지 인류 구원을 위한 하나님의 계획을 살펴볼 수 있다. 또한 구원의 예표를 연구할 수도 있다. 예를 들어 하나님이 뱀에게 하시는 말씀과 아브라함에 하시는 약속 그리고 다윗에게 하시는 약속은 모두가 그리스도의 오심과 연결된다.

예표도 서적들을 참고하면 많이 찾을 수 있다. 야곱의 경우를 살펴보자. 그가 형의 옷을 입고 형의 입장이 되어 형이 받을 축복을 대신 받는다. 그것이 바로 예수님의 옷을 입고 예수님의 입장에서 예수님이 받을 축복을 그대로 받는 것이다. 이러한 예표는 성경에 가득 차 있다. 복음의 눈으로 보면 구약 전체도 복음이다.

2) 인물을 통해서 말씀을 보아야 한다. 한 인물이 하나님과 어떻게 관계를 맺었고 하나님은 그를 어떻게 변화시키고 축복하셨는지를 살펴보아야 한다. 물론 주의할 점이 있다. 그 사람에게 어떤 훌륭한 점이 있어서 복을 주시고 사용했는지를 아는 것이다. 하나님의 어떤 은혜에 어떻게 반응했는가를 알고 우리도 하나님의 힘으로 변화 받을 수 있다는 것을 알면 된다. 물론 저주받은 인물도 얼마든지 많다. 또한 훌륭한 인물이라 하더라도 반드시 잘못한 점이 있기 마련이다. 그것을 살펴보는 것도 좋다. 그 잘못으로 인해서 어떤 어려움이 왔는지? 하나님은 그것을 어떻게 고치셨는지? 아니

면 회개하지 않은 결과는 무엇이었는지가 좋은 교훈이 된다.

3) 사건과 사고를 통해서 주시는 교훈을 얻어야 한다. 성경의 여러 가지 사건을 통해서 반응한 인간들의 모습을 복음적으로 그려보는 것이다. 그런 사건은 성경에 무수히 많다. 아담과 하와의 창조, 뱀의 등장, 최초의 범죄, 인간에게 내려진 저주, 추방, 살인, 가인의 추방, 문명, 노아의 방주, 홍수 등 성경 앞부분 몇 장에서도 사건으로 채워졌다. 그 사건들을 통해서 복음적인 의미를 찾아내야 한다. 그저 사건 자체의 의미를 주는 것으로 그쳐서는 안 된다. 성경에 나타난 모든 사건들은 하나님께서 인간을 구원하시려는 계획과 연관되어 있다. 이 모든 것을 정확하게 예수 그리스도의 구원과 관련시켜서 이해하려는 마음으로 성경을 공부하면 된다.

4) 중요한 단어가 주는 의미를 통해서 교훈을 얻어야 한다. 성경에 나오는 단어들은 원어로 살펴보면 재미있다. 예를 들어 보혜사는 "파라클레토스"이다. "옆에 부름을 받아 있는 사람"이란 뜻이다. 이 단어를 가지고 성령의 하시는 일을 잘 설명할 수 있다. 원어 연구는 성경의 본뜻도 잘 알게 해준다. 그러나 너무 복잡하게 전문적으로 하지 않아야 한다. 기타 여러 가지 성경 공부의 방법이 있을 수 있다. 예를 들어 복 받는 삶 연구, 주제별 연구, 성경 지리 연구, 각 권의 연구 등 조금만 신경을 쓰면 얼마든지 다른 방법

리더

을 찾을 수 있게 된다. 그러나 중요한 것은 성경 무엇을 보든지 거기서 예수 그리스도와 복음을 찾아내어야 한다(요 5:39). 그리고 거기서 만난 예수를 닮아가려는 노력을 할 때 우리는 내가 사는 것이 아니라 예수님과 내가 하나되는 복된 리더의 삶을 살게 된다.

55. 리더는 섬김을 통해 신앙이 자란다

러시아의 유명한 작가 톨스토이가 젊었을 때 길거리에서 남루한 옷차림을 한 거지를 만났다. "선생님, 한 푼만 적선해 주십시오!" 거지는 톨스토이 앞에 빈 깡통을 내밀었다. 톨스토이는 즉시 자기 주머니마다 손을 넣어 열심히 동전을 찾았으나 그날따라 그에게는 돈이 한 푼도 없었다. "사랑하는 형제여, 이거 참 미안하게 되었소. 오늘은 내게 돈이 한 푼도 없으니 이걸 어쩌면 좋지? 다음에 또 만나면 그때는 꼭 적선하리다." 톨스토이는 이 날 따라 자기 수중에 돈 한 푼 없는 것이 안타까운 마음이 들어서 미소를 지으면서 거지에게 다정한 말 한마디를 건넨 것이다. 그러자 거지가 일어나 고개를 숙이면서 공손하게 절을 하면서 말했다.

"선생님, 선생님이 누구이신지는 저는 모릅니다. 오늘 선생님께서는 거지인 저에게 돈은 한 푼도 주시지 않았지만, 저는 돈을 받은 것보다 더 귀중한 것을 받았습니다. 선생님, 정말 고맙습니다." "아니, 나는 아무것도 당신에게 준 것이 없는데…" "선생님께서 저에게 주신 것은 돈보다 더 값진 것을 오늘 주셨습니다. 저 같은 천한 거지에게 선생님은 '사랑하는 형제'라고 불러주셨으니 그보다 더 귀중한 것이 또 무엇이 있겠습니까?"

이 일로 젊은 톨스토이는 마음에 큰 충격과 받았고, 이후 큰 변화가 있었다. 그때부터 톨스토이는 언제 어디서나 사람을 대할 때마다 더욱 공손해지고 겸손한 자세를 취하는 삶을 살 수 있었다. 결국 톨스토이는 많은 사람들로부터 호감을 받게 되었고, 존경을 받는 사람이 될 수 있었다. 그렇게 변한 톨스토이는 「전쟁과 평화」「부활」 등의 세계적인 명작을 남긴 위대한 소설가가 될 수 있었다.

온전한 섬김은 인간의 마음만으로는 어렵다. 섬김은 하나님의 힘으로 하는 것이다. 자기 힘으로 하는 것이 아니라 그 안에 있는 하나님의 힘이 있어야 한다. 진짜 섬김은 하나님이 나를 통해서 자신의 사랑을 나타내는 것이다. 그래서 하나님의 이름으로 섬기는 사람들을 영어로는 "Minister"라고 한다. 미국에서는 "장관"이라는 칭호이다. 백성들을 섬기는 사람이라는 뜻이다. 좋은 리더는 섬기는 신앙생활을 한다.

하나님 힘으로 섬긴다는 것은 어떤 의미가 있는가? 그리스도의 마음으로 한다면 같다. 자신 속에 성령이 들어와 새로운 사람으로 변했음을 알고 믿으면 저절로 그 마음과 힘이 공급된다. "각각 은사를 받은 대로 하나님의 각양 은혜를 맡은 선한 청지기 같이 서로 봉사하라 만일 누가 말하려면 하나님의 말씀을 하는 것 같이 하고 누가 봉사하려면 하나님의 공급하시는 힘으로 하는 것 같이 하라"(벧전 4:10-11). 하나님의 힘이 공급되고 있다는 말씀이다. 또한 그 힘으로 섬기라는 말씀이기도 하다. 좋은 리더는 자기 힘이 아니라 하나님의 힘으로 섬긴다.

섬김의 유익은 세 가지이다. 첫째, 하나님의 마음을 경험하고 은사를 알게 한다. 둘째, 섬길수록 그 은사가 성장한다. 셋째, 섬기는 생활을 통해서 나에게서 그리스도의 모습이 나타난다. 그리하여 존경과 사랑을 얻게 된다. 성령을 받았는가? 그렇다면 능력도 우리는 받았다고 믿어야 한다. 그것을 알게 하는 힘이 믿음이다. 가정과 교회에서 청지기로 섬기면서 살면 된다. 섬기지 않으면 신앙의 성장이 없다. 섬김은 마치 운동연습을 하는 것과 같다. 할수록 더욱 잘하게 되고 강하게 된다. 한 달에 한번 하는 훈련이 무슨 의미가 있겠는가? 날마다 해야 한다. 섬김도 그렇다. 그러나 순전히 자기 힘으로 하는 섬김과 하나님의 힘으로 하는 섬김은 엄청난 차이가 있다. 먼저 하나님께서 섬기는 삶을 사는 분들에게 은사를 주신다는 것을 믿어야 한다. 하나님처럼 말하고 하나님처

리더

럼 섬기라. 그리고 이런 섬김의 훈련을 열심히 하면 능력이 생긴다. 그 능력이 바로 예수 능력이 되고 예수 권능이 된다.

그러면서 더 잘되고 기쁨을 주는 게 무엇인지 보라. 그게 은사이다. 가르치는 것, 돕는 것, 성가대로 봉사하는 것, 몸으로 때우는 것, 무엇이건 교회와 다른 사람들에게 도움을 주는 것은 다 섬김이다. 그 중에서도 내가 다른 사람을 위해서 가장 잘 할 수 있는 것이 무엇인가를 생각해보라! 내가 가장 재미있게 남을 위해서 할 수 있는 일이 무엇인가를 찾아보면 된다. 그리고 계속하면 된다. 그러면 섬김도 발전하고 내 믿음도 자란다. 누이 좋고 매부 좋은 말이 딱 어울리는 순간이다. 그러면 더 큰 은사로 성장한다.

때때로 하기 싫은 것도 해야 한다. 주의 일에는 꼭 하기 좋은 것만 있는 게 아니다. 자기를 희생하는 일도 많다. 그러나 한 가지는 분명하다. 그것이 어떤 일이건 감사와 기쁨으로 하도록 해야 한다. 또한 주께서 함께 일하신다는 믿음으로 그 일을 해야 한다. 그러면 어떤 일이건 하나님이 하시는 것처럼 된다. 좋은 리더는 자신의 일상생활의 모든 것들이 서로를 위한 "섬김 경연대회장"으로 만든다.

좋은 리더는 자신이 누리는 모든 일이 섬김에 의해 가능한 것이었음을 알고 있다. 날마다 먹는 아침 밥상에도 무수한 섬김이

리더의 신앙실천

있었기에 가능하였음을 알고 있다. 농부가 땀 흘려 지은 농작물, 어부가 애써 잡은 생선, 공들여 키운 가축, 가족들의 건강을 생각하며 음식을 만드는 어머니, 또한 그것을 위해 밤늦게 까지 수고하는 아버지. 한 끼의 식사조차 이렇듯 많은 사람의 헌신과 수고가 녹아 있다. 리더는 손과 발, 입술, 시간 등 섬길 수 있는 자산은 얼마든지 많다. 리더는 그것을 자기만을 위해서 쓰는 얼간이가 아니다. 리더는 남을 위해 섬기는 사람, 자신의 재능을 사용하는 사람이다.

56. 리더는 선한 삶을 통해 신앙이 자란다

소아마비로 어릴 적부터 한 손이 정상이 아닌 사람이 있었다. 자신이 장애인이라는 것을 수치스럽게 생각한 그는 늘 집안에서만 생활했다. 그에게도 한 가지 좋은 습관이 있었다. 자기 주변이 늘 깨끗해야 한다는 것 때문에 뭐든지 보이는 대로 깨끗이 닦아 놓는 것이었다. 방안에 있는 책이며, 심지어 벽에 걸린 달력까지 모든 물건들을 윤이 나도록 닦았다. 어느 날 복지단체에서 손님이 찾아왔다. 그는 손님의 구두에 먼지가 잔뜩 묻어 있는 것을 보고 평소의 버릇이 발동했다. 번쩍번쩍 광을 낸 것이다. 손님은 새것처럼 변신한 자신의 구두를 보고 놀라워하며 그에게 말했다.

"이렇게 깨끗하게 닦은 구두는 나도 처음이야. 놀랍구먼, 혹시

리더의 신앙실천

자네 구두 만드는 기술을 배울 생각은 없어?" 한참을 망설이던 그가 입을 열었다. "보시다시피 저는 한 손이 자유롭지 못한데 뭘 할 수 있겠어요?" 그러자 손님이 손사래를 치며 말했다. "아닐세. 자네 정도면 무슨 일이든 할 수 있어. 우리 재활원에는 몸도 못 가누는 사람들이 얼마나 많은데. 그들도 뭔가를 배우려고 최선을 다하는데 자넨들 뭘 못하겠는가?" 끈질긴 설득으로 그는 장애인 재활원에 들어가 구두 제작법을 익히기 시작했다. 한 손으로 하는 일이라 처음에는 무척 애를 먹었지만 점차 익숙해져 갔다. 무엇보다 자신이 무엇인가를 하고 있다는 사실이 그렇게 기쁠 수 없었다. 그는 점점 기술이 좋아져 동료 몇 명과 독립하기에 이르렀다. 꼼꼼하게 수선하거나 정성껏 구두를 닦아주었기에 그의 가게는 단골손님이 많았다. 그의 가게는 대학병원 근처에 있었는데, 의사들도 그의 단골이 되었다.

그러던 어느 날 그가 구두를 닦고 있는 모습을 가만히 지켜보던 의사가 그에게 말했다. "한 번 병원에 와 봐요. 정밀한 검사를 해 봐야겠지만, 수술을 하게 되면 어느 정도 왼손을 쓸 수 있을 것 같은데."

이미 장애에 대한 부끄러움도 극복한 터라 의사의 제안을 수용하고 수술을 받게 되었다. 수술은 대 성공이었다. 30여 년 동안 못 쓰던 왼손을 처음으로 쓸 수 있게 된 것이다. 그는 이제 두 손으로 구두를 만지며 감격의 눈물을 흘리면서 수많은 사람들의 구두를 아주 적은 돈을 받으면서 닦아주고 수선해주는 일을 하면서 예수 사랑을 전하는 복음전도자가 되었다.

선한 삶은 그냥 행하라고 강조한다고만 되지 않는다. 리더는 선한 일을 말로만 하지 않고 행동으로 한다. 리더는 자기가 할 수 없는 일을 남에게 함부로 시키지 않는다. 좋은 리더는 어쩌다 한 번 흉내는 내는 어리석음을 범하지 않는다. "사람은 다 거짓되되 오직 하나님은 참되시다"(롬 3:4). 그렇다. 사람은 다 거짓되지만 오직 하나님만이 참되시다. 좋은 리더는 참되신 하나님 앞에서 참된 생활을 하는 사람이다. 그러므로 복음을 접한 리더, 신앙은 가진 리더는 다른 이들에게 선한 삶을 살라고 말하기 전에 반드시 먼저 실천하는 본을 보인다. 그것은 복음을 몸으로 보여주는 것이다. 그렇지 않고 그냥 이렇게 저렇게 행동하라고만 하면 그것이 바로 율법이 된다.

사도 바울이 이렇게 말하였다. "내게 능력주시는 자 안에서 모든 것을 할 수 있느니라." 하나님의 힘으로 하려면 믿음이 필요하다. 그가 내게 하신 말씀이 모두가 사실이라고 믿고 행해야 한다. 그렇게 되면 하나님께서는 말씀과 함께 역사하신다. 그러므로 리더는 이런 고백을 자주 한다. "나는 하나님의 의이다. 그의 말씀이 그렇다고 하기 때문이다. 그 의의 능력이 내게 있다. 나는 아무

리더의 신앙실천

느낌이 없어도 그 능력을 믿는다. 나는 그리스도 안에서 새로운 피조물이 된 것을 믿는다. 그리고 하나님 자녀의 권세가 내 속에 주어졌음을 믿는다." 이것이 선한 삶의 출발점이고 복음의 내용이다. 그렇게 되면 사람들은 리더가 그리스도의 마음을 진 것을 안다(고전 1:26).

성경에서 말하는 수준 높은 도덕률은 사람의 힘으로 불가능하다. "형제에게 노하는 자마다 심판을 받게 되고 미련한 놈이라 하는 자는 지옥 불에 들어가게 되리라. 여자를 보고 음욕을 품는 자마다 마음에 이미 간음하였느니라. 만일 네 오른 눈이 너로 실족케 하거든 빼어 내버리라." 사람은 자기 마음을 멋대로 다스리지 못한다. 아무리 선한 마음을 품으려 해도 악한 마음이 사람을 찾아올 수 있다. 그런데 하나님이 사람에게 선한 마음을 품게 하시면 다르다. 신앙 리더는 하나님이 주시는 마음을 품는다. 이것이 하나님의 의이다. 하나님의 의는 하나님의 앞에서 죄나 저주 없이 당당히 서는 능력이다. 하나님께서는 신앙인을 의로 만드셨다(고전 1:30). 그리고 신앙인은 실제적으로 하나님의 의가 되었다고 한다(고후 5:21). 놀라운 말씀이다. 그렇다면 말씀대로 선한 행동을 하기 전에 이 말씀부터 믿어야 하지 않겠는가!

성경은 승리의 삶을 말한다. "여러 형제가 어린 양의 피와 자기의 증거하는 말을 인하여 저를 이기었으니"(계 12:11). 우리는 어

리더

린 양의 피로 이기었음을 선언한다. 그것이 우리 구원의 완전함을 보증한다. 신앙의 리더는 이 말씀을 믿는다. 그래서 신앙의 승리를 선포한다. 좋은 리더는 하나님의 힘으로 이루어지는 승리를 선포하는 사람이다. 이는 하나님의 말씀을 자신의 고백으로 삼아 행동하는 것이다. 그럴 때 리더의 행동은 선한 행동이 될 수밖에 없다. 사람이 하는 것이 아니라 그의 안에 계시는 예수님께서 그를 통해서 예수님의 의를 나타내시기 때문이다. 우리는 좋은 리더의 길에 들어서 있다. 지금 우리 주변에 있는 사람들이 나의 생각과 말과 행동을 통해서 예수를 보게 된다면 이미 우리는 선한 삶을 살아가는 움직이는 예수님처럼 살아가는 리더이다.

57. 리더는 사회 참여를 통해 신앙이 자란다

"저는 태어날 때부터 장님입니다"라고 적힌 팻말을 목에 걸고 날마다 사람들이 오가는 길목에서 구걸하면서 살아가는 한 장님이 있었다. 하루는 그 거지 곁을 지나가던 한 사람이 거지에게 물었다. "하루에 얼마나 버십니까?" 그러자 그 거지는 겨우 1,500원 정도밖에 되지 않는다고 대답했다. 그 소리를 들은 행인은 고개를 끄덕이면서 걸인의 목에 걸려있는 팻말을 뒤집어 뭔가를 열심히 쓴 후 다시 거지의 목에 걸어 주었다. 물론 거지는 그 사람이 무엇이라고 썼는지 알 수 가 없었다. 그로부터 약 한달 후, 그 행인이 다시 지난 번 만났던 거지가 있는 곳을 지나가다가 거지를 보고 물었다. "지난 번 하루에 얼마나 버느냐고 물었던 사람입니다. 요즘은 어떻습니까?" 그러자 거지가 반갑게 그 사람의 손을 잡고 감격해 하면서 대답했다. "참으로 고맙습니다. 글쎄요, 선생님께서 제가 걸고 있는 푯말에 무엇이라고 고쳐 쓰셨는지는 몰라도 선생님께서 다녀가신 뒤 요사이는 50,000원까지 수입이 오르니 대체 어떻게 된 연유인지 저도 궁금해 하고 있답니다!" 그러자 행인은 빙그레 웃으며 말했다. "별다른 게 아닙니다. 원래 당신의 푯말에 쓰여 있던 "저는 태어날 때부터 장님입니다"라는 글 대신에 "아름다운 봄이 오건만 저는 그것을 볼 수가 없답니다"라고 써 놓았을 뿐입니다.

한 사람의 작은 선행이 사람들의 마음을 변하게 만들 수 있다. 좋은 리더는 그렇게 선을 행하는 사람이다. 사회 속에서 빛과 소금이 되는 것은 거창한 것을 실천한다고 되는 것이 아니다. 물론 거창하게 세상을 바꾸어 보려는 시도를 하는 분들도 있었다. 사회의 변화를 위해서 수많은 혁명이 일어났고, 전쟁과 각종 혼란들이 그럴싸한 명분을 내세우며 일어났다. 그런 혁명이 성공할 수 없었던 것은 불순한 동기 때문이다. 언제나 인간의 욕심이 문제이다. 처음에 동기가 순수해도 결과는 인간의 욕심이 나온다. 하나님의 도움 없이 나오는 모든 사고와 행동은 오직 죄를 유발하고 있을 뿐이다. 사회 정의를 위한 행동도 예외가 아니다. 그러기에 칼뱅은 인간의 근본적인 죄 문제에 대한 해결 없이 거론되는 모든 윤리적 주장은 허구라고 지적했다.

인간은 본래 완전히 타락해서 하나님과 단절되었으므로 인간에게 선이 사라졌다. 만약 인간이 자기가 선을 행해서 복 받을 만하다고 자랑하면 하나님만이 가진 영광을 도적질하는 행위가 된다. 그렇다고 인간이 무능하므로 아예 아무런 선도 행할 생각조차 갖지 말라는 것은 아니다. 무능한 인간이라고 행할 일이 감해지는 것은 아니다. 공적이건 사적이건 사회적이건 모든 불의와 부정은 반드시 심판을 받는다. 이 점은 성경뿐 아니라 역사를 통해서도 분명히 볼 수 있다. 아무도 피할 수 없다. 그래서 다시 한 번 그리스도 안에서 거저 주어지는 구원이 부각된다. 예수님께서 우리 대신에 죄가 되어 고통을 당했다. 그가 대신 짊어지셨다. 우리가 할 일은 지난날을 뉘우치며 그를 모셔 들이는 것이다. 이미 그렇게 한 사람은 다시 그 일을 확인하며 자기 속에 주어진 구원을 재삼 확인하는 것이 신앙생활이다. 여기에서부터 성도는 자신의 신분이 변화한 것을 깨닫는다. 그렇게 되면 사람 중심의 생각이 하나님 중심으로 바뀌게 된다. 사람을 기쁘게 하려는 것보다 하나님을 기쁘게 하기 위해 살아간다. 좋은 리더는 하나님을 기쁘게 하기 위해서 살아간다. 전에는 세상을 보면서 살았지만 이제는 하나님 앞에서 그분의 기쁘신 뜻을 위해서 산다.

좋은 리더는 사회 정의를 추구한다. 가난하고 억압된 사람들을 위해서 사회의 질서나 정의를 세우기 위해서라는 명분만을 내세우지 않는다. 물론 그것도 대단히 중요한 것임에 틀림없다. 그러나 더 중요한 것은 하나님의 뜻이다. 좋은 리더는 하나님의 질서와 하나님의 영광을 위해서 사회의 정의를 부르짖는다. 하나님이 사회의 질서와 정의를 원하시기 때문이다. 그리고 좋은 리더는 사회 정의를 실현하는 힘도 하나님으로부터 온다는 것을 안다. 좋은 리더는 하나님이 자신에게 하신 말씀에 의해서 자신의 정체를 인식한다. 그가 자녀라고 하시니까 자녀로 알고 그가 자녀의 능력을 주었다고 하니까 능력이 있음을 믿는다. 그가 그리스도의 마음을 우리 속에 넣어 주셨다니까 그런 줄 알고 사랑이 있음을 믿는다.

신앙의 확신을 가진 사람에게 성경은 "너희는 세상의 빛이라"고 명확히 말씀하고 있다. 분명히 세상의 빛은 우리의 노력으로 되는 게 아니다. 무능한 죄인이 그렇게 되려고 노력하는 자체가 모순이다. 그러나 그리스도를 영접한 사람들에게 어떤 일이 일어나는가? 바로 "네가 세상의 빛"이란 선언이 그에게 들리는 것이다. 리더는 이 말씀을 믿고 사회에 참여한다. 어떤 사람들은 무조건 기도만 하며 사회와 단절해 사는 것이 좋은 신앙인 줄 알고 있다. 늘 기도원에 들어가 있는 것이 좋은 것인 줄 알고, 또 그렇게 하라고 가르치는 이들도 더러 있다. 하지만 리더는 사람과 사회를 떠나면 안 된다. 그곳이 리더의 활동 무대이기 때문이다. 리더가 빛을 비칠 곳은 사회이다.

교회의 역사를 통해서 볼 때 신자들의 신앙이 분명할수록 사회에 대한 참여도 풍성한 열매를 가져왔다. 물론 첫째 목표는 영혼 구원이었다. 그러나 동시에 하나님의 형상인 이웃과 그 사람들로 이루어진 사회에 대한 책임감과 희생도 엄청난 것이었다. 영혼을 사랑하는 마음으로 빛은 비치고 소금은 녹아졌던 것이다. 그들이 어떤 방법으로 참여하였는가? 진정으로 사랑하는 마음을 갖고 개혁을 진행하였다. 좋은 리더는 사랑으로 사회 안에서 질서와 정의를 구하는 사람이다. 핏발 선 눈에 증오를 가득 담고서 절대로 참된 혁명이 일어날 수 없다. 오직 하나님의 사랑만이 참된 변화를 준다. 사랑은 주는 것이기 때문이다. 사랑을 받기보다 사랑을 주는 것을 기뻐하는 사람이 바로 좋은 리더, 진정한 리더이다.

리더

리더

초판 1쇄 인쇄 2012년 5월 29일
초판 1쇄 발행 2012년 7월 16일

지은이 전대구
펴낸이 김 일
디자인 박경순
펴낸곳 도서출판 글로리아
등 록 2007년 3월 9일 제3-235호
주 소 (156-830) 서울시 동작구 상도1동 685
전 화 02-824-3004, 5004
팩 스 02-824-4231
이메일 kcdc@chol.com
홈페이지 www.kcdc.net

ⓒ 도서출판 글로리아, 2012
ISBN 978-89-7666-116-6 (03230)